LA FUSIÓN EDUCATIVA PARA EL SIGLO XXI

LA FUSIÓN EDUCATIVA PARA EL SIGLO XXI

*El aprendizaje acelerado aplicado
en la educación tradicional*

MERCEDES BADIA
&
FÉLIX JOSÉ VENTURA

Para realizar pedidos de este libro, contacte con:
Palibrio
1663 Liberty Drive
Suite 200
Bloomington, IN 47403
Gratis desde EE. UU. al 877.407.5847
Gratis desde México al 01.800.288.2243
Gratis desde España al 900.866.949
Desde otro país al +1.812.671.9757
Fax: 01.812.355.1576
ventas@palibrio.com
798853

INDICE

Capítulo III

Capítulo IV

Para aprender hay que detenerse a aprender, por lo que, si te detienes aquí, entonces te enseñamos a aprender a aplicar el método de los seis pasos del aprendizaje acelerado y a pensar creativa y analíticamente, todo bajo el manto sagrado de la empatía.

AGRADECIMIENTOS

Queremos expresar nuestros agradecimientos a Michael Peroni, director del departamento de educación para adultos del Northen Manhattan Improvement Corporation (N.M.IC.) en el año 2008 por habernos abierto la puerta de esa prestigiosa institución en la ciudad de New York para para trabajar en ella y regresar de nuevo al fascinante mundo de la enseñanza. Además, agradecemos a Priscilla Arias, directora del programa Desarrollo Educativo General "GED" en el NMIC, por aceptar con mucho entusiasmo la planificación de nuestras clases, llegando al extremo de sugerirnos que escribiéramos un libro sobre la metodología que estábamos usando para enseñar y su contenido. También, quiero agradecer, en término particular, a Mercedes Badía por haberme buscado toda la forma de que regresara al camino de la enseñanza, ya que siempre ha reconocido que soy un buen facilitador del proceso de la enseñanza aprendizaje y que enseñar es mi verdadera pasión.

También, agradecemos a Marlon Alvarado por habernos escuchado pacientemente durante años, hablar de la importancia que tienen todos los temas que componen las páginas de este libro, a grado tal que él lo domina, en sentido general, tanto como nosotros. También, quiero agradecerle, en forma particular, a mi profesor del tercer año de la primaría Gonzalo Alvarado, con el cual comparto una grata amistad, por haberme enseñado en ese curso el mágico mundo de la lectura, esto fue a través de un cuento que se encontraba escrito el libro de lectura de esa época. Llamado "El pollito Pito", pero también, quiero agradécele a Délcio A. Pérez por haberme dado la oportunidad de participar en un círculo de estudio de formación política que él organizaba, siendo yo un jovencito, ya que este círculo de estudio fortaleció mis hábitos de lectura. También, a mi estimado amigo Santiago Núñez por haberme sugerido la necesidad de profundizar el hábito de leer, pues él entendía que debía leer libros de contenido más profundo.

PRÓLOGO

Me siento como emergido de las aguas de un fresco arroyo donde renové algunos tedios y sudores que el tráfago de la vida va dejando en los cuerpos viejos, pero siempre abierto a la sana curiosidad.

El texto, que estos educadores acaban de producir para el provecho de los estudiantes y docentes del mundo actual, ha conmovido mi curiosidad adormida, mis criterios desactualizados y me ha sacado de una semioscuridad en que la ausencia del salón de clases nos sitúa a los maestros viejos que saludamos a veces a muchos discípulos que ya son abuelos. ¡Grata experiencia que me sucede de cuando en cuando!

La lectura reconfortante, retadora y útil de-Fusión Educativa-es una campanada oportuna que despertará el interés de estadistas, educadores y se prolongará más allá de nuestra presencia en la tierra entre gente preocupada por arreglar en algo el desajuste que padece este mundo de la modernidad informática que nos satura a todos y que necesita pautas para transitar por el mundo de hoy y del futuro.

Me siento afortunado de que los autores me dieran a leer esta primicia tan exquisita que está llamada a convertirse en materia de discusión entre académicos y gente inquieta en todas las aristas del saber humano, si los maestros del futuro siguen discutiendo sobre la pertinencia o no de este libro que usted sostiene entre sus manos y cuyo prólogo me complace sobremanera comentar.

Expreso de nuevo mi gratitud a los autores que dedicaron mucho desvelo y preocupaciones para hacer este aporte didáctico que iluminará el tránsito hacia una humanidad más justa y más feliz.

Introducción

El sistema educativo tradicional del mundo está herido de muerte, por lo que necesita, con urgencia, una mano amiga que lo salve y lo lleve a adaptarse a los nuevos tiempos que vive el mundo de hoy. Esa mano amiga es el aprendizaje acelerado o el aprendizaje significativo.

La historia ha ido recolectando todos los hechos que la humanidad ha realizados a través de los tiempos, por lo que, podemos determinar cómo ha ido evolucionando la educación de los seres humanos en las diferentes etapas en que les has tocado vivir y saber cuáles han sido las teorías y prácticas pedagógicas que se han usado para ayudar a que la educación se adapte a los cambios de las diferentes época, entonces en esta etapa podemos usar el aprendizaje acelerado para ayudar a que la educación tradicional pueda darle respuestas a los cambios y necesidades que ha traído el siglo XXI.

La educación tradicional ha cumplido su función de educar diferentes generaciones de seres humanos en el mundo para que se adapten a los distintos procesos productivos que se han usado en esas eras, especialmente en las eras de la Primera Revolución Industrial, basada en el carbón, el vapor y los ferrocarriles y de la Segunda Revolución Industrial, basada en los combustibles fósiles y las teles comunicaciones.

Sin embargo, los tiempos han ido cambiando y esos cambios han traído consigo el nacimiento de una nueva era, que se denominada la Tercera Revolución Industrial, basa en la información, el conocimiento y la comunicación a través del internet. Ahora bien, en el proceso de transición que hay entre la Segunda Revolución Industrial y el inicio de la Tercera Revolución Industrial, la educación tradicional no ha podido darle respuestas a las exigencias educativas que se han presentado en esta nueva era, por esta razón es que se plantea la fusión de la educación tradicional con el aprendizaje acelerado para que la educación tradicional se adapte a todo este nuevo proceso productivo que ha traído esta nueva era y el siglo XXI.

El aprendizaje acelerado le aportará a la educación tradicional un dinamismo extraordinario en todo lo concerniente al proceso de enseñanza aprendizaje, tanto a la forma de enseñar de los profesores como a la forma de aprender y de pensar de los estudiantes, revolucionando todo el proceso enseñanza aprendizaje para cambiar todo lo que debe ser cambiado en, el sistema educativo tradicional y para que los profesores enseñen mejor y los estudiantes aprendan mucho más rápido.

Además, esto brindará la manera de conseguir que el aprendizaje sea mucho más eficaz y sobre todo divertido, aplicando el programa de seis, denominado el programa MASTER, con el cual se le da respuesta a las tres principales preguntas que se hacen sobre educación, que son:

1) ¿Qué enseñar?
2) ¿Cómo enseñar?
3) ¿Para qué enseñar?

Sin embargo, todos los elementos que se plantean en el programa MASTER para acelerar el proceso de enseñanza aprendizaje en la educación tradicional están dispersos por todas las corrientes pedagógicas que sustenta a dicha diciplina.

Los seis pasos del programa MASTER son:

1) El estado de plenitud de la mente
2) Adquirir la información
3) Descubrir el significado
4) Trabajar la memoria
5) Exponer lo que se sabe
6) Reflexionar sobre cómo se ha aprendido

Con la aplicación del aprendizaje acelerado y las partes que los forman, tales como, el programa MASTER, las Múltiples Inteligencias, los distintos modo de aprendizaje y la empatía en la educación tradicional, se puede llevar a cabalidad el principio establecido de que la educación debe ser de calidad e igual para todos, ya que la educación es la base del desarrollo del ser humano, por lo tanto las personas tienen derecho a una educación digna. Y es una responsabilidad del estado garantizarles a sus ciudadanos una educación de calidad.

Sin embargo, en la práctica no sucede así, porque el sistema educativo imperante no abarca en su totalidad la forma usual de aprender que tiene cada estudiante y solo toma en cuenta dos de las múltiples habilidades que posee el ser humano, como son la inteligencia lingüística y la inteligencia lógica matemática, por lo que, una gran cantidad de personas abandonan su proyecto educativo, debido a que no se les enseña de la forma en que ellos saben aprender.

Pero, todo esto podía pasar desapercibido ya que se estaba educando para la era industrial y las personas que no podían seguir estudiando eran fácilmente asimiladas en los trabajos que ofrecían las grandes fábricas, sin embargo, todo ha cambiado, hoy todo corre más rápido, es que hemos pasado de la era industrial a la era del conocimiento y la información, pero se sigue educando como si estuviéramos en la era pasada y esto no es productivo, ya que mientras la tecnología y la información avanzan a una velocidad vertiginosa la educación marcha a paso de tortuga.

Es hora ya de romper los límites que nos ha impuesto la era industrial para empezar a educar a las personas en función de los cambios que ha traído la nueva era del conocimiento y la información, con el objetivo de garantizar que la mayor cantidad de personas que inicien un proyecto educativo puedan llevarlo a un feliz término y para lograr estos cambios debemos entender que la clave está en decidir que deberían aprender los estudiantes en las escuelas y sobre que deberían pensar, por lo que la prioridad número uno de la educación debe ser enseñar a los estudiantes a aprender a aprender y aprender a pensar.

Es realmente sorprendente, la cantidad de grandes personalidades de la historia, que aprendieron a aprender y aprendieron a pensar, pero nos dijeron que ellos eran autodidactas, una condición que solo los genios las poseen. Cuando en realidad ellos lo que hicieron fue eso, que aprendieron a aprender y aprendieron a pensar, por lo que, cualquier persona que esté apta para aprender y que aprenda a aprender y aprenda a pensar puede convertirse en un genio y aprender a aprender y aprender a pensar significa que debemos aprender cómo trabaja el cerebro, cómo trabaja la memoria, cómo se puede almacenar información, recordarla, relacionarla con otros conceptos y cómo buscar nuevos conocimientos cuando sea necesario e instantánea mente.

Ahora bien, para lograr que los estudiantes aprendan a aprender y que aprendan a pensar, primero debemos enseñar a los maestros que dirigen el proceso de aprendizaje a enseñar a aprender y a aprender a pensar, que es el objetivo esencial de la Fusión Educativa para el siglo XXI, ya que las habilidades de aprender a aprender y de aprender a pensar son las habilidades con las cuales las personas podrán manejar los cambios que ha traído la nueva era.

El primer paso que se debe dar para que los maestros aprendan a enseñar aprender a aprender y aprender a pensar, los tienen que dar los maestros, quienes tienen que cambiar la forma de impartir las clases y dejar de ser el centro de atención durante todo el proceso de aprendizaje y convertirse en facilitadores de éste proceso, ya que la función principal de un facilitador es la de dirigir el proceso de aprendizaje y dejar que todo el proceso gire alrededor de los estudiantes para convertirlos a ellos mismos en sus propios maestros.

Los principios planteados en la Fusión Educativa para el siglo XXI, sobre cómo aplicar los seis pasos que se plantean en el aprendizaje acelerado para enseñar aprender a aprender y aprender a pensar, se han tomado de los libros que tratan sobre el aprendizaje acelerado, específicamente, La Revolución del Aprendizaje, escrito por la Dra. Jeannette Vos y Gordon Dryden, y el Aprendizaje Acelerado, escrito por Colín Rose. En los cuales encontré por primera vez información sobre el aprendizaje acelerado y que al aplicar estos conceptos en una aula de clase de educación para adultos, los resultados fueron sorprendentes.

Lo primero observado fue, que la deserción de la clase se redujo a cero y la asistencia a la clase aumentó drásticamente y los estudiantes se sentían entusiasmados, ellos veían que estaban aprendiendo y todo lo que observaban que estaba sucediendo en el salón de clase, era gracias a la aplicación del aprendizaje acelerado y son éstas las razones por las que aparece La fusión Educativa para el siglo XXI para ayudar a la educación tradicional a cambiar todo lo que debe ser cambiado para que se adapte a los nuevos tiempos, además, para mostrarle el camino que se debe seguir para la aplicación de los principios planteados en el aprendizaje acelerado en la educación tradicional.

Capítulo I

Siete Personajes De La
Historia Del Mundo Que
Aprendieron A Aprender Y
Aprendieron A Pensar

BENJAMIN FRANKLIN

(Aprendió a aprender y aprendió a pensar)

BENJAMIN FRANKLIN, nació el 17 de enero de 1706 en Boston, Massachusetts. Sus padres eran el Sr. JOSIAH FRANKLIN era de origen inglés y la Sra. ABIAH FOGER quién había nacido en América, en Massachusetts.

La voluntad, el talento, el genio y la gracia se reunían en él, como si la naturaleza al formarle se hubiese sentido derrochadora y feliz", afirmó uno de sus biógrafos. Más allá de esos dones, Franklin siempre creyó firmemente que era posible modificar los aspectos negativos del carácter mediante una disciplina a la vez suave y constante. En su juventud llevaba siempre consigo una lista de cualidades dignas de admiración, que más tarde se convirtió en un pequeño libro donde cada página estaba consagrada a una virtud. Franklin dedicaba una semana de atención a cada una de ellas, que releía en cuanto tenía ocasión, y volvía a empezar cuando llegaba al final.

BENJAMIN FRANKLIN recibió una educación elemental hasta los diez año, su formación se limitó a estudios básicos en la *South Grammar School*, sin embargo, él aprendió principalmente por sí solo, leyendo en su tiempo libre todo tipo de libros que llegaban a sus manos. Por lo tanto, esta parte muestra que Benjamín Franklin aprendió a aprender y aprendió a pensar. Benjamín trabajó como aprendiz con su padre en una fábrica de jabón y velas que éste tenía, entre los 10 y 12 años de edad y posteriormente con su hermano Jemes, quién fundara el "New England Courant" que era el cuarto periódico más importante en la época colonial, en el cual Franklin contribuyó en secreto con más de 14 ensayos que fueron sus primeros escritos publicados.

Con la publicación del Almanaque, un tipo de anuario misceláneo frecuente en la época, incluía el santoral, horóscopos, consejos médicos y predicciones meteorológicas, esto abrió en su vida un período de prosperidad. El propio Franklin ejercía como redactor, editor y director, aunque atribuía la autoría del mismo a un personaje ficticio que acabaría siendo famosísimo: el extravagante Richard Saunders, de donde procede el título de Almanaque del pobre Richard.

Junto a las secciones habituales, Franklin tuvo el acierto de incluir además toda clase de máximas, proverbios, sentencias y frases célebres, extraídas de fuentes variadas; en ocasiones, aplicando su genio y experiencia a la conducta humana, llegó a inventarlas él mismo con tanta fortuna que acabaron pasando al acervo popular. Después de veinticinco años de publicación ininterrumpida, con tiradas que alcanzaron los diez mil ejemplares (una cifra impresionante para la época), Benjamín Franklin había conseguido un considerable patrimonio que le permitió abandonar la impresión.

FRANKLIN fue filósofo, político, economista, escritor, educador e inventor y una figura clave en la independencia de los Estados Unidos de Norte América. Los inventos de él, lo muestran como un hombre con muchos talentos, donde la curiosidad por las cosas y la forma en que éstas funcionaban, lo llevaban siempre a tratar de mejorarlas, es por esta razón que se dice que su trabajo como científico lo convirtió en inventor. Por ejemplo, BENJAMIN FRANKLIN padecía de deficiencia visual, por lo que, utilizaba anteojo para leer, lo cual dificultaba sus labores, porque tenía que quitárselo y ponérselo a cada instante y entonces buscó la manera de hacer que sus anteojo le permitieran ver de lejos y de cerca sin tener que quitárselo, por lo que, tomó los dos pares de lentes y lo colocó en un solo marco, lo cual trajo como resultado lo que hoy conocemos como lentes bifocales.

El interés de Benjamín Franklin por los temas científicos comenzó a mediados del siglo XVIII y coincidió aproximadamente con aquella etapa de intensa actividad política. Durante una estancia en Francia, en 1752, llevó a cabo el famoso experimento de la cometa, que le permitió demostrar que las nubes están cargadas de electricidad y que, por lo tanto, los rayos son esencialmente descargas de tipo eléctrico. Para la realización del experimento, no exento de riesgo, utilizó una cometa dotada de un alambre metálico unido a un hilo de seda que, de acuerdo con su suposición, debía cargarse con la electricidad captada por el alambre. Durante la tormenta acercó la mano a una llave que pendía del hilo de seda, y observó que, lo mismo que en los experimentos con botellas de Leyden que había realizado con anterioridad, saltaban chispas, lo cual demostraba la presencia de electricidad.

Este descubrimiento le permitió inventar el pararrayos, cuya eficacia dio lugar a que ya en 1782, en la ciudad de Filadelfia, se hubiesen instalado 400 de estos ingenios. Sus trabajos acerca de la electricidad le llevaron a formular conceptos tales como el de la electricidad negativa y positiva (a partir de la observación del comportamiento de las varillas de ámbar) o el de conductor eléctrico, entre otros. Expuso además una teoría acerca de la electricidad en la que consideraba que ésta era un fluido sutil que podía presentar un exceso o un defecto, descubrió el poder de las puntas metálicas al observar que un cuerpo con carga eléctrica se descarga mucho más deprisa si termina en punta, y enunció el principio de conservación de la carga eléctrica. Benjamín Franklin inventó también la llamada estufa Franklin (1742), una estufa de hierro de mayor eficiencia y menor consumo. La gran curiosidad que sentía por los fenómenos naturales le indujo a estudiar, entre otros, el curso de las tormentas que se forman en el continente americano y fue el primero en analizar la corriente cálida que discurre por el Atlántico norte y que en la actualidad se conoce con el nombre de corriente del golfo.

Músico e instrumentista experto, escribió también sobre los problemas de la composición musical, en particular sobre los referentes a la adaptación de la música a la letra para que esta última pudiera ser inteligible. Una relación detallada de sus hallazgos resultaría interminable y agotadora, pues su capacidad creadora y su sentido de anticipación fueron absolutamente extraordinarios. BENJAMIN FRANKLIN influyó en otros inventores como THOMAS EDISON y ALEXANDER GRAHAM BELL para que ellos hicieran sus contribuciones a la humanidad, pero además, influye directamente en los nuevos inventores, quienes lo toman como referencia para seguir inventando nuevas y mejores cosas que hagan más fácil la vida de hoy.

Dentro los aportes hechos por BENJAMIN FRANKLIN a la humanidad están:

1) Los lentes bifocales
2) El para rayos
3) La estufa de hierro

THOMAS AVAL EDISON

(Aprendió a aprender y aprendió a pensar)

THOMAS ALVA EDISON, nació el 11 de febrero de 1847 en Milán una pequeña población de Ohio. Su padre era el Sr. SAMUEL EDISON de origen canadiense y su madre era la Sra. NANCY ELLIOT quién había nacido en los Estados Unidos de Norte América.

Cuando la ciudad de Milán quedó marginada, porque el ferrocarril ya no pasaba por ése lugar, la actividad económica fue disminuyendo poco a poco en Milán, por lo que la familia Edison tuvo que emigrar a un lugar más próspero y para éste tiempo su hijo Thomas tenía apenas unos seis años de edad. El nuevo lugar de residencia fue Port

Huron en Michigan, donde el futuro inventor asistió por primera vez a la escuela, pero fue una experiencia muy breve, porque solo duró tres meses, al cabo de los cuales fue suficiente para expulsarlo de las aulas, bajo el alegato del maestro de que el niño no presentaba ningún tipo de interés por las cosas que se les enseñaban en la escuela, además de otras torpezas que manifestaba Thomas, sin embargo, lo que el maestro ignoraba era que el pequeño niño tenía problema para escuchar, porque él era casi sordo, sordera *que contrajo como secuela de un ataque de escarlatina.*

Sin embargo, su madre que había ejercido como maestra en tiempo pasado, asumió la responsabilidad de la educación de Thomas, tarea que desempeño con mucho talento y una entrega total, al extremo que inspiró al niño a tener una curiosidad sin límites que sería la característica principal de su carrera a lo largo de toda su vida. THOMAS AVAL EDISON pudo lograr todos sus éxitos como inventor, gracias a que su madre le enseñó como él sabía aprender y sobre todo porque ella, le enseñó a aprender a aprender y a aprender a pensar.

Cumplidos los diez años, el pequeño Thomas instaló su primer laboratorio en los sótanos de la casa de sus padres y aprendió él solo los rudimentos de la química y la electricidad. Pero a los doce años, Edison se percató además de que podía explotar no sólo su capacidad creadora, sino también su agudo sentido práctico. Así que, sin olvidar su pasión por los experimentos, consideró que estaba en su mano ganar dinero contante y sonante materializando alguna de sus buenas ocurrencias. Su primera iniciativa fue vender periódicos y chucherías en el tren que hacía el trayecto de Port Huron a Detroit. Había estallado la Guerra de Secesión y los viajeros estaban ávidos de noticias. Edison convenció a los telegrafistas de la línea férrea para que expusieran en los tablones de anuncios de las estaciones breves titulares sobre el desarrollo de la contienda, sin olvidar añadir al pie que los detalles completos aparecían en los periódicos; esos periódicos los vendía el propio Edison en el tren y no hay que decir que se los quitaban de las manos.

Al mismo tiempo, compraba sin cesar revistas científicas, libros y aparatos, y llegó a convertir el vagón de equipajes del convoy en un nuevo laboratorio. Aprendió a telegrafiar y, tras conseguir a bajo precio y de segunda mano una prensa de imprimir, comenzó a publicar un periódico por su cuenta, el Weekly Herald. Una noche, mientras se encontraba trabajando en sus experimentos, un poco de fósforo derramado provocó un incendio en el vagón. El conductor del tren y el revisor consiguieron apagar el fuego y seguidamente arrojaron por las ventanas los útiles de imprimir, las botellas y los mil cacharros que abarrotaban el furgón. Todo el laboratorio y hasta el propio inventor fueron a parar a la vía. Así terminó el primer negocio de Thomas Alva Edison. El joven Edison tenía sólo dieciséis años cuando decidió abandonar el hogar de sus padres. La población en que vivía le resultaba ya demasiado pequeña. No faltándole iniciativa, se lanzó a la búsqueda de nuevos horizontes. Por suerte, dominaba a la perfección el oficio de telegrafista, y la guerra civil había dejado muchas plazas vacantes, por lo que, fuese donde fuese, le sería fácil encontrar trabajo.

Luego de vivir errante de pueblo en pueblo, durante cinco años, Su siguiente trabajo fue en Boston, como telegrafista en el turno de noche. Llegó allí en 1868, y poco después de cumplir veintiún años pudo hacerse con la obra del científico británico Michael Faraday *Experimental Researches in Electricity*, cuya lectura le influyó muy positivamente. Hasta entonces, sólo había merecido la fama de tener cierto don mágico que le permitía arreglar fácilmente cualquier aparato averiado. Ahora, Faraday le proporcionaba el método para canalizar todo su genio inventivo. Se hizo más ordenado y disciplinado, y desde entonces adquirió la costumbre de llevar encima un cuaderno de notas, siempre a punto para apuntar cualquier idea o hecho que reclamara su atención. Convencido de que su meta profesional era la invención, Edison abandonó el puesto de trabajo que ocupaba y decidió hacerse inventor autónomo, registrando su primera patente en 1868. Se trataba de un contador eléctrico de votos que ofreció al Congreso, pero los miembros de la cámara calificaron el aparato de superfluo. Jamás olvidó el inventor estadounidense esta lección: un invento, por encima de todo, debía ser necesario.

Bien pronto se planteó Edison la construcción de un verdadero centro de investigación, una «fábrica de inventos», como él lo llamó, con laboratorio, biblioteca, talleres y viviendas para él y sus colaboradores, con el fin de realizar, no importa qué investigaciones mientras fuesen prácticas, ya fueran por encargo o por puro interés personal. Los recursos económicos no le faltaban y las proporciones de sus proyectos se lo exigían. Buscó un lugar tranquilo en las afueras de Nueva York hasta que encontró una granja deshabitada en el pueblecito de Menlo Park. Fue el lugar elegido para construir su nuevo cuartel general, el primer laboratorio de investigaciones del mundo, de donde habrían de salir inventos que cambiarían las costumbres de buena parte de los habitantes del planeta.

La primera de sus lámparas estuvo lista el 21 de octubre de 1879. Se trataba de una bombilla de filamento de bambú carbonizado, que superó las cuarenta horas de funcionamiento ininterrumpido. La noticia del hecho hizo caer en picado las acciones de las compañías de alumbrado de gas. En años sucesivos, Edison se ocupó en mejorar su bombilla, y fue esta actividad la que le llevó hacia el único de sus descubrimientos que pertenece a un área estrictamente científica. Ocurrió en 1883, mientras trataba de averiguar por qué su lámpara de incandescencia se ennegrecía con el uso. En el transcurso de tales investigaciones, el prolífico inventor presenció la manifestación de un fenómeno curioso: la lámpara emitía un resplandor azulado cuando era sometida a ciertas condiciones de vacío y se le aplicaban determinados voltajes. Edison averiguó que tal emisión luminosa estaba provocada por la inexplicable presencia de una corriente eléctrica que se establecía entre las dos varillas que sostenían el filamento de la lámpara, y utilizó dicho fenómeno, que recibió su nombre, para concebir un contador eléctrico cuya patente registró en 1886.

La electricidad continuó absorbiendo la mayor parte de su tiempo, pues se ocupaba de todos los aspectos relativos a su producción y distribución. No con mucha suerte, sin embargo, ya que cometió un grave error al insistir en el sistema de corriente continua cuando existían razones de peso en favor de la corriente alterna. Edison se interesó también por muchos otros sectores industriales: la producción de cemento y de materias químicas, la separación electromagnética del hierro y la fabricación de baterías y acumuladores para automóviles fueron algunos de sus preferidos. La actividad de este genial inventor se prolongó más allá de cumplidos los ochenta años, completando la lista de sus realizaciones tecnológicas hasta totalizar las 1.093 patentes que llegó a registrar en vida.

Dentro los aportes hechos por THOMAS ALVAL EDISON a la humanidad están:

1) La bombilla de luz
2) El Kinetograph, que era en especie de una cámara de cine
3) El efecto Edison, con el cual estableció la base de la radio y la electrónica
4) Los Quine tocopios
5) Los Vistacopios y muchos, muchos más inventos.

LOS HERMANOS ORVILLE
Y WILBUR WRITH

(A prendieron a aprender y aprendieron a pensar)

LOS HERMANOS WRIGTH sus nombres eran, ORVILLE WRIGTH quién nació en Dayton, Indiana en el 1871 y WILBUR WRIGTH que nació en Millville, Ohio en el 1867.Sus padres fueron, el Sr. MILTON WRIGTH Y la Sra. SUSAN KOERNER. La formación académica de los hermanos WRIGTH fue básica, equivalente al bachillerato, lo que indica que para ellos lograr poner a volar un avión, tuvieron necesariamente que aprender a aprender y aprender a pensar. Sin embargo, ellos carecían de los medios económico necesario para poder desarrollar la pasión que llevaban por dentro, que era la de algún día poder volar como las aves, por lo que, aprovechando la coyuntura de que uno de ellos era un formidable ciclista, decidieron montar juntos un negocio de reparación de bicicletas, pero esa pasión que sentían por los aviones y el vuelo los unías más allá de los lazos familiares.

Con los beneficios obtenidos por los hermanos WRIGTH en el negocio de las bicicletas, es que ellos comienzan a financiar sus investigaciones sobre vuelos y aviones, pero todas estas investigaciones la hacían basándose en los aportes que habían hechos otras personas, como OTTO LILIENTHAL y S. P. LANGLEY. Ellos iniciaron el proyecto de volar, construyendo cometas y planeadores biplanos, que fueron perfeccionando gracia a la introducción de diversos elementos, tales como, el elevador horizontal, timón vertical y los alerones, con los cuales logran controlar por completo el movimiento del vuelo. Para probar sus desarrollos inventaron una instalación, conocida en la actualidad con el nombre de túnel de viento (1901), en la que podían poner a prueba las características aerodinámicas de los ingenios que más tarde construirían, como la máquina voladora de 9,76 metros de envergadura y 1,52 metros de cuerda, equipada con una cola vertical doble, en la cual se basaron para construir el aeroplano al que, en 1903, adaptaron un motor de combustión interna: fue el primer ingenio volador más pesado que el aire.

Los vuelos iniciales de este aparato tuvieron lugar el 17 de diciembre de 1903, en las llanuras de Kill Devil (cerca de Kitty Hawk, en Carolina del Norte), y permitieron a Wilbur, ante la mirada de sólo cinco testigos, protagonizar un vuelo de casi un minuto de duración durante el cual recorrió unos 850 pies (aproximadamente 26 metros). Para llevar a cabo esta gesta histórica, que señala el inicio de la aviación, los Wright construyeron un planeador al que siguió un modelo más evolucionado, llamado Flyer III, con un peso de 388 kg y equipado con un motor de cuatro cilindros capaz de desarrollar 21 CV de potencia. Este ingenio disponía además de dos hélices.

La proeza pasó casi inadvertida en una época en que los intentos del hombre por volar en aparatos más pesados que el aire no gozaban de reconocimiento tras los sucesivos fracasos de S. P.

Langley, quien había invertido en sus proyectos 50.000 dólares de fondos gubernamentales entre los años 1897 y 1903. Sin embargo, la situación cambió radicalmente en 1905, cuando la prestigiosa revista científica estadounidense *Scientific American* informó con detalle a sus lectores de la hazaña. Por aquel entonces, Orville y Wilbur habían conseguido desarrollar ya un ingenio volador capaz de mantenerse en el aire durante media hora y recorrer un total de 24 millas (unos 38,5 kilómetros). Los Wright llevaron a cabo demostraciones de su invención en Europa y América y fundaron la American Wright Company; en 1912, a la muerte de Wilbur, Orville asumió la dirección de la empresa hasta 1915, momento en que la abandonó para dedicarse a la investigación aeronáutica.

El aporte que llevó a los hermanos WRIGTH a la parte más alta de la historia, fue cuando ellos descubrieron el control de viraje mediante alabeo, que es el nombre que se le da al movimiento que realiza el avión alrededor del eje longitudinal, que es un eje imaginario que va desde el morro hasta la cola del avión y que hace que el avión incline sus alas y cambie de dirección. Por tal razón, se le reconoce como los padres de la aviación moderna.

MICHAEL FARADAY

(Aprendió a aprender y aprendió a pensar)

Michael Faraday fue un físico y químico que nació en Inglaterra el 22 de agosto de 1,791, en el seno de una familia humilde. Sus padres fueron James Faraday y Margaret Hastwell, es el tercero de cuatro hermanos y a pesar de haber recibido una educación básica y escasa, fue uno de los físicos y químicos de procedencia inglesa más importantes del siglo XIX y de la historia. Gracias a este magnífico científico, hoy en día se tienen los conocimientos acerca de distintos temas referentes a la electricidad y al magnetismo, como por ejemplo la inducción eléctrica, la electrolisis, etc. A pesar de todos estos descubrimientos y explicaciones en eso temas que hoy se puede apreciar gracias a él, este científico no es tan renombrado o conocido como otros.

Sin embargo, Michael Faraday recibió una escasa formación académica, lo que demuestra que de una manera u otra él aprendió a aprender y aprendió a pensar. Tras asistir a algunas conferencias sobre química impartidas por sir Humphy Davy en la Royal Institution, Faraday le pidió que lo aceptara como asistente en su laboratorio. Cuando uno de sus ayudantes dejó el puesto, Davy se lo ofreció a Faraday. Pronto se destacó en el campo de la química, con descubrimientos como el benceno y las primeras reacciones de sustitución orgánica conocidas, en las que obtuvo compuestos clorados de cadena carbonada a partir de etileno. Pero, para poder realizar todos estos inventos Faraday debió trabajar como aprendiz en una encuadernadora en Londres, cuando solo tenía 13 años de edad, donde tuvo la oportunidad de leer muchos libros de ciencias y de realizar los experimentos en el campo de la electricidad, llegando a desarrollar un profundo interés por las ciencias que nunca abandonó, pero a pesar de todo esto, él no sabía prácticamente matemáticas y desconocía el cálculo diferencial, sin embargo tenía una habilidad sorprendente para trazar gráficos y diseñar experimentos.

Faraday realizó además, varios experimentos electroquímicos que le permitieron relacionar de forma directa materia con electricidad. Tras observar cómo se depositan las sales presentes en una cuba electrolítica al pasar una corriente eléctrica a través de ella, determinó que la cantidad de sustancia depositada es directamente proporcional a la cantidad de corriente circulante, y que, para una cantidad de corriente dada, los distintos pesos de sustancias depositadas están relacionados con sus respectivos equivalentes químicos.

Faraday estudió el electro-magnetismo y electro-química, él fue quien descubrió la inducción electro-magnética que ha permitido la construcción de generadores y motores eléctricos, pero además estableció las leyes de la electrolisis, por lo que, es considerado el fundador del electro-magnetismo y electro-química. También, en el año 1831 trazó el campo magnético alrededor de un conductor por el que circula la corriente eléctrica y ese mismo año descubrió la inducción electro-magnética, además demostró la inducción de una corriente por otra e introdujo el concepto de líneas de fuerza para representar los campos magnéticos, también, investigó sobre la electrolisis y descubrió las dos leyes que llevan su nombre.

Los descubrimientos de Faraday fueron determinantes en el avance que pronto iban a experimentar los estudios sobre el electromagnetismo. Lo que provocó que posteriores aportaciones que se hicieron en el mundo científico, resultaron definitivas para el desarrollo de la física, como es el caso de la teoría del campo electromagnético introducida por James Cerk Maxwell, se fundamentaron en la labor pionera que había llevado a cabo Michael Faraday.

Las obras de Michael Faraday son:

1) Escribió Manipulación química (1827)
2) Investigaciones experimentales en electricidad (1844-1855)
3) Investigaciones experimentales en física y química (1859).

NIKOLA TESLA

(Aprendió a aprender y aprendió a pensar)

Nikola Tesla, nació el 10 de julio de 1856 en Smiljan, Croacia, sus padres eran Milutín Tesla, un sacerdote ortodoxo, y su madre era Djuka Mandic, quien tenía un talento especial para la fabricación de herramientas para el hogar y una gran capacidad para memorizar poemas épicos. Siendo Nikolás el cuarto hijo de la familia Tesla. A Nikola les gustaban las matemáticas y tenía grandes aptitudes para el manejo de fórmulas y la solución de ecuaciones, incluso en su plantel educativo fue, acusado de «copiar» y a pesar de la situación de desconfianza que genero pasó el examen fácilmente. Su formación estuvo en el Instituto politécnico de Graz, donde se especializó en física y matemáticas.

En el año de 1861, Niskola Tesla asistió a la escuela primaria en Smijan, donde estudió alemán, aritmética y religión, sim embargo, para el año de 1870, él se había trasladado a Karlovac, Croacia, para asistir al Gimnasio Real de Gospic, donde fue influencia por su profesor de matemáticas Martin sekulic. Pero, Tesla desde muy temprano demostró un talento excepcional para las matemáticas, a grado tal, que los maestros desconfiaban de su genio, lo sometían a pasar pruebas para verificar que no había copiado sus teorías. Se graduó en el año de 1873 y luego regresó a su pueblo natal donde poco después de su llegada enfemó del cólera.

En 1874, evitó su reclutamiento por el ejército austrohúngaro huyendo a Tomingaj, cerca Gracac. En 1875, se matriculó gracias a una beca en la Escuela Politécnica de Graz, Austria. Durante su primer año nunca perdió una clase y obtuvo las calificaciones más altas posibles. Al final de su segundo año de estudios perdió su beca y se convirtió en un adicto a los juegos de azar. Durante su tercer año se jugó el dinero de la matrícula. Nunca se graduó en la universidad y en diciembre de 1878, dejó Graz y cortó relaciones con su familia tratando de ocultarles el abandono de los estudios. Se trasladó a Maribor (hoy en Eslovenia), donde trabajó como dibujante por 60 florines al mes y pasaba el tiempo jugando a los naipes. En marzo de 1879, su madre se trasladó hasta ahí para suplicarle a su hijo la vuelta a casa, pero Nikola se negó.

En enero de 1880, dos de sus tíos reúnen dinero suficiente para enviarlo a Praga donde tenía intención de estudiar en la universidad, pero por desgracia, llegó demasiado tarde para inscribirse; además no estudió griego ni Checo, asignaturas obligatorias. Tesla asistía a conferencias en la universidad, aunque, como auditor, no recibió nunca calificaciones de los cursos. En 1881, se trasladó a Budapest para trabajar en Ferenc Puskas donde llegó a ser jefe de electricistas. Durante su empleo, realizó muchas mejoras en el equipo de la estación central y afirmaron haber perfeccionado un teléfono que nunca se patentó. En 1882, ingresó en la Continental Edison Company en

Francia, para diseñar y mejorar equipos eléctricos. En junio de 1884, se trasladó a la ciudad de Nueva York donde fue contratado por Thomas Edison para trabajar en Edison Machine Works diseñando **motores y generadores** pero lo abandonó para dedicarse en exclusiva a la investigación experimental y a la invención.

En 1885, sostenía que podría rediseñar los motores y generadores de Edison mejorando su servicio y economía. Según Tesla, Edison le comentó: "Tengo cincuenta mil dólares para usted si puede hacerlo". Tras meses de trabajo cumplió con la tarea y demandó el pago. Edison le dijo que estaba bromeando, y le respondió: "Usted no entiende nuestro humor estadounidense". A cambio, le ofreció un aumento de salario pasando de 10 dólares a la semana a los 18. Tesla rechazó la oferta y se despidió.

En 1888, tuvo lugar su primer diseño del sistema práctico para generar y transmitir **corriente alterna** para sistemas de **energía eléctrica**. Desarrolló el **motor de inducción de corriente alterna**, eliminando el conmutador y las escobillas de encendido de los motores de corriente continua e introdujo mejoras en el campo de la transmisión y generación de energía de corriente alterna, constatando que tanto la generación como la transmisión de la misma se podían obtener de forma bastante más eficaz con una corriente alterna que en el caso de la **corriente continua**, la más comúnmente utilizada en aquella época.

En 1888, tuvo lugar su primer diseño del sistema práctico para generar y transmitir **corriente alterna** para sistemas de **energía eléctrica**. Desarrolló el **motor de inducción de corriente alterna**, eliminando el conmutador y las escobillas de encendido de los motores de corriente continua e introdujo mejoras en el campo de la transmisión y generación de energía de corriente alterna, constatando que tanto la generación como la transmisión de la misma se podían obtener de forma bastante más eficaz con una corriente alterna que en el caso de la **corriente continua**, la más comúnmente utilizada en aquella época. Los derechos de ese invento, trascendental en esa época, fueron comprados por el inventor estadounidense George

Westinghouse, que mostró el sistema por primera vez en la World's Columbian Exposition de Chicago (1893).

Dos años más tarde los motores de corriente alterna de Tesla se instalaron en el diseño de energía eléctrica de las cataratas del Niágara. En 1893, diseñó un sistema de comunicación sin hilos y construyó una antena de más de 30 metros de altura, la Wardencliff Tower, con la que pretendía transmitir energía eléctrica sin hilos, con el mismo principio de funcionamiento que la radio. Patentó más de 700 inventos como un **submarino eléctrico** en 1898 y una pequeña nave que captaría energía emitida por la Wardencliff Tower que se almacenaría en sus baterías y. En 1893, antes del primer vuelo de los hermanos Wright, probó un prototipo del primer avión de despegue vertical.

Tesla nunca se casó; afirmaba que la castidad era muy útil para sus habilidades científicas. Hacia el final de su vida, declaró a un periodista: "A veces, siento que al no casarse hice un sacrificio demasiado grande a mi trabajo" Aunque numerosas mujeres compitieron por su afecto jamás mantuvo relación con alguna de ellas. Nikola Tesla falleció en soledad el 7 de enero de 1943, en la habitación 3327 del New Yorker Hotel, en la ciudad de Nueva York (Estados Unidos). Su cuerpo fue encontrado después de ignorar el letrero de "no molestar" que había colocado en la puerta dos días antes.

Por las razones que se exponen en la biografía de Nikola Tesla podemos concluir que, un hombre de las cualidades de Tesla que haya dedicado su vida entera a producir tantos inventos para el bien de la humanidad y lograra realizar todos estos inventos sin tener un título universitario, entonces podemos afirmar que toda la grandeza de Tesla se debió a que él aprendió a aprender y aprendió a pensar.

WALTER ELIAS DISNEY

(Aprendió a aprender y aprendió a pensar)

Walter Elías Disney nació el 5 de diciembre del año de 1901 en la ciudad de Chicago, Estados Unidos. Disney fue un dibujante y productor de dibujos animados. Walter fue el cuarto de los cinco hijos que tuvieron Elías Charles Disney y Flora Call, su infancia transcurrió entre apuros económicos y bajo la severidad de su padre, quien lo menospreciaba permanentemente, por lo que Walter Creció muy unido a su madre. En 1906, cuando la familia se trasladó a una granja en Marceline, Missouri, donde su hermano mayor, Roy, había comprado tierras. Allí desarrolló su amor por el dibujo auspiciado por un vecino, el médico jubilado "Doc" Sherwood, quien le pagaba por hacer dibujos de su caballo Rupert. Su padre estaba abonado al periódico Appeal to Reason y Walt copiaba las caricaturas de Ryan Walker

Walter Elías Disney empezó a asistir a la escuela de Benton Grammar School en el año de 1910, pero él no era un buen estudiante, le costaba mucho trabajo concentrarse y con frecuencia se quedaba dormido en la escuela, además, de ser propenso a soñar despierto y a pasar mucho tiempo haciendo grandes garabatos, hasta que un día decidió abandonar la escuela cuando tenía 16 años, con la intención de integrarse al ejército, pero por su edad no lo logró, luego estudió durante breves periodos en escuela de arte en su ciudad natal y en la ciudad de Kansas City.

Su sueño era convertirse en un artista del Kansas City Atar, en el diario que había repartido periódicos en su infancia, sin embargo, Walter encontró trabajo en una agencia de publicidad, como aprendiz, donde conoció Ub Iwerkes, un joven con mucho talento para dibujar, con el que entabló una buena amistad, a grado tal que formaron su primera empresa, la Iwerks-Disney Comercial Artists, la cual duró muy poco tiempo, por lo que, Walter buscó un nuevo empleo, consiguiendo que también contrataran a su amigo Iwerks. Fue en éste trabajo que Walter Disney aprendió la técnica de la animación.

Walter Disney comenzó a producir dibujos animados en el año de 1923 en Holywood, haciendo una asociación con su hermano Roy. Desde los años de 1926 al 1928 realizo una serie de dibujos donde se destacan Oswaldo el conejo, Willye el vapor, pero también hizo su aparición su primer personaje famoso dibujado por él, como lo es el famoso ratón Mickey. Además, le da inicio al cine sonoro en los dibujos animados. Luego realizo su serie de sinfonías tontas, la cual inició con la danza del esqueleto, pero también, introdujo el color en los árboles y flores, creó al pato Donal y realizó el largometraje de Blanca Nieves y los siete enanitos, que a su vez fue el primer largometraje presentado en la historia usando dibujos animados y siguieron Pinocho en el año de 1940, Fantasías en el año de 1941 y Bambi en el año de 1942.

En la década de los 50 y los 60 Walt Disney producción se convirtió en una de las mayores productoras cinematográficas, esta compañía abordó la publicación de literatura infantiles y cómicas. Además, puso a funcionar un parque gigantesco para la diversión llamado Disneylandia, ubicado en la ciudad de Anahein en California en Los Estados Unidos y luego abrió otro parque de diversión en la ciudad de Orlando, en Florida en Los Estados Unidos, al que llamó Disney World, también, abrió otro parque de diversión en Paris Francia, al que llamó Euro Disney. Entonces, una persona que haya logrado hacer tantas cosas positivas en la vida y ha brindado tantas felicidades- al mundo a través de sus creaciones y que no haya estudiado para cultivar su inteligencia, ¿entonces que hizo Walter Elías Disney para poder hacer todo esto? que aprendió a aprender.

STEVE JOBS

(Aprendió a aprender y aprendió a pensar)

Steve Jobs nació en San Francisco (EE.UU) el 24 de febrero de 1955. Sus padres fueron el sirio Abdulfattah Jandali y la estadounidense Joanne Carole Schieble, pero ellos decidieron entregar al niño en adopción a los señores Paul y Clara Jobs, un matrimonio de clase media. Estudió la primaria en la escuela Cupertino Middle Scool y la secundaria en Homestead H.S de Cupertino y siendo un adolescente se interesó en las computadoras y asistió a charlas de la compañía HP, donde obtuvo su primer empleo y conoció su futuro socio Esteve Wozniak.

Steve era un niño con gran potencial pero testarudo y muy difícil de educar. Este hecho junto con el de haber nacido en California en plena explosión de la contracultura hippie le convirtieron en un auténtico rebelde. Desafió la autoridad y el estatus quo toda su vida. Desde muy pequeño él sabía que era especial, carismático y diferente al resto de los niños y exigía ser tratado de forma diferente. En consecuencia, sus padres reconocieron sus particularidades y se enfocaron totalmente en él.

Desde1961, la familia Jobs residió en la pequeña ciudad californiana de Mountain View, importante centro de la industria electrónica estadounidense. No cabe duda de que el ambiente local influyó en sus futuras inclinaciones profesionales; con apenas doce años se unió al Hewlett-Packard Explorer Club, asociación juvenil en la que los ingenieros de la compañía Hewlett-Packard enseñaban a niños y jóvenes las últimas creaciones en el terreno de la computación.

Al terminar el bachillerato en el Instituto Homestead de Mountain View, Steve Jobs ingresó en la Reed College, una universidad de artes liberales radicada en Portland (Oregón), pero abandonó los estudios universitarios un semestre más tarde por su alto coste, sin embargo, permanece como oyente 18 meses más, sobreviviendo como puede con cualquier tipo de trabajo e ingresos ínfimos y participando en las clases que a él le interesaban. Lo que demuestra que Esteve Jobs aprendió a aprender y aprendió a pensar para poder desarrollar todos los proyectos tecnológicos que desarrolló. Luego tras unas prácticas en la empresa Hewlett-Packard en Palo Alto, en 1974 Jobs fue contratado como diseñador por Atari, compañía pionera de la por entonces naciente industria de los videojuegos.

En aquella misma época se unió al que sería su primer socio, el ingeniero Stephen Wozniak, quien era amigo desde la escuela secundaria y ambos tenían interés por la electrónica. Jobs supo apreciar de inmediato el interés comercial del proyecto de microcomputador doméstico en que trabajaba su amigo; entre los bártulos y enseres domésticos del garaje crearon primero una imaginativa placa base y luego un computador completo, el Apple I, considerado el primer ordenador personal de la historia. En 1976, con el dinero obtenido en la venta de su furgoneta Volkswagen, fundaron la empresa Apple Computer, con sede en el garaje de la familia Jobs. Steve Jobs eligió el nombre *Apple* como un recuerdo de los tiempos en que trabajaba en la recolección de su fruta favorita, la manzana.

El Apple II, una mejora del modelo anterior, fue introducido en 1977, convirtiéndose en el primer ordenador de consumo masivo. Tras una impresionante lluvia de pedidos, Apple pasó a ser la empresa de mayor crecimiento de Estados Unidos. Tres años después, Apple salió a la bolsa con un precio de 22 dólares por acción, lo que convirtió a Jobs y Wozniak en millonarios. Steve Jobs había adquirido ya su fama de genio bifronte o de dos cara, magníficamente dotado para la tecnología y para los negocios. El tener un excepcional talento creativo le había permitido tanto idear un ordenador revolucionario como triunfar en su comercialización.

Tras el Apple II, Jobs y Wozniak se enfrascaron en la creación del Macintosh, el primer ordenador asequible y fácil de manejar sin necesidad de saber informática, el cual era la realización del sueño que acariciaba la industria desde la invención del primer micro procesador (1971). El lanzamiento del Macintosh en 1984 supuso un vuelco en las perspectivas del mercado. Su gran innovación fue una interfaz gráfica de diseño exquisito y amigable que simulaba una mesa de trabajo (el escritorio), y la introducción del ratón para ejecutar las funciones haciendo clic sobre las iconos, ventanas y menús de opciones que se abrían en la pantalla, lo que facilitaba grandemente la interacción entre el usuario y el ordenador, por lo que, dejaba de ser necesario comprender, memorizar e introducir a través del teclado multitud de comandos esotéricos, de modo que hasta un niño podía utilizarlo. En este sentido, Jobs realizó una gran contribución a la introducción de los ordenadores personales en la enseñanza.

Sin embargo, después de algún tiempo empezaron los problemas entre Jobs y Wozniak, relegado a un segundo plano tras un accidente, aunque, según otras versiones, el deterioro de sus relaciones se debió al difícil carácter de Jobs, tachado en medios informáticos de "tirano carismático". El resultado de ambos conflictos personales fue que Wozniak se marchó de Apple en 1985, año en que fueron despedidos mil doscientos empleados a raíz de una amplia reestructuración en la empresa, y Jobs dimitió para emprender en solitario una nueva andadura empresarial.

Steve Jobs fundó una nueva compañía informática, NeXT Computer (1985), y a continuación compró al director cinematográfico estadounidense George Lucas, por diez millones de dólares, la división de animación de la productora del cineasta, Lucasfilm Limited. Así nacieron en 1986 los Estudios de Animación Pixar, centrados en la producción por ordenador de películas de dibujos animados; tan sólo tres años después, una de las películas realizadas por los estudios, *Tin Toy* (1988), mereció el Oscar de la Academia al mejor cortometraje animado. Luego en 1995, el estudio lanzó *Toy Story*, una producción conjunta con Disney que ya forma parte de la historia del cine por ser el primer largometraje realizado íntegramente por ordenador. La película fue un éxito de taquilla y obtuvo un Oscar de la Academia de Hollywood. El siguiente gran éxito de Pixar fue *Bichos, una aventura en miniatura* (1998), al que seguirían nuevos títulos memorables, como *Monsters, Inc.* (2001) y *Buscando a Nemo* (2003).

Mientras su antigua empresa, en cambio, atravesaba momentos difíciles. Desde principios de los 80, los llamados PC clónicos (ordenadores personales compatibles con los de IBM) copaban el mercado gracias su bajo coste. Con Jobs al frente, Apple había logrado capear el temporal gracias al ya citado Macintosh (1984): su intuitiva interfaz gráfica fácilmente manejable mediante el ratón era claramente superior al MS-DOS, el sistema operativo de Microsoft que llevaban los clónicos, y justificaba, junto con otras virtudes, su elevado precio.

La cual derrotada en sus pleitos contra Microsoft y sumergida en una profunda crisis, en diciembre de 1996 Apple decidió comprar NeXT Computer, lo que supuso la vuelta de Steve Jobs a la empresa por él fundada con un cargo de asesor interino (por el que Jobs, voluntariamente, no recibía ningún salario). Nueve meses después, la dimisión del presidente de Apple encumbró nuevamente a Jobs al frente de la compañía. En agosto de 1997, un mes antes de su nombramiento como presidente provisional de Apple, Jobs anunció un acuerdo con la corporación rival, Microsoft, que decidió invertir 150 millones de dólares en Apple. Las dos compañías acabaron comprendiendo que se necesitaban y se complementaban, pues Microsoft era el principal fabricante de programas para Macintosh, y Apple uno de los principales testigos en el juicio antimonopolio que la justicia norteamericana había incoado contra la empresa de Bill Gates.

Capitulo II

Breve Historia De La Educacion

LA EDUCACION PRIMITIVA

La historia se divide en diferentes etapas o edades y la primera etapa de la historia corresponde a la prehistoria, la cual se inicia desde hace 3, o, 4 millones de años aproximadamente y concluyó hacia el año 5,000 antes de Cristo y en esta etapa de la vida, todavía el hombre no conoce la vida en sociedad, sino que vive en pequeña familia o grupos que se dedica a la pesca, a la recolección o a la caza para sobre vivir, eran los llamados nómadas.

Sin embargo, el hombre fue aprendiendo a mejorar sus técnicas de supervivencia y a trabajar en equipo, lo que le facilitaba obtener mayor cantidad de alimento, pero además, aprendieron a utilizar utensilios para cortar la carne. El hombre, también aprendió a vivir en sociedad y es en esta fase de la humanidad donde encontramos los primeros indicios de educación, ya que, en cuanto se aprendía una nueva técnica de caza, de pesca o se perfeccionaba el uso de algún utensilio, entonces en seguida, este conocimiento se transmitía a las personas y siguientes generaciones, quienes la aprendían mediante la observación, el ensayo y el error y la técnica de enseñanza que usaban eran rudimentaria, pero efectiva y eran técnicas de enseñanzas personalizadas y prácticas. Por lo tanto, la educación existe desde el primer momento en que el hombre pisó sobre la tierra, la vida de ellos se calcula que comenzó hace aproximadamente unos 3,000 siglos. Sin embargo, el conocimiento de la cultura y la educación de los pueblos primitivos se obtienen de dos fuentes principales que son:

1) La de los restos y productos prehistóricos
2) De la vida de los pueblos primitivos actuales

En el desarrollo de la vida primitiva se distinguen dos etapas principales que son:

1) La del hombre cazador que pertenece a la edad del paleolítico, donde el hombre era nómadas y predominaba el patriarcado
2) La del hombre agricultor que corresponde a la edad del neolítico, donde el hombre es sedentario y predomina el matriarcado

En la sociedad primitiva no existía la propiedad privada sobre los medios de producción, por lo tanto, todos los miembros de esas comunidades tenían el mismo derecho sobre los recursos y lo producido, porque la igualdad era un factor común entre ellos. En lo concerniente a la educación, en la sociedad primitiva no existían personas o instituciones destinada a dirigir el proceso educativo de la sociedad para que asimilaran la concepción del mundo primitivo y lograran la capacitación de sus individuos en las tareas de producción, la defensa de su pueblo y el mantenimiento del orden social. Muy por el contrario, la tarea educativa de los pueblos primitivos era una educación natural y espontanea que era adquirida a través de la convivencia de los padres con sus hijos y de los adultos con los menores, los cuales aprendían las técnicas elementales para sobre vivir, aprendían a cazar, a pescar, a pastorear, a sembrar y a realizar todas las faenas domésticas. La educación no tenía un objetivo definido, sino que se aprendía por medio de la observación del ambiente, donde los adultos les enseñaban para la vida y por medio de la vida misma.

Por ejemplo, les enseñaban a distinguir cada uno de los sonidos que emitían los animales del monte, si les enseñaban a cazar, lo hacían poniendo al niño a cazar, y aprendían a manejar canoa, manejando canoa, o sea, que su aprendizaje se realizaba a través de la práctica, lo que demuestra que, la educación de los pueblos primitivos siempre fue una función espontánea de esa sociedad de la misma forma que lo fueron el lenguaje y la moral para ellos.

LA EDAD ANTIGUA

La edad antigua se inicia con la aparición de la escritura 5,000 años antes de Cristo en Mesopotamia y marca el final de la prehistoria, pero el origen de la escritura no se dio en forma sincronizada en función del tiempo, sino que estuvo localizada entre el desarrollo del paleolítico y el desarrollo urbano y se conocen cinco civilizaciones en las cuales se desarrolló la escritura y estas civilizaciones son:

1) La Mesopotamia, hace 5,000 años y se llamó escritura Cuneiforme
2) La de Egipto, hace 4, 500 años y se llamó escritura Jeroglífica
3) En el valle del río Indo, hace 4, 000 años y se llamó escritura Jeroglífica
4) En Asia, hace 3,000 años y se llamó escritura Jeroglífica
5) Meso-americanas, hace 1,500 años y su nombre no se conoce, porque eran muchas las formas que tenían los habitantes del

nuevo mundo de escribir, pero además, los conquistadores ordenaron eliminar gran parte de la forma de escribir de los indígenas.

En los inicios de la edad antigua hay que situar las concepciones y prácticas educativas de las culturas India, China, egipcia, Mesopotamia; hebrea, griega, los fenicios, también los árabes, los persas, los romanos y los indios americanos. Las principales características de los sistemas educativos antiguos eran, primero la de enseñar religión a todos los estudiantes y la segunda era la de transmitirle todas las tradiciones de su pueblo, que ellos venían arrastrando desde el fondo de los tiempos. El final del mundo antiguo llega, justamente, cuando termina el imperio romano de Occidente en el año 476 después de Cristo, a manos de los bárbaros, dándole paso al inicio de la edad media.

Sin embargo, las enseñanzas más antiguas se remontan al periodo arcaico, las cuales contienen preceptos morales y de conducta que están rigurosamente integradas con las estructuras y las convivencias sociales, es decir con el modo de vida propio de los grupos dominantes. Estas enseñanzas se van transmitiendo de generación en generación a través de los padres hacia sus hijos y estaban fundamentadas en la escritura y se transmitían de una forma repetitiva y autoritaria. La esencia de la enseñanza antigua es que enseñaban en primer lugar a hablar y a hablar bien, luego enseñaban la obediencia y sobre la naturaleza y los medios de supervivencias.

EN EGIPTO

Los testimonios más antiguos que aparecen sobre todos los aspectos de la civilización y en particular sobre la educación, los encontramos en el antiguo Egipto, ya que en Egipto está el principio de la historia de la antigüedad, por lo tanto, es muy aceptada la decisión de iniciar por Egipto éste recorrido por la educación antigua ya que Egipto es reconocido como la cuna común de la civilización, la cultura y la instrucción.

La historia de Egipto se divide en tres grandes periodos que son:
1) El periodo del antiguo reino, que va desde el (5,000 - 3,000) años antes de cristo.
2) El periodo del reino medio que va desde el (2,160 - 1,680) años antes de Cristo y el periodo del nuevo imperio que va desde el (1,580 - 525) años antes de Cristo.

Luego de esos periodos Egipto fue conquistado por:
1) Los persas en el año (525) antes de Cristo.
2) Los griegos en el año (332) antes de Cristo.

3) Los romanos en el año (30) antes de Cristo.

4) Los árabes desde el año (632 - 644) después de Cristo

Por lo que, cada imperio que conquistó el territorio egipcio impuso su dominio político, hasta que con la conquista árabe, el Islán se impuso como religión, transformando radicalmente aquel Egipto faraónico en el Egipto actual, un país árabe y musulmán.

La forma organizativa de los egipcios en término social, estaba encabezada por el faraón, la nobleza, los campesinos, los artesanos y los esclavos. El faraón, era considerado una deidad en la tierra, o sea, que era Dios mismo que habitaba la tierra. Los sacerdotes y los funcionarios al servicio del faraón, constituían la nobleza, donde estaban incluidos los escribas, ya que formaban un sector que dominaba la técnica de la escritura, por otro lado, se encuentran los campesinos y los artesanos que constituían la mayoría de la población de Egipto, mientras, los esclavos eran la mayoría de los hombres extranjeros que habitaban en el antiguo Egipto, tales como, el pueblo judío y prisioneros de guerra.

Sin embargo, los egipcios tenían una cultura que cultivaba diversos saberes como la agricultura, la astronomía y las matemáticas. Todo lo que se sabe acerca de la educación egipcia en la antigüedad, se debe gracias a las huellas dejadas por ellos en sus construcciones, por ejemplos, en las pirámides, en los canales y sistema de irrigación en las orillas del río Nilo, lo que demuestra que el pueblo egipcio poseía grandes conocimientos de ingeniería.

El sistema escolar egipcio registra dos modelos principales que son:

1) El primero denominado como "Las casas de la instrucción" que incluían la enseñanza elemental y comenzaba a los seis años. Estaba dirigida por sacerdotes y contenía las enseñanzas de los seis dones, o sea, la escritura, la astronomía, la religión, la música, el lenguaje y la higiene. Este sistema educativo abarca a todos los sectores populares y se impartía en los templos, en los pórticos de los mismos templos y a veces en las calles.

2) El segundo es la escuela de los escribas, que tenían un programa de enseñanza de mayor nivel, el cual contenía además de la enseñanza de los seis dones, la enseñanza de tres tipos de escritura egipcia que son:

1) La demótica o popular que es la escritura que se enseñaba en las casas de instrucción
2) La hierática o religiosa
3) La jeroglífica

En el antiguo Egipto, en las escuelas de los templos no solo se enseñaba religión en ellas, sino que también, enseñaban los principios de las escrituras, las matemáticas, las ciencias y la arquitectura. Además se enseñaban dibujo, redacción literaria y geometría práctica; y el cambio del nivel de la escuela elemental al nivel de escuela superior se determinaba por medio de un examen y los estudios superiores tenían un carácter técnico y profesional. Los maestros de las diferentes escuelas pertenecían generalmente a las castas de los sacerdotes y su misión más importantes era la de mantener su supremacía y la autoridad de casta superior y la sumisión de las castas inferiores.

La civilización egipcia que se desarrolló a las orillas del río Nilo, sobre la base de una agricultura avanzada aportó a la humanidad, no solamente sus conocimientos de la agricultura, sino que también aporta la agrimensura y la geometría para medir los terrenos, la astronomía para conocer las estaciones de año y las matemáticas que es el instrumento que usa la geometría y la astronomía para realizar sus cálculos.

MESOPOTAMIA

Mesopotamia es un término de origen griego y quiere decir "región entre ríos"; en la actualidad estos territorios son ocupados por los estados de Irán, Siria, y principalmente Irak. El clima de esta región es cálido y no presenta demasiado frío en el invierno. Los ríos Tigris y Éufrates nacen en las montañas de Armenia, recorren la zona de norte a sur y desembocan en las aguas del golfo Pérsico; en el recorrido hacia el mar, las aguas de los ríos alimentan con abundante limo las tierras de las orillas, convirtiéndolas en un espacio ideal para desarrollar la agricultura. El limo actúa como un poderoso fertilizante, esto permitió el surgimiento e instalación de varios pueblos que gradualmente dieron forma a la civilización mesopotámica.

Los principales rasgos de la evolución de la civilización mesopotámica fueron las invasiones y las guerras, sin embargo, hacia el tercer milenio antes de Cristo se estableció en la baja Mesopotamia una civilización muy avanzada, desarrollada por los primeros habitantes conocidos de la región, los sumerios, y fueron ellos quienes iniciaron los trabajos agrícolas como medio de subsistencia y construyeron ciudades en la zona y además, construyeron un complejo sistema de canales de regadío. A partir de esta base material, los sumerios se organizaron bajo la forma de Ciudades- Estado, como por ejemplo, Kish, Ur, Umma y Lagash. Estas Ciudades- Estado se enfrascaron constantemente en luchas por el control político y militar de la región, colaborando de esta manera para ser conquistados por los pueblos extranjeros.

La historia de Mesopotamia se divide en tres periodos:

1) La etapa Sumerio-Acadia (3.000 a 2.000 antes de Cristo)
2) El primer imperio Babilónico (1.900 a 1.100 antes de Cristo)
3) La etapa Asiria (1.000 a 539 antes de Cristo), que incluye el Segundo Imperio Babilónico Caldeo.

Sin embargo, a principios del segundo milenio a. de C., después de la caída del imperio acadio, se desarrolló el Imperio de Babilonia, que comandado por el emperador Hammurabi, logró unificar política, administrativa y culturalmente a los pueblos de Mesopotamia; Hammurabi logró imponer un fuerte código legal, el cual es considerado el primer cuerpo de leyes escrito de la historia y además, expandió el uso de la lengua acadia que junto al sumerio se convirtieron en los idiomas dominantes. Pero, en el año 1.700 a. de C., el imperio creado por Hammurabi no fue capaz de resistir los ataques de los hiseos, hititas, mitanios, y resultó invadido. La destrucción provocada por los invasores puso en peligro el desarrollo cultural alcanzado por los habitantes de Mesopotamia, pero años más tarde, para el año 1.550 a. de C., la cultura babilónica experimentó una gran recuperación y Babilonia recobró su autonomía y finalmente, al finalizar el segundo milenio, los llamados "pueblos del mar" invadieron Mesopotamia, generando una crisis que acabó con el imperio babilónico.

En los primeros siglos de la historia, en la cultura mesopotámica prevaleció la educación doméstica, pero cuando los asirios conquistaron Babilonia fue preciso fundar un régimen público de educación para enseñar la lengua y la civilización extranjera. Sin embargo, con el tiempo, los dominados acabaron por imponer su propia cultura, de este modo, la educación pública se organizó en los templos, en los que se impartían conocimientos de lectura, escritura, aritmética, geometría, astronomía, culto, adivinación, música, arte y la medicina también revestía gran interés para los babilonios. A principios del período histórico en Mesopotamia, no existían barreras de clase para acceder a una escolarización formal, ya que quien estaba interesado, podía aprender a leer y escribir y recibir una instrucción elemental y con ello acceder a una superioridad social. Y aunque estaba limitada la capacidad del aprendizaje a un número reducido de sujetos y era una sociedad ya patriarcal, no se discriminaba a la mujer en la adquisición educativa y existe evidencia del alto grado de instrucción al que accedió la mujer.

Mientras, la educación superior era patrimonio de los sacerdotes y de las castas superiores y respondía a un marcado tradicionalismo mágico, ya que además de transmitir los conocimientos de las generaciones mayores enseñaba conceptos religiosos y mágicos para interpretar la voluntad de los dioses. En las ciudades, dentro de los muros de los templos, se fundaron bibliotecas cuyos libros eran tabletas o cilindros grabados con caracteres cuneiformes. En estos centros del saber descollaron, aparte de los magos, numerosos especialistas en literatura religiosa, en astrología e historia. Así mismo, también, se destacaron los escribas y comerciantes que llegaron a elaborar una contabilidad rudimentaria, pues la enseñanza en algunos aspectos tenía un fin práctico, ya que el comercio de Babilonia era muy activo, donde se vendían y compraban diversos productos en las calles de las ciudades y se exportaba aceite y trigo en cantidades considerables.

Ahora bien, en los tiempos del reinado de Nabucodonosor, Babilonia fue convertida en una ciudad de actividad intelectual, donde funcionó la Universidad palatina, una escuela superior que preparaba a la clase noble para sus altas funciones y que era sufragada por el propio monarca. En ella se permanecía tres años y estaba a cargo de los magos, que poseían grandes conocimientos y que fueron fundadores de todas las ciencias en la cultura mesopotámica, pero, con la llegada de los persas, Babilonia inicia su decadencia.

LOS PERSAS

Los persas tuvieron como escenario geográfico a la meseta de Irán, en el Asia central, su territorio limitaba por el norte, con el mar Caspio y Turquestán, por el sur, con el golfo Pérsico y el mar Arábigo, y por el oeste, con Mesopotamia. Los Persas vivían donde ahora se encuentra el actual país de Irán y fue a partir del siglo VI a.C. que ellos iniciaron la conquista de los territorios adyacentes y de ese modo formaron uno de los mayores imperios de la antigüedad.

La principal religión, creada por los persas, fue el Zoroastrismo, que fue una religión dualista, o sea, que creían en dos dioses. El dios Ormuz o Ahuramazda, que representaba el bien y el dios Ahriman, que representaba el mal. Según el azoroastrismo, en el día del juicio final, Ormuz vencerá y lanzará a Ahriman al abismo eterno. En ese día, los muertos resucitarán y todos los hombres serian juzgados, los justo ganarían el cielo y los injustos el infierno. Los persas enseñaban su religión a través de su libro sagrado que se llamaba Zend-Avesta. Sin embargo, los persas nacen del mismo centro racial que los indoeuropeos o arios y los primeros grupos que se asentaron en esta región fueron los Medas y lo hicieron al noreste de la meseta, luego lo hicieron los persas, quienes se ubicaron al sur de la meseta, pero más tarde los Medas y los persas se fusionaron para crear un poderoso imperio, siendo Ciro el grande el primer rey persa. Con Ciro el grande como rey de persa se inicia la dinastía aqueménida y Ciro el grande fue un monarca justo y tolerante que no impuso su religión ni su lengua a los pueblos vencidos y cuando conquistó a Babilonia, permitió que los hebreos allí cautivos volvieran a su tierra y reconstruyeran a Jerusalén. Luego entre los años (521 – 4 85) a.C., asume el trono el rey Darío quien amplió las conquista del imperio persa. La civilización persa estaba organizada en clases sociales, idéntica a como estaban organizadas las civilizaciones antiguas, con un rey que tenía poder absoluto, seguido de los sacerdotes, los funcionarios y militares, luego seguía la clase media y popular, las cuales estaban compuestas por los pequeños comerciantes, artesanos y campesinos.

Bajo el reinado del rey Darío, Persa conoció el máximo esplendor y llegó a dominar a Egipto y a gran parte del Oriente próximo, desde Asia menor hasta la India y todo gracias a una formidable expansión militar, pero también a una política moderada con los vencidos y es a partir de Darío, quien era un gran organizador de la cultura persa, que el poder público se separó poco a poco de la religión, lo que significó un cambio extraordinario para los pueblos antiguos. Por tal razón, la educación pasó a ser patrimonio del Estado, sin que eso significara un rompimiento con la religión, muy por el contrario, era el dios Ormuz quien delegaba en el Estado la noble tarea de educar al pueblo. Los persas cultivaron las matemáticas, la astronomía y la medicina. Pero junto a esto, también se preparaba al ciudadano para servirle fielmente al Estado en la guerra y en la paz, y se exaltaban las virtudes, tales como, la justicia, el honor, el civismo y el sentido de pertenencia a la nación. En Persia el Estado compartía con las tradiciones religiosas el derecho de encausar y formar las generaciones jóvenes, por lo que, la educación de los persas respondía a un tradicionalismo – nacionalista.

La educación pública en persa comenzaba a los siete años, una edad donde los niños ya pertenecían al Estado e ingresaban a la escuela como interno. Pero, antes de los siete años eran educados en el hogar, donde se veneraba a Ormuz y la madre les inculcaba a su hijo la idea de justicia, la virtud de la verdad, el amor y la obediencia a los padres. Sin embargo, en la escuela pública los niños recibían educación física e intelectual y aprendían además, equitación, manejo del arco y de la jabalina y también se le instruía en lectura, escritura, moral y religión.

Mientras, que los maestros se elegían entre los ciudadanos más notables y debían tener más de cincuenta años y cuando los jóvenes entraban a la edad de quince a veinte años, entonces tenía lugar la educación militar y al iniciar esta escuela ellos juraban fidelidad a la ley de Zoroastro y al Estado persa. En la escuela militar, se les entrenaba en el manejo de las armas y en el arte de la equitación, hasta hacer de ellos hábiles jinetes que estuvieran preparados para las grandes hazañas bélicas y estas práctica se alternaban con ejercicios intelectuales, ya que se le otorgaba mucha importancia a la formación cívica y religiosa, juntos también a los ideales de honor y de justicia. La educación superior en persa se llevaba a cabo en los palacios y estaba a cargo de los magos, que ensañaban la interpretación del Zend – Avesta y de las ciencias auxiliares, mientras que el futuro rey era educado por los cuatro ciudadanos más distinguidos del país, los cuales se seleccionaban entre las personas más sabias, justas, y valientes.

LOS FENICIOS

Los fenicios fueron un pueblo de la antigüedad, que habitó en el Oriente medio y pertenecían a los cananeos, ellos habitaron la región que hoy corresponde a los países del Líbano, Siria, Palestina e Israel y parte de Jordania, por lo que, son asiáticos occidentales. Los fenicios habitaron esa región desde unos 3,000 años a.C. y lo hicieron juntos a los arameos, con quienes estaban estrechamente relacionados, tanto en cultura como en composición étnica. Sin embargo, las personas de este grupo étnico y cultural se llamaron a sí mismo cananeos, pero los griegos los llamaron fenicios y los romanos les llamaron púnicos.

En realidad, fenicia no fue un país sino una cultura, una forma de ser y hacer, ya que nunca fue un solo Estado, debido a que estaba formada por múltiples ciudades autónomas, sin embargo, todo eran fenicio porque compartían la misma cultura, esto incluía la organización política, social y económica, así como la lengua, las creencias y las costumbres. Pero, es a partir de 1,200 años a.C. que se ubica a fenicia como región y cultura del Oriente próximo y es luego de la expansión de la cultura fenicia hacia occidente, que se comienza a hablar de fenicia como una cultura compartida por muchas regiones, llegando a ser la primera cultura que abarcó todo el mediterráneo a lo largo de más de mil años y fue 1,200 años a.C. que los fenicios se asentaron en diversos puntos de Europa y el Norte de África.

Las principales ciudades de los fenicios eran Tiro, Biblo, Sidón y Ugarit, pero ellos se expandieron a lo largo del Mediterráneo por parte de Europa, por el norte de África, por la India y Turquía y como consecuencia de su expansión por toda la cuenca del mar Mediterráneo y la costa del océano Atlántico, se convirtieron en la primera cultura multinacional en la historia. La cultura fenicia abarcó el Medio Oriente, el sur y occidente de Europa y las islas de la región, a portándole identidad a una amplia zona del mundo a través de compartir el comercio, el alfabeto, ideas políticas, sociales, filosóficas y religiosas y en la actualidad se pueden identificar, con suma facilidad, la continuidad y evolución de la cultura y el pensamiento fenicio en algunos pueblos del mundo.

Dentro de los grandes aportes y contribuciones que nos han regalados los fenicios, tanto en la forma de pensar, como en el desarrollo social y en la producción de bienes materiales, podemos señalar los siguientes.

1) El alfabeto
2) La filosofía Estoica
3) La expansión del comercio internacional
4) La diplomacia
5) La democracia fenicia
6) El vidrio
7) La tinta purpura para teñir la tela
8) Los barcos y mucho más

La sociedad fenicia era una sociedad muy organizada y políticamente hablando, pasó por diferentes sistemas políticos, todo dependía de la época o la región a la que se refiera la historia de fenicia, por ejemplo, en una época fueron una sociedad monárquica, la cual estaba dirigida por reyes, aristócratas y sacerdotes, mientras que en otra época era una sociedad oligárquica, que estaba dirigida por jueces, pero también, en otra época existió la democracia, dirigida por magistrados y el pueblo. Sin embargo, en todos los casos el poder no era absoluto, ya que siempre participaban las asambleas en la toma de decisiones, por lo tanto, el sistema político fenicio fue un sistema jerárquico y participativo.

Los fenicios fueron grandes comerciantes y es en base al comercio que desarrollaron su economía, donde en una primera etapa del comercio, realizaban el trueque y posteriormente utilizaron la moneda para realizar sus transacciones de negocios y a estas monedas les llamaban "Shekel". Todos sus negocios los realizaban con distintas ciudades fenicias y otros pueblos y los productos que comercializaban eran hechos por ellos o por otras naciones, pero la economía de fenicia siempre estuvo dirigida por un rey o los sacerdotes, por un juez o un magistrado, todo va a depender de la época a que se haga referencia. El comercio de los fenicios se realizó tanto por vía marítima como por tierra, pero para impulsar el comercio marítimos, ellos construyeron una gran flota de barcos y muchos puertos a lo largo del mar Mediterráneo y el litoral atlántico, tanto en África como en Europa, mientras el comercio terrestre lo realizaban a través de grandes caravanas de comerciantes, los cuales se internaban por el Medio Oriente, África, Asia Central y la India.

En la sociedad fenicia la educación fue muy importante, ya que para ellos era fundamental el desarrollo del conocimiento, su almacenamiento y su transmisión. Además, compartían el interés por el conocimiento con las culturas de Mesopotamia y Egipto. En el desarrollo de la filosofía y la educación en fenicia existe el nombre de un personaje histórico, al que los egipcios les llamaron Tot, los griegos los llamaron Hermes y los fenicios los llamaron Taautos y es a éste personaje a quien se le consideraba como el impulsor de pensamientos, lenguajes y acciones ordenadas, estructuradas e ilustradas, lo que permitió el desarrollo de ciencias, artes, leyes, sociedad y religión, por estas razones es considerado un maestro ejemplar y un elemento fundamental en la educación fenicia.

Dentro de las cosas que los fenicios consideraban eran obras de Ta autos y se encuentran.

1) En lengua escrita: inventor del alfabeto, impulsor de la literatura y del registro de los datos históricos.
2) En la lengua hablada: narraciones y expresiones verbales como lo son la oratoria, el argumento y el teatro.
3) En la música: la construcción del lenguaje ordenado de la música y la invención de la lira.
4) En la arquitectura: el trazado adecuado de construcciones y trayectorias.
5) En las ciencias: el conocimiento ordenado y fundamentado de los hechos, promotor de los descubrimientos, los inventos y la sabiduría, además, fijó las reglas para la ética, la estética y la lógica.
6) En las relaciones humanas: la convivencia ordenada e inteligente.
7) En la educación: pensamiento ordenado y sabiduría.
8) En la justicia: registrar en la balanza de la sabiduría las palabras y los hechos de las personas.
9) En la religión: la piedad religiosa.

En la sociedad fenicia existían varios niveles y formatos educativos, entre los cuales podemos señalar los siguientes.

1) La educación para el trabajo.
2) La educación filosófica.
3) La educación religiosa.
4) La educación superior
5) La educación para la convivencia social.

La educación del pueblo fenicio era esencialmente para el trabajo y su cultura la transmitían de padres a hijos, ya que cada familia, de acuerdo a la actividad productiva que realizaban entonces educaban a sus hijos, por ejemplo, los fenicios estaban organizados en corporaciones profesionales de albañiles, carpinteros, herreros, pescadores; marineros, curtidores, alfareros, tejedores y otras actividades que ellos realizaban, y es en estos talleres que los niños y jóvenes fenicios ingresaban como aprendices y a lo largo del tiempo se convertían en maestros. Pero siempre, la educación de los fenicios mantenía el principio de utilidad y todos sus conocimientos estaban relacionados con su comercio y su moral.

Mientras, la educación filosófica, la familia y los gremios la recibían directamente del palacio o del templo, ya que tanto la familia como los gremios estaban regulados desde el palacio o del templo, por lo que, eran ellos los responsable de instruirlos en filosofía y en religión y toda la clase giraba en función de cómo ser una persona útil a la sociedad y sobre los pasos que debían dar para poder casarse y además, sobre qué sería adecuado hacer en vida antes de morir. Pero también, la educación superior giraba alrededor del palacio y del templo, donde se desarrollaba una constante actividad educativa sobre la importancia del conocimiento.

La educación para la convivencia social de los fenicios estaba dirigida hacia los niños y jóvenes y en ella estaba contenida las instrucciones para que ellos pudieran convertirse en hombres y mujeres y para convertirse en hombres y mujeres habían retos que vencer y estos retos son.

1) Luchar contra el caos y convertirse en constructor de vida.
2) Buscar pareja
3) Tener reconocimiento social
4) Unirse y reproducirse
5) Llevar adelante la vida diaria
6) Celebrar la vida.

Los fenicios eran un pueblo de letras, de libros, de bibliotecas, de inventos, de descubrimientos; de pensamientos científicos, filosóficos y religiosos y los textos fenicios fueron escritos con el alfabeto que ellos mismo inventaron y desarrollaron, el cual consta de veinte y dos letras y se escribe de izquierda a derecha. La formación de escribanos y pensadores fue muy importante en la sociedad fenicia y su participación fue muy valorada, sin embargo, en las bibliotecas había distintas categorías de escribanos y sus grados en orden ascendente eran:

1) Escriba experto en tablillas
2) Escriba maestro
3) Escriba pensadores.

Sin embargo, por todos los aportes hechos por los fenicios a la humanidad, ellos fueron considerados como maestro del mundo, ya que se dedicaron a compartir su cultura y sus conocimientos por el mundo conocido a través de su comercio.

La India

La cultura de la India o hindú, ha sido moldeada por su larga historia milenaria, geografía única, demografía diversa, absorción de costumbres, tradiciones e ideas religiosas de las regiones vecinas. También, han preservado herencias antiguas, formadas durante las civilizaciones del valle del Indo y transmitidas a la civilización védica, sin embargo, en las conquistas de los musulmanes y las colonizaciones de los europeos mantuvieron sus tradiciones, pero con una mezcla de costumbres.

La historia de la India ha sido dividida en dos periodos que son:
1) El periodo Védico
2) El periodo Brahmánico

El periodo Védico, corresponde a los tiempos más remotos de la civilización hindú, que está comprendido desde los años 3,000 antes de Cristo, hasta los años 2,000 antes de Cristo y los primitivos habitantes fueron los drávidas, de cuya existencias se tiene información gracias a los libros antiguos llamados Vedas, mientras, el periodo Brahmánico corresponde al periodo en que la India vivió bajo la hegemonía de los brahmanes o clases sacerdotales y es en éste periodo que se distinguen las etapas pre-Búdica o Búdica.

La educación en la antigua India se inicia con la emigración de los pueblos arios desde la estepa de Asia central a las orillas del río Indo y Ganges y esto sucedió alrededor del año 2,000 a.C. Es en estos momentos en que se forma la sociedad de castas, estas castas estaban formadas a su vez por los brahmanes o sacerdotes, que eran los que dirigían esta sociedad y estaban situados en las cúspides de ella. Además, las formaban los kchastrias o guerreros y los vanysias los cuales estaban formados por artesanos, los comerciantes y los campesinos, pero en la base de las castas se encontraban los sudras o siervos y los iparias.

El concepto de educación en la cultura hindú va en coherencia con su concepción antropológica y cosmológica, la cual es entendida como un proceso de perfeccionamiento de carácter liberador, en un doble sentido: "liberación" de la "ignorancia" que conduce a la liberación de los condicionamientos existenciales a los que está sometido el hombre como consecuencia de su forzosa solidaridad con el cosmos y su dependencia de la ley del Karma.

De esta manera la educación provoca un segundo nacimiento en el discípulo, se trata entonces de un nacimiento espiritual, guiado por el maestro, en este caso el "gurú" por medio de su función educadora. Además de engendrar por segunda vez, el gurú tiene funciones de cómo *alimentar*, nutrir y criar espiritualmente enseñando las verdades contenidas en los libros sagrados; *también, la de estimular*, activar, y potenciar las capacidades y energías del discípulo; además, la de *guiar*, conducir, orientar, dirigir y corregir el crecimiento en el proceso educativo, el cual está integrado por tres aspectos fundamentales,

1) La comunicación de las verdades,
2) Encaminar hacia una correcta disciplina moral,
3) Orientación y dar potencia a las energías espirituales.

Sin embargo, es la religión hinduista la que influye directamente en la educación de la antigua India, con todas las variantes que se introdujo de los védicas y los brahmanes que trajeron los pueblos arios, hasta las novedades del budismo y el jainismo surgido en el siglo VI a.c. El maestro o gurú instruye, inicia y guía al discípulo en su formación espiritual, pero solo pueden participar en la docencia que imparte el gurú los miembros de las tres clases supriores de castas, por lo tanto, los sudras o siervos, así como los parias quedaban fuera de las enseñanzas del gurú. Pero, no bastaba con el solo hecho de pertenecer a una de las clases superiores para tener acceso a las enseñanzas del maestro, porque los discípulos o sisya además de reunir la condición social, tenían que reunir unas cualidades físicas, mentales, morales y espirituales para poder ser admitido en las clases que impartía el gurú.

Las clases se iniciaban con una ceremonia llamada "Upunayana" la cual simbolizaba el nacimiento espiritual del alumno, quien recibe de las manos de su gurú un mantra o fórmula sagrada. Los conocimientos que se estudian provienen de un doble canon literario, uno que proviene de la lengua sánscrita o litúrgica, el védico y la otra que proviene de la lengua pali, el budista.

1) El primer canon está formado por los libros sagrados llamados "Sruti" y contienen las revelaciones hechas por Dios, el "Smitri" que trata temas de astronomía, gramática, matemáticas, historia y derecho, todos ellos en forma de aforismos, proverbios y máximas senténciales.

2) El segundo canon es el budista o tripitaka, que es el vinaya pitaka sobre la disciplina y el sultaka que trata sobre las revelaciones y es donde el alumno debe memorizar y reflexionar sobre las enseñanzas que imparte el maestro, sin cuestionar la intelectualidad del maestro y sobre todo el alumno debe venerar a su maestro.

El objetivo fundamental de la educación en la antigua India era la de educar a su gente para liberarlo de la ignorancia "Moksa", pero solo se educaba al varón en la obediencia, el respeto a los padres y la piedad hacia los dioses, mientras la mujer debía de aprender las virtudes de someterse y adorar a su marido, la fidelidad, la castidad, la obediencia, la resignación, la alegría y llevar el hogar.

En China

La enorme extensión geográfica del estado actual de la República Popular China hace que, inevitablemente, la historia de todo este territorio abarque, en sentido amplio, a un gran número de pueblos y civilizaciones. Sin embargo, el hilo conductor de la narración tradicional de la historia china se centra, en un sentido más restringido, en el grupo étnico de los chinos y está íntimamente asociada a la evolución de la lengua china y su sistema de escritura basado en los caracteres. Esta continuidad cultural y lingüística es la que permite establecer una línea expositiva de la historia de la civilización china, que tanto desde los textos más antiguos del segundo milenio A.C, cómo desde los clásicos confucianos, pasando por las grandes historias dinásticas protagonizadas por los emperadores, ha continuado hasta el presente.

La civilización china, es una de las civilizaciones más antiguas del mundo y su nacimiento se remite al siglo XXIX a.C., en los años del místico emperador Fu Hsi, en la cuenca del río Huanghe, al centro del territorio actual del país. La transición de la forma de vida tribal a la feudal tuvo lugar entre los siglos XVIII y XII a.c. durante la Dinastía Shang. En esta misma época se sustituyó el bronce por el hierro, en la producción agrícola se incluye los cultivos múltiples y se inventaron técnicas de irrigación. Sin embargo, para éste tiempo los chinos ya tenían una visión filosófica integradora de los opuestos, donde entran la vida y la muerte, lo micro y lo macro; lo material y lo inmaterial, lo conocido y lo desconocido, el caos y el orden, lo femenino y lo masculino, lo que constituía la fuerza de los ciclos vitales para ellos. Estas nociones fueron escritas en el libro de las mutaciones en el siglo IV antes de Cristo, a través de los conceptos de Yin "El lado oscuro", asociado con la tierra y Yan "El lado luminoso", asociado con el cielo. La creencia de que el sentido de la existencia humana no superaba en relevancia, al de cualquier otro ser viviente y respondía a un orden cósmico insondable, dio lugar al florecimiento de una mitología celestial, hasta los albores del período llamado «de los estados guerreros», situado entre los siglos VI y III a.C.

El Tao Te Ching, escrito por Lao Tse en el siglo VI a.C., trasladó la atención hacia la humanidad y su papel de custodia de las leyes de la naturaleza en la Tierra. En tal sentido, definió los preceptos de una ética de la «virtud». Un análisis pormenorizado de la anatomía humana, cuyo flujo sanguíneo correspondería al de los ríos, las 360 articulaciones óseas a los días del calendario ritual, los cinco orificios y sentidos a los «elementos básicos» de la naturaleza (agua, fuego, tierra, madera y metal; el aire sería la fuente de energía esencial.), etc., constituyó su argumento principal. Sus estudios del cuerpo humano, de biología, química y física sentaron las bases para el desarrollo de una medicina, muchas veces, incluso hoy, más eficaz y más barata que la occidental.

La educación en la antigua China estaba basada en la filosofía, la poesía y la religión, sin embargo, todo giraba alrededor de las enseñanzas de KUNG FU TZU (Confucio), LAO TSE y otros filósofos. Pero el confucionismo y su visión del mundo determinan las características, los objetivos y los contenidos de la educación en la antigua China, hasta mediado del siglo XX, que fue interrumpido por el gran cambio político, social, económico y cultural que trajo la revolución cultural China que impulsó Mao Zedong.

En la educación de la antigua China el maestro debía ser un hombre superior, un hombre cuya inteligencia, honestidad y virtud lo diferenciaban de los demás hombres. Tenía que ser un hombre que se mostrara afable en el trato con las personas, pero sin perder la fuerza de sus conocimientos y sus opiniones. El maestro tenía que admirar la inteligencia donde quiera que la encontrara pero debía ser comprensivo con la persona que carecía de formación.

Además, el maestro debía de conocer las capacidades de cada uno de sus alumnos y trataría de convertirse en su guía para abrirle el camino al conocimiento, con el objetivo de enseñarle el único camino hacia la perfección, la cual se logra a través del esfuerzo personal y la aplicación del método de introspección, con el cual puede llegar a conocer su interior y a estudiar el mundo exterior con el fin de conocer los deseos del cielo. A todo éste proceso sobre la educación de China se le conoce como "Li" el cual contiene los conceptos básicos del pensamiento chino. El Li es un conjunto de normas interiores que disciplinan las pasiones de las personas y crean un orden interno en ella, utilizando reglas y virtudes de la vida comunitaria que regulan la convivencia y facilitan el orden exterior.

La educación antigua china la integran tres partes fundamentales que son:
1) La moral
2) La guerra
3) La intelectualidad

Pero, para conseguir los objetivos de la educación China en la parte moral se enseñaban dos disciplinas que son:
1) La música, porque conmovía el interior de las personas y creaba serenidad en ella.

2) Las ceremonias, que regulaba la conducta exterior de las personas y le daban un toque de elegancia a quien se ejercitaba en esta disciplina.

Mientras, en la parte de la guerra había que entrenarse en el manejo de los carros de combate y el tiro con arco. En lo concerniente a la intelectualidad la formación cultural estaba centrada en el aprendizaje de la escritura y de las matemáticas.

Los contenidos de la educación en la antigua China estaban formados por las llamadas seis artes, las cuales se extrajeron de un amplio cuerpo de libros, donde algunos de los cuales eran antes de Confucio y otros eran después de él. Entre los primeros libros podemos señalar, el libro de la música, el libro de Odas, el libro de las ceremonias, el libro de historias, los libros anales de primavera y otoño, el libro de las mutaciones.

Los libros de Confucio estaban formados por cuatro libros que son:

1) Las analectas,
2) La gran enseñanza
3) La doctrina del justo medio
4) El libro de Mencio, quien era el discípulo principal de Confucio.

EL PUEBLO HEBREO
O JUDIO

El hábitat original de los hebreos, pueblos semitas de pastores nómadas, fue la península arábiga, sin embargo, en tiempos antiguos migraron a la baja Mesopotamia, a las proximidades de la ciudad de Ur y el termino hebreo "habiru" significa "gente de otro lado", es decir, los que venían del otro lado de rio Éufrates. Pero, en el siglo XVIII a.C. cuando dominaba la primera dinastía de Babilonia, éste pueblo se trasladó desde Ur hasta Palestina, que antiguamente se llamaba Canaán. Este desplazamiento que ellos realizaron hacia Palestina, es muy probable que se haya realizado, debido a fenómenos naturales que redujeron las posibilidades de obtener alimentos, combinado con la presión ejercida por los pueblos mesopotámicos.

Los hebreos estaban organizados en tribus de pastores dirigidas por patriarcas, donde según la tradición bíblica, los primeros patriarcas fueron Abraham, Issac y Jacob, y es el último de los patriarcas, o sea Jacob, que cambia su nombre por el de Israel, y esta nominación pasó a designar a todo el pueblo hebreo. Sin embargo, tiempos después, algunos grupos hebreos se sumaron a los hicsos, que significa reyes pastores, quienes venían de Oriente, y que eran grupos heterogéneos de la zona de Palestina y las tierras orientales cercanas al Nilo, cuando estos invadieron a Egipto en el siglo XVIII a.C. Por lo que, mientras los hicsos dominaron el norte de Egipto, los hebreos estuvieron protegidos, pero cuando parte de estos invasores fueron expulsados por los príncipes de Tebas, los hebreos se vieron reducidos a una situación de sometimiento durante el nuevo imperio.

Ahora bien, esta permanencia conocida como el "cautiverio de Egipto", finalizó cuando los israelita salieron del país guiados por Moisés y este hecho sucedió en el transcurso de los siglos XIII y XIV a.C. y Moisés guio a su pueblo por el sur del desierto de Sinaí con el objetivo de llevarlo nuevamente hacia Canaán, ya que el norte de esta península estaba custodiada por las fortalezas egipcias.

La educación en el mundo hebreo se realizaba dentro del seno familiar, ya que la escuela elemental fue una institución que llegó más tarde y su método de enseñanza estaba basado en la repetición y la revisión. La escuela estaba organizada en tres clases que eran:

1) La migar
2) La mishnath
3) La guemara

Todas estas escuelas tenían un denominador común, que era el ideal teocrático que la sustentaba, ya que la educación Hebrea estuvo basada en la idea de un Dios único, quien era el creador de todo lo existente y tenía un espíritu puro y su libro sagrado era el Talmud. La pedagogía en la educación del mundo hebreo tenía un objetivo fundamental, que era la formación de hombres virtuosos, piadosos y honestos. Pero todas las enseñanzas de éste pueblo estaba sustentada sobre la base de una educación religiosa y la educación hebrea se iniciaba cuando el niño empezaba a hablar y eran los padres quienes se encargaban de transmitirles las tradiciones del pueblo a sus hijos. El propósito esencial de la educación hebrea, era la de enseñar al pueblo escogido por Dios, a que todos sus habitantes viviesen bajo la voluntad de Dios y cumplieran con la ley que Dios les había mandado. Dentro de los principales elementos de la educación judía, podemos señalar que:

1) Los judíos transmitían su herencia histórica y lo hacían en forma oral

2) Los judíos enseñaban sobre la conducta ética y moral, enseñando los principios básicos de la disciplina y la buena conducta

3) Los judíos se aseguraban que dentro del proceso educativo siempre estuviera la presencia y la adoración a Dios.

El pueblo hebreo contaba con varias instituciones que se dedicaban a enseñar, entre ellas se encuentra la institución familiar, la cual fue durante muchos siglos la única forma existente de educación en Israel y aun cuando llegaron otras formas para educar, la familia continuó siendo la educación fundamental para el pueblo hebreo, porque la obligación de la familia era la de educar a sus hijos según las enseñanzas de Moisés, el cual reproducía la voluntad de Dios. También, se enseñaba a los niños y a los jóvenes con los siguientes contenidos.

1) La ley de Dios, sus mandamientos y sus preceptos

2) La oración, en la que los salmos ocupaban un lugar de primacías

3) La historia sagrada, la cual abarca la religión, la geografía, la historia, las leyes del culto, las leyes morales y civiles

4) La música, bajo sus diversas manifestaciones como el canto, los instrumentos y la danza

5) La escritura, la cual no era obligatoria

6) El oficio, que era habitualmente propio de cada familia y que se transmitía de padre a hijos

7) La educación de las mujeres, a quienes se les enseñaba las sagradas escrituras, a hilar, a tejer, a cocinar, a cuidar los rebaños y a administrar los bienes.

La educación elemental del pueblo judío, se impartía en la "Casa del libro" donde se les enseñaba la lectura, la escritura, la religión, la ciencia y el arte. Los niños asistían a la escuela a la edad de seis a diez años y el maestro era un experto en la caligrafía hebrea era un escriba. Mientras en la educación media, los niños asistían a las escuelas de leyes, donde estudiaban la ley, tanto el aspecto jurídico como en el aspecto religioso y también estudiaban la música, pero los niños que asistían a la escuela media, ya debían tener de diez a quince años.

En la educación superior del pueblo hebreo se estudiaban las leyes, las ciencias, la medicina, la astronomía, la geometría, la literatura; la teología, la geografía y la historia. En la educación superior era donde se formaban los escribas y rabinos. El método que se aplicaba en la escuela superior para enseñar en esta época, estaba basado en la repetición o en la memorización y en la revisión. Todo éste proceso educativo se realizaba en la "Casa de investigación o de estudio" en la que recibía su formación el escriba, el rabino y el doctor en la ley, pero solo tenían acceso a la educación superior en el pueblo judío las personas que pertenecían a las principales familias o que fueran aspirantes a escriba.

Los profetas jugaron un papel muy especial en la educación de los judíos, porque eran ellos los encargados de exhortar, predicar y anunciar los propósitos de Dios y las verdades que él quería transmitir a su pueblo. Los profetas eran los responsables de orientar a los reyes para que estos tomaran sus decisiones de acuerdo a la voluntad de Dios y al pueblo los orientaban para que se mantuvieran firmes en la fe de Dios y no cayeran en la idolatría.

EN GRECIA

La civilización helénica de la Grecia antigua se extendió por la Península Balcánica, las islas del mar Egeo y las costas de la península de Anatolia, en la actual Turquía, constituyendo la llamada Hélade. La civilización helénica o griega tiene su origen en las culturas cretense y micénica y fue en los alrededores del año 2700 a.C. que se desarrolló en la isla de Creta, que era una rica y floreciente cultura comercial perteneciente a la Edad del Bronce. Esta cultura recibe el nombre de minoica o cretense, pero por el año 1600 a.C., los aqueos, un pueblo de habla griega y de origen indoeuropeo, irrumpieron en el territorio de la Grecia continental, estableciéndose en el extremo noreste de la península del Peloponeso y éste pueblo llegó a dominar a los cretenses, teniendo como su ciudad más importante a Micenas.

En el año 1200 a.C., otro pueblo de origen griego, los dorios, que utilizaban armas de hierro, se apoderaron de Grecia derrotando a los micenios y es a partir de éste momento que Esparta y Corinto se transformaron en las principales ciudades dóricas. Sin embargo, con los dorios empezó un período de retroceso cultural que se conoce con el nombre de Edad oscura, ya que después de la conquista de los dorios, la vida en toda Grecia descendió a un nivel muy primitivo, y así se mantuvo durante varios cientos de años. Pero a partir, del siglo VIII y hasta el siglo VI a.c., período que se conoce como época arcaica, Grecia desarrolló y culminó una gran recuperación política, económica y cultural y esta recuperación fue posible gracias a la organización en ciudades Estado (polis) y a la fundación de colonias en las costas de Asia Menor y del mar Negro, en Sicilia, en el sur de Italia, en el sur de Francia y en el levante español.

Los siglos V y IV a.C. corresponden al apogeo de las grandes ciudades estado independientes, entre las que se destacan las polis de Atenas y Esparta y cada uno de estos grandes estados absorbió a sus débiles vecinos en una liga o confederación dirigida bajo su control. Por ejemplo, Esparta, estado militarizado y aristocrático, estableció su poder a base de conquistas y gobernó sus estados súbditos con un control muy estricto, mientras, la unificación del Ática, por el contrario, se realizó de forma pacífica y de mutuo acuerdo bajo la dirección de Atenas.

Al principio del período de las ciudades estados, los griegos se unieron para derrotar a los temidos persas en las llamadas guerras médicas y tras la victoria, Atenas se convirtió en la potencia hegemónica de la Liga de Delos, alianza que se había formado para defenderse de los persas. En política interior los atenienses consolidaron el sistema político conocido con el nombre de democracia, gobierno del pueblo y en política exterior se convirtieron en la gran potencia político-militar de la Hélade, lo que les acarreó gran número enemigos. Este periodo es denominado como la 'Edad de Oro de Atenas', o "Siglo de Pericles" en honor al gobernante que llevó a Atenas a su máximo esplendor.

Durante el mandato de Pericles se construyeron el Partenón, el Erecteion y otros grandes edificios y el teatro griego alcanzó su máxima expresión con las obras trágicas de autores como Esquilo,

Sófocles y Eurípides, y el autor de comedias Aristófanes. Mientras, Tucídides y Heródoto fueron famosos historiadores, y el filósofo Sócrates fue otra figura de la Atenas de Pericles quien hizo de la ciudad un centro artístico y cultural sin rival.

Sin embargo, las diferencias entre Atenas y Esparta desembocaron en la destructora guerra del Peloponeso, en la que participaron casi todos los griegos unidos a uno u otro bando. La guerra duró hasta el 404 a.c. y acabó con la derrota de los atenienses y el establecimiento de la hegemonía espartana sobre Grecia. Aprovechando la confusión y debilidad de los contendientes en las Guerras del Peloponeso, el rey Filipo de Macedonia convirtió su reino en la nueva potencia de la Hélade, ya que la batalla de Queronea (338 a.c.) le permitió anexionarse Atenas y Tebas. Tras la muerte de Filipo II, su hijo Alejandro Magno, conquistó Persia y dirigió sus ejércitos hacia Egipto y la India, formando un gran imperio, pero, Tras su muerte en Babilonia (323 a.c.) sus generales se repartieron sus posesiones y con Alejandro desaparecía el antiguo poder de los griegos, pero no su cultura que, fusionada con la oriental, dio origen al mundo helenístico.

Los griegos desarrollaron su historia en tres periodos que son:

1) El periodo Arcaico o primitivo
2) El periodo de la Grecia clásica
3) El periodo Helenístico

El periodo Arcaico o Primitivo se ubica entre los siglos XII y VIII a.c. en este periodo Grecia vivió la época homérica, ya que los poemas atribuidos a Homero, la Ilíada y la Odisea marcan la imagen de la Edad Media Griega, un periodo obscuro y legendario de su historia.

El periodo de la Grecia Clásica se ubica entre los siglos V y IV a.C. Y abarca los sucesos de las guerras médicas hasta la hegemonía de Macedonia y es el periodo de máximo desarrollo cultural de Grecia.

El periodo Helenístico se ubica entre los siglos IV y I a.C. y comprende los acontecimientos ocurridos desde la muerte de Alejandro Magno hasta la conquista de Grecia por los romanos.

En la educación de la antigua Grecia se distinguen cuatro modelos educativos o paidades, que son:

1) La paidea arcaica, que está ubicada entre los siglos VII y VI a.c,
2) La espartana
3) La ateniense
4) La Enkiklios paidea helenística que está situada en el mundo helenístico creado por Alejandro Magno.

La educación griega en el periodo paidea arcaica, surge durante la formación del mundo griego, la cual fue asimilada de las civilizaciones anteriores minoica y micencia, de la primera mitad del segundo milenio a.c. La cultura griega se inicia entre los siglos VII y VI A.C y se extienden por la rivera del mar mediterráneo, desde la costa de Asia menor hasta los confines occidentales. La paidea arcaica fue creada por Homero y Hesiodo, en el primer milenio a.c. Homero con sus obras la Ilíada y la Odisea, crea la base ideal para la educación griega, que establece la armonía entre la educación física, corporal y la educación espiritual, intelectual y moral del alma. Todo el desarrollo de la educación griega estaba basado en la imitación del paradigma de los dioses y de los héroes.

En la areté física, se enseñaba gimnasia para cultivar el cuerpo mediante la práctica deportiva, los ejercicios físicos y el manejo de las armas, pero además, debían de aprender un oficio y aplicar en la práctica los conceptos y virtudes transmitidos por las enseñanzas. En el areté espiritual se enseñaba la parte cultural, moral, la música, la lengua griega y se enseñaba además a hablar y a debatir, así como aprender a manejarse en la vida, a vivir en comunidad y a conformar el aprendizaje intelectual, el cual debe completarse con las enseñanzas morales y las virtudes. También, se enseñaba el respeto a los demás, la nobleza, el orgullo y la bondad. Pero este ideal educativo solo estaba al alcance de las personas que pertenecían a la clase de los nobles.

Homero creía en los efectos que el arte producía en el alma humana, además decía, que la poesía, la filosofía y la retórica guiaban, enseñaban y modelaban el espíritu humano. Sin embargo, los planteamientos de Homero estaban siempre dirigido a fortalecer a la clase de la nobleza y es Hesiodo quien en su obra "Los trabajos y los días" democratiza y extiende los beneficio de la educación a todos los ciudadanos, aunque siguiendo el modelo creado por Homero. En la polis de Esparta la educación formaba a los ciudadanos en la destreza de la guerra y en la participación de la vida civil y política de la ciudad. Todo esto con el objetivo de formar el hombre en la obediencia, la disciplina, la templanza, la sobriedad; la austeridad en la vida cotidiana y la resistencia al dolor y al sufrimiento. Pero estos objetivos educativos adquieren significado cuando se enmarcan en el contexto social e histórico de Esparta. Sin embargo, este modelo educativo era excluyente, porque solo podían beneficiarse de él las personas que disfrutaban de los derechos civiles y políticos en Esparta.

El proceso educativo espartano se iniciaba en el mismo momento del nacimiento de un ser humano, en un acto llamado "Eugenesia" que se producía cuando los ancianos examinaban a la criatura que acababa de nacer para verificar su estado de salud y así determinar quién viviría o moriría de ellos, ya que un bebe sano era un buen candidato para ser un excelente guerrero o una madre que podía engendrar nuevos y fuertes espartanos. La crianza física y moral de la criatura estaba a cargo de la madre, pero solo hasta los siete años, porque de ahí en adelante el estado se hacía responsable de la educación del niño. Las escuelas estaban organizadas como si fueran cuarteles militares, donde los campamentos estaban bajo el mando del Éforo de educación. Los espartanos recibían una dura formación física y militar, la cual los preparaba para la guerra, esta formación se completaba con una educación moral y cívica que le permitía, cuando llegara la edad adulta, o sea treinta años, integrarse a la vida ciudadana y política.

Sin embargo, la educación espartana se concentraba solamente en las partes militares y cívicas, reduciendo así las posibilidades de educarse intelectualmente, a un simple aprendizaje elemental de la cultura, la escritura, del cálculo y a memorizar las obras de Homero. En la paideia ateniense el modelo educativo es una combinación de las aportaciones hechas por las diferentes paideias griegas, por ejemplo, de la primera paideia recibe el enfoque aristocrático concebido como nobleza espiritual más que de grupo social, y de un areté que estaba formado por dos partes, la espiritual y la física, las cuales se extendían a todos los ciudadanos. Este modelo educativo de la primera paideia estaba basado en los planteamientos hechos por Homero, pero fue Hesiodo quien amplió el carácter democrático que tuvo la educación ateniense, convirtiéndola en un derecho y una obligación para todos los ciudadanos.

Los atenienses tomaron de los espartanos el sentido comunitario que tenía la educación y la vida cotidiana de ellos, los cuales cumplían con agrado y obediencia sus deberes en la gestión pública de los asuntos de la polis. Además, de la paideia jónica los atenienses tomaron el concepto de libertad ciudadana y de una educación cívica y política, que ayudó a formar a buenos ciudadanos mediante el carácter. Sin embargo, a todas estas aportaciones hechas por las primeras paideia a los atenienses, ellos les sumaron la búsqueda del equilibrio entre el individuo y la comunidad y una educación cívica que fomentara la honestidad, la decencia y el respeto a las leyes de la polis.

En las escuelas atenienses, utilizaban los gimnasios y los simposios para que los ancianos transmitieran sus sabidurías a los jóvenes, todas estas instituciones educativas tenían como objetivos fundamentales la formación de buenos ciudadanos, quienes eran educados en el respeto y la comprensión de las leyes y sobre todo debían conocer y entender los motivos que justificaban y convertían en sagradas a esas leyes. Por lo tanto, la formación del ciudadano debía ser moral y espiritual, una formación que creaba en el alumno una mentalidad de servicio a la polis.

La educación del cuerpo y el alma fue tomada de Homero, de la areté física fueron tomada la educación gimnastica, la cual fortalecía y embellecía el cuerpo, a la vez que ayudaba a la formación de guerreros que defendieran a la polis en caso de guerra, la parte física de la educación ateniense la dirigían los paidotribes. Mientras la areté espiritual les daba una mayor importancia a la poesía, a la danza y a la música, porque purificaban y transformaban el alma de los alumnos y era impartida por los citaristas. Pero antes de acceder a esta formación superior, los niños debían recibir las enseñanzas de la lectura, la escritura y el cálculo en las escuelas que dirigía el maestro grammatista. Fue en esta época de esplendor de la civilización griega en la que crearon sus obras los grandes filósofos como Sócrates y Platón, los trágicos Esquilio, Sófocles y Eurípides, además los historiadores Tucídides y Heródoto, también el escultor Fidias.

En la paideia helenística la educación aporta la organización de las enseñanzas escolares, dándole un carácter encíclico o enciclopédico, en éste modelo educativo se define un plan para distribuir los contenidos de la educación en varias etapas sucesivas de la vida, entre las que se encuentran el núcleo formativo de la adolescencia, para los cuales se organizaba y sistematizaba un auténtico conjunto de materias con el objetivo de dotar al estudiante de una formación completa e integral, tanto en lo físico como en lo intelectual y cultural, en una clara aplicación de la areté homérica, la cual planteaba fundamentalmente que había que educar el cuerpo y el alma de las personas.

En la paideia helenística la crianza de los niños desde el nacimiento hasta los siete años de edad, se realizaba en el hogar, bajo el control de la madre, una aya o una nodriza, mientras un pedagogo enseñaba al niño "Párvulo" las costumbres y las virtudes morales griegas. En Atenas, la infancia se desarrolla entre los siete y catorce años, el niño era educado en la areté física y espiritual y además recibía una formación gimnastica, con el objetivo de desarrollar, fortalecer y embellecer su cuerpo, también el maestro les enseñaba los fundamentos deportivos del penthatlon de salto, carrera, lucha, lanzamiento de disco y el lanzamiento de la jabalina.

La formación poética se iniciaba con las primeras letras que les enseñaban el gramatista o maestro de la escuela elemental, donde el niño adquiría la base de la lectura, la escritura y el cálculo. El niño aprendía a leer utilizando el método alfabético, con el cual el niño podía identificar las letras, descodificar los símbolos que se usaban en las gráficas y poco a poco se iniciaba en la lectura de palabras y oraciones, también aprendía a escribir trazando letras con estiletes sobre tablillas y copiando modelos escritos por el maestro en pergaminos. Pero la formación moral del alumno la completaban con el aprendizaje de instrumentos musicales, como la flauta, la citara, y la lira, además de la lectura y la memorización de poesías que tenían un contenido moralizante y ejemplar.

La areté espiritual se centraba en una amplia y profunda formación intelectual en unas materias organizadas y estructuradas en dos grupos que son:

1) El Trivium, el cual está formado por la gramática, la retórica y la dialéctica.

2) El Cuadrivium, el cual está formado por la aritmética, la astronomía, la geometría y la música.

En la gramática se estudia un canon literario que incluye los épicos de Homero y Hesiodo, los trágicos de Esquilo, Sófocles y Eurípides, los historiadores Heródoto, Tucidides y Jenofonte, los poetas liricos Sofo y Píndaro, los diez oradores áticos y Demóstenes. Además ponían en práctica un método didáctico que se iniciaba con la lectura, el resumen y la crítica del texto, seguido del comentario del maestro y finamente el alumno hacia su propio razonamiento y emitía su juicio crítico, luego realizaba práctica de ejercicios de composición literaria, redactando poemas épicos, liricos, teatrales y de oratoria. En la paideia helenística la educación continuaba en la edad adulta, con las enseñanzas de los estudios superiores, destinada a la formación de profesionales, como médicos, arquitectos y una profundización en el aprendizaje del arte de la retórica, mediante el método sofista y la incorporación de la filosofía como saber supremo, la cual estaba a cargo de un filósofo, quien aplicaba el método socrático.

LOS ROMANOS

Los romanos son un pueblo que se fundó al pie de una colina en la península Itálica y esto sucedió 753 años a. C. y sus fundadores fueron Rómulo y Remo, pero que en un confuso incidente Rómulo mató a Remo, y por esta razón, fue que Rómulo se convirtió en el primer rey de Roma, ya que estaba a cordado que los dos hermanos iban a ser los reyes de la naciente ciudad de Roma. Sin embargo, al origen del nacimiento de Roma y su nombre les rodean un sin números de leyendas, siendo la más popular la que se refiere a Rómulo y Remo, pero en realidad el nombre de Roma viene dado en función de lo que significa la palabra Roma, que significa "El pueblo sobre el río" ya que Roma está construida sobre el río Tiber.

Roma comenzó su historia como un pueblo más de aldeas entre las otras muchas aldeas que existían, de pastores y campesinos que se repartían las siete colinas y los pequeños valles de la zona. Los primeros habitantes romanos fueron personas de distintas procedencias, que vivían al margen del desarrollo económico y cultural de sus prósperos vecinos, que eran los etruscos los cuales estaban situados al norte de Roma, mientras, los campesinos y los griegos estaban ubicados al sur. Cuando concluyó el reinado de Rómulo, entra en escena como sucesor de él, un personaje que no era romanos, llamado Numa Pompilio, el cual reinó en Roma por más de cuarenta años, dedicándose a legislar, a dar forma a las instituciones y a la religión. Pero, luego al concluir el mandato de Pompilio, asume el reino de Roma un hombre llamado Tulo Hostilio, y es en honor a este personaje que se menciona la palabra "hostilidad" ya que él era un rey guerrero, que se dedicó a expandir a Roma a base de anexiones y asimilaciones, siendo la primera anexión realizada por Hostilio para Roma, la ciudad de Alba Loga, que fue la ciudad donde habían nacido Rómulo y Remo.

La anexión y asimilación de esta ciudad a Roma, hizo que Roma doblara su población y su ejército, por lo que, los sucesores de Hostilio continuaron con esta política de anexión y asimilación de las aldeas vecinas, expandiendo de esta forma el poder de Roma. Sin embargo, en un momento de la vida de los romanos, Roma fue invadida por los etruscos, quienes tomaron el control de roma y pusieron como rey a uno de ellos, llamado Tarquínio Prisco y es en este momento en que Roma hace sus primeros contactos con el comercio exterior, lo que le permite modernizar su ejército y organizar su administración. Hasta que en el año 510 a.C. cae el último rey de Roma, perteneciente a los etruscos, llamado también Tarquínio y a partir de ese momento se instaura un nuevo sistema político al cual se le llamó "La República"

En la nueva forma de gobernar que se instauró en Roma, gobernaban las familias más poderosas de la ciudad, las cuales estaban agrupadas en un senado o cámara de gobierno y a esta nueva forma de gobierno se les llamó "Senatus Populus Que Romanus", pero los primeros tiempos de la república fueron muy difíciles y aun así Roma continuaba creciendo a gran ritmo, consiguiendo a cada paso extender su territorio y todo gracias a las aldeas vecinas que anexaban y asimilaban. Sin embargo, es a mediado del siglo IV A.C. que Roma consigue su primera victoria importante, al conquistar la ciudad de

Veyes que era una ciudad extranjera y todo se logró bajo el mando de Camilo, a quien luego y sin una razón aparente, desterraron de Roma. Pero, a finales del siglo IV a.c. Roma fue invadida por los galos, los cuales saquearon por completo la ciudad y de nuevo entra en escena Camilo, quien se encontraba desterrado de Roma, pero que al observar la ciudad invadida por los galos, organiza un ejército con los pobladores del área cercana con el objetivo de liberar a Roma y logra derrotar a los galos, por lo que, Camilo se convierte de nuevo en un héroe nacional para los romanos y es a partir de aquí que Camilo toma la decisión de reformar radicalmente el ejército romano, convirtiéndolos en las unidades llamadas "Legiones".

Los romanos eran un pueblo tan valiente como despiadado, una raza de hombres de guerra, los cuales eran capaces de dejar las herramientas de labranzas a un lado para empuñar las lanzas para ir al combate, por esta razón, es que cuando Pirro, rey de Épiro, quien era uno de los herederos de Alejandro Magnos, se dispuso a invadir la península Itálica, pensando que les sería muy fácil apoderarse de esa península, se encuentran con la desagradable sorpresa de la ciudad de Roma, quien le hace frente a esa invasión para defender a Italia. Roma que era una ciudad prácticamente desconocida, manda su ejército agrupado en las unidades de legiones a enfrentarse a los invasores Épiro.

Luego, de dos desgarradoras batallas Roma es vencida por el ejército del rey Pirro, pero no derrotada, y el rey Pirro, asombrado ante los romanos que enfrentaron su ejército, masacrando gran parte de sus miembros, tiene que retirarse de Italia, a pesar de haber ganado la guerra. Sin embargo, Roma quien perdió las dos batallas en la guerra que originó la invasión de la península Itálica, por parte del rey Pirro de Épiro, fue realmente la ganadora de esta guerra, porque Roma queda como la dueña absoluta de la parte sur de Italia, luego al pasar el tiempo, conquistó la península Itálica completa, venciendo a todos los pueblos italianos, convirtiéndose así Roma en una súper potencia mundial.

En el periodo correspondiente a La República, alrededor del año 27 a.C. los romanos dominaban toda la península Itálica y seguía su expansión, iniciando otro enfrentamiento más con la poderosa ciudad africana de Cartago, con la cual Roma había tenido varios enfrentamientos a través de los años, pero que en esta ocasión logró conquistarla, anexándola y asimilándola de inmediato a Roma. A partir de la conquista de Cártagos los romanos se lanzan a la conquista de España y Grecia, bajo el mando del General Julio César y también, conquistó la Galia, que correspondía a lo que es hoy Francia.

Sin embargo, Julio César era cónsul de Roma junto al general Gneo Pompeyo y el general Marco Craso, con los cuales tenía grandes contradicciones, tanto de carácter político como de ambiciones, por lo que, en un momento dado Julio César declara la guerra civil en Roma para enfrentar a Gneo Pompeyo y a Marco Craso quienes eran sus enemigos. Julio César venció al General Pompeyo y sus aliados, mientras que el general Craso murió en una batalla. Luego Julio César es nombrado por el pueblo romano como dictador vitalicio, pero este nombramiento no cayó muy bien en el senado de Roma, por tal razón, los senadores inician un complot para asesinar a Julio César, el cual lo llevan a cabo en el año 44 A.C, Pero ya Julio César había sembrado la idea del gran imperio romano, marcando el final de la etapa conocida como la República.

El gran imperio romano se inicia en el año 27 a.C. y se inicia con la misma idea que había tenido Julio César de convertir a Roma en el imperio más fuerte del mundo, pero que él no pudo ver realizada, ya que fue asesinado y es entonces su hijo adoptivo y heredero Octavio que ocupa su lugar, quien convierte en realidad la idea de Julio César de llevar a Roma a ser el imperio más grande del mundo y lo logra cuando Octavio Augusto vence a Marco Antonio en Egipto. Marco Antonio era el lugar teniente de Julio Cesar, la persona que estaba al lado de Julio César en cada batalla, por esta razón, es que Marco Antonio reclamó el trono que ocupaba Julio César en el senado como su sucesor, obviando al heredero real que era Octavio, quien era hijo adoptivo de Julio César, sin embargo, Octavio hizo una jugada política, decidiendo compartir el poder con Marco Antonio para evitar de esta forma la división del poder de Roma.

Con éste acuerdo entre Octavio y Marco Antonio, Octavio queda a cargo del poder en el lado occidental de Roma y Marco Antonio queda como responsable del poder en lado Oriental de Roma. Pero, Marco Antonio inició una relación sentimental con Cleopatra en Egipto, quien fuera amante de Julio César y madre de un hijo de él, esta situación fue aprovechada por Octavio para desacreditar a Marco Antonio y poner el pueblo romano en contra de él y luego Octavio lanzó una ofensiva militar con el objetivo de quitarle el poder que tenía Marco Antonio y Octavio venció a Marco Antonio, conquistando así un poder absoluto en Roma y se convirtió en el primer emperador del gran imperio romano y su nombre fue Cayo César Augusto en honor a Julio César.

La educación en Roma:

La educación en la antigua Roma estaba limitada a la preparación que podían darles los padres a sus niños, ya que se trataba de una educación campesina, la cual estaba basada fundamentalmente en el respeto a las costumbres de los antepasados, por lo que, desde la más tierna infancia de los niños, se les enseñaba que la familia de la cual eran miembros, constituía una auténtica unidad social y religiosa. En esta época la madre estaba encargada de la educación de sus hijos hasta los sietes años, siendo la madre la maestra en casa y ejercía el importante papel de formarlo física y moralmente hasta esta edad y luego de que los niños cumplían los siete años, entonces asumía la responsabilidad de su educación el padre, quien enseñaba a los niños a leer, a escribir, a usar las armas y a cultivar la tierra, a la vez que le enseñaba los fundamentos de las buenas costumbres, la religión, la moral y el conocimiento de la ley, además los niños acompañaban a sus padres a todas partes; por ejemplo, al campo, a los convites, al foro, etc. Mientras, que las niñas seguían bajo la dirección y el cuidado de sus madres, que las instruyen en el telar y en las labores domésticas. Pero, definitivamente el perfeccionamiento a la formación de los niños lo impartía el ejército, en el que se ingresaba a la edad de 16 o 17 años.

Sin embargo, a partir de los siglos III y II a. C. Roma entra en contacto con la cultura griega luego de conquistar la Magna Grecia y es entonces, a partir de este momento, que la superioridad cultural griega marca la cultura y la educación romana, ya que maestros y rectores llegan como esclavos a Roma y se dedican a impartir la docencia en las casas de sus dueños e incluso abren escuelas, una vez obtenida la libertad. Por lo que, Roma implantó, prácticamente, el sistema educativo griego y de este modo, la Roma rústica se va a convertir en portadora y transmisora del caudal humanístico griego. A partir de ahora gran número de pedagogos, gramáticos, retóricos y filósofos invaden las calles de Roma, y los romanos aceptan sus enseñanzas.

El sistema educativo romana estaba organizado de la siguiente forma:

1) Enseñanza primaria: que ocupaba a los niños desde los siete años hasta los once o doce y las clases podían recibirse en la casa con profesores particulares, pero la mayoría de los niños acudían a la escuela del literato. Los niños acudían a la escuela muy temprano acompañado del pedagogo, que era generalmente griego y la jornada escolar solía ser de seis horas, con descanso a mediodía, y un día festivo cada nueve días y el curso comenzaba en el mes de marzo, pero habían vacaciones en el mes de julio hasta octubre. Además, las escuelas eran locales muy humildes, donde habían sillas o bancos sin respaldo para los alumnos, que escribían con las tablillas apoyadas en las rodillas.

2) Enseñanza secundaria: que era impartida por el gramático que acogía a niños y niñas desde los once o doce años hasta los dieciséis o diecisiete y se centraba en el estudio de la teoría gramatical, la lectura de autores clásicos griegos y latinos de las cuales debían realizar comentarios de los textos leídos y a partir de los comentarios que los estudiantes realizaban de los textos leídos, entonces se les enseñabas geografía, mitología, métrica, física y otras asignaturas.

3) Enseñanza superior: que estaba destinada para aquellos jóvenes que terminaban la enseñanza secundaria y querían dedicarse

a la retórica y a la actividad pública, entonces pasaban a la escuela del profesor de retórica, que era generalmente griego y después de una serie de ejercicios preparatorios, el alumno se ejercitaba en la declamación, en la que se distinguen dos géneros:

a) Suasoriae
b) Controversiae

El Mundo Occidental

El concepto occidental se refiere al occidente, o sea, al oeste como punto cardinal. El occidente es el punto cardinal oeste y como tal será en este punto del horizonte donde se oculta el sol en cada jornada cuando se pone, como se dice popularmente. Así, entonces, la palabra occidental la utilizamos para referirnos a aquellos puntos propios del oeste.

Ahora bien, también la palabra occidente se usa para referirse a aquella parte del planeta compuesta por los países occidentales, que justamente se ubican en el plano oeste del mapamundi y que comparten un mismo sistema social, cultural, político y económico, pero que se diferencian de la llamada civilización o cultura oriental, que se ubica en el lugar este del mapamundi, donde las costumbres, la religión y la cultura son ciertamente diferentes a la de occidente, tal es el caso de los países árabes y asiáticos, tales como, Irak, Irán,

Siria; China, Corea del Norte y del sur y Japón entre otros, a quienes se identifican como orientales.

El mundo occidental está formado por Europa, América, Australia, Nueva Zelanda y Sudáfrica, pero algunos países como Rusia o Israel, pueden ubicarse en uno u otro lado. Sin embargo, entre los países occidentales y orientales existe una marcada diferencia entre ellos, por ejemplo, en los países occidentales tienen unas creencias religiosas dominantes, pero la misma está separada del Estado, mientras, que en los países árabes tienen unas creencias religiosas que están íntimamente ligada al Estado. Además, en los países occidentales predomina un sistema político democrático y son capitalistas y en los países orientales predomina un sistema político monárquico. Pero también, en los países occidentales tienen la monogamia como la única forma de vinculación conyugal y los árabes tienen la poligamia como su forma de unión conyugal, o sea, que pueden vincularse conyugalmente con varias mujeres a la misma vez. Aunque luego de la globalización estos pueblos se han ido acercando cada vez más y los pueblos orientales han asumidos muchas de las costumbres occidentales.

Los sistemas educativos de los países occidentales se basaban en las tradiciones religiosas de los judíos y de los cristianos, también, tenían influencias educativas de la educación de la antigua Grecia, el país donde Sócrates, Platón y Aristóteles fueron los principales pensadores que influyeron en la creación de su sistema educativo, siendo el objetivo esencial de los griegos la preparación intelectual de los jóvenes para que asumieran posiciones de liderazgo en las tareas de la dirección del estado y la sociedad. En los siglos posteriores los conceptos griegos sirvieron para el desarrollo de las artes, las enseñanzas de todas las ramas de la filosofía, el cultivo de la estética ideal y la promoción del entrenamiento gimnástico.

Pero, en el periodo helenístico, las influencias griegas en la educación se transmitieron, en primer lugar, por medio de los escritos de pensadores como Plutarco para quien el protagonismo de los padres en la educación de sus hijos era el más esencial punto de referencia.

En el periodo inicial la educación romana se basaba en las viejas tradiciones religiosas y culturales, pero luego decidieron usar profesores griegos para que educaran a la juventud, porque los romanos consideraban la enseñanza de la retórica y la oratoria como aspectos fundamentales para el desarrollo de ellos. Según el educador del siglo primero Quintiliano para que una persona se convierta en un buen orador, debía de recibir, un adecuado entrenamiento en el estudio de la lengua, la literatura, la filosofía, las ciencias y sobre todo en el desarrollo del carácter de esa persona. La educación romana transmitió al mundo occidental el estudio de la lengua latina, la literatura clásica, la ingeniería, el derecho, la administración y la organización del gobierno.

Muchas de las escuelas monásticas, así como las escuelas municipales y catedráticas se fundaron durante los primeros siglos de influencia cristiana, las cuales sustentaban sus conocimientos en las siete artes liberales que se dividían en el Trivium, que a su vez estaban formada por la gramática, la retórica y la lógica y el Quadrium que estaba formado por la aritmética, la geometría, la astronomía y la música. Mientras, uno de los que hizo un aporte significativo a este tipo de escuela fue San Isidro de Sevilla quien aportó materiales básicos con su etimología para el Trivium y Quadrium y además presentó un currículo, el cual servía como guía a las escuelas. Sin embargo, desde el siglo V al siglo VII todos estos compendios fueron preparados en forma de libros de textos para facilitar la enseñanza a los estudiantes, entre los que colaboraron para escribir estos compendios se encuentran el escritor africano Martiano Capello, el historiador romano Casiodoro y el español San Isidro de Sevilla. La finalidad de estos trabajos eran la de expandir los conocimientos existentes más que introducir nuevos conocimientos.

LA EDAD MEDIA

Una edad es una periodización que permite dividir a la historia en distintas etapas. La edad media es una edad histórica que sucede a la Edad Antigua y precede la Edad Moderna.

La Edad Media, se divide en dos periodos que son:

1) Alta Edad Media, la cual corresponde al periodo que abarca los primeros siglos de la Edad Media y se ubica entre los siglos V y X d. C. y se trata de una etapa donde hubo muchos cambios culturales, pero sobre todo muchas luchas de poder, las cuales dieron lugar al protagonismo y fuerza de los reinos germano romano y al imperio bizantino. Además, es en éste periodo que se produjo la expansión del Islán.

2) La Baja Edad Media, la cual corresponde a los últimos siglos de la Edad Media, por lo tanto se ubica en los siglos

XI y XV y se trata de una etapa donde sucedieron muchos acontecimientos, tales como, la expansión del sistema feudal, las cruzadas, el nacimiento de la burguesía; la creación y la expansión de la universidad, el parlamentarismo, las reformas monásticas y todo un conjunto de innovaciones religiosas en materias dogmática y devocional.

En la Edad Media se producen muchos cambios en el desarrollo de la vida del ser humano, entre los que se pueden mencionar, la aparición del modo de producción feudal, que trajo consigo el reemplazo del esclavismo, la desaparición de la noción de ciudadanía romana y el auge de las culturas teocráticas, tales como, el Islam y el cristianismo en lugar de la cultura griega. Sin embargo, es a partir de la transición del feudalismo hacia el capitalismo donde la Edad Media empezó una etapa de decadencia que trajo como consecuencia la Edad Moderna, la cual se extiende hasta la Revolución Francesa y luego da lugar a la Edad Contemporánea y todo esto sucede entre los siglos XIV y XV.

La educación en la Edad Media:

En la educación en la Edad Media, lo primero que hay que saber es que en esta etapa de la vida la mayoría de la población del mundo era analfabeta y solo sabían leer y escribir los clérigos, además, de algunos hombres sabios que fueron formados en la escolástica, aunque no fueran religiosos, ya que en la escolástica es que se sienta la base para la educación de la Edad Media, pero también, es a partir de este punto que se inicia lo que hoy conocemos como la educación tradicional. Sin embargo, en la educación de la Edad media se impartía inicialmente en las escuelas de los monasterios y se centraba exclusivamente en aquellos que iban a formar parte del clero, por lo que, los conocimientos que recibían los estudiantes estaban muy vinculados con la iglesia. Por lo tanto, aprendían nociones de liturgia, oraciones, de la Biblia y la enseñanza era fundamentalmente memorística.

Sin embargo, en la parte occidental de Europa ocurrieron dos hechos importantes en términos educativos y los dos sucedieron en el siglo IX, el primero sucedió en la época de Carlomagno y el otro bajo el reinado de Alfredo de Inglaterra. Carlomagno, reconociendo la importancia de la educación importó de York (Inglaterra) al clérigo y educador Alcuino con el propósito de que éste desarrollara una escuela en el palacio de Aquisgrán, mientras el rey Alfredo promovió instituciones educativas en Inglaterra, las cuales eran controladas por monasterios.

Entre el siglo VII y el siglo IX se acentuó la presencia de los religiosos musulmanes en la península ibérica, los cuales hicieron de Córdoba la capital del califato-omeya, llevándola a ser un destacado centro de estudio de la filosofía, la cultura clásica de Grecia, de Roma y de las ciencias y las matemáticas. También Babilonia había tenido academias judías que duraron muchos siglos y Persia y Arabia habían tenido instituciones de investigaciones para el estudio de la ciencia y el lenguaje. Otros centros de la cultura musulmana se establecieron en la universidad de Al-Quarawiyin, en Fez (Marruecos) en el año 859 y en la universidad de Al-Azhar en el Cairo (Egipto) en el año 970.

Los temas centrales de las discusiones del pensamiento medieval son:

1) Las relaciones entre la razón y la fe.
2) La naturaleza de lo universal.
3) La diferencia que existe entre la esencia de las cosas y la existencia de las cosas y sus implicaciones filosóficas-teológicas.
4) La relación que existe entre Dios y los seres humanos como criaturas.
5) Las escuelas eran fundamentalmente de tres tipos.
a) Monástica, que estaban dirigidas por monjes
b) Palatinas, las cuales estaban patrocinadas por emperadores o gobernantes, reyes ect.
c) Catedralicias, las cuales estaban patrocinadas por obispos y dirigidas por cleros ricos.

LA EDAD MODERNA

La modernidad es un periodo histórico caracterizado por un conjunto de ideas y cambios profundos en la sociedad occidental, que se manifestó en los ámbitos de la filosofía, la ciencia, la política, el arte y en los modos de vida en general. La modernidad comprende uno de los tres grandes periodos en que se divide la historia de la humanidad, Edad Antigua, Edad Media y Edad Moderna, además, de la Edad Contemporánea. La modernidad inicia en el siglo XV, marcada por un conjunto de eventos de gran significación, como la llegada de los españoles a América, la invención de la impresa, la reforma protestante de Lutero o la revolución científica.

En la modernidad se producen cambios importantes en relación con la concepción del mundo para el ser humano, ya que la razón se impone sobre la religión, ya que el mito deja de ser la explicación del universo y se empieza a buscar las causas de todo fenómeno a través de la ciencia y el ser humano pasa a ocupar el centro del pensamiento con el Humanismo, que antes pertenecía a Dios con el Teocentrismo.

En la modernidad, las naciones ven transformada su organización, debido al Estado, que antes estaba en manos de la monarquía y la Iglesia y luego se seculariza, permitiendo la aparición del poder republicano, guiado por la racionalidad y la justicia.

En este periodo, también se establecen constituciones, donde son recogidas las leyes que regulan a la sociedad. Es creado un conjunto de instituciones para garantizar la protección de las libertades y los derechos de los ciudadanos, para lo cual el poder público es dividido en tres diferentes instancias: el poder ejecutivo, el legislativo y el judicial, para controlarse mutuamente. Durante la modernidad también tiene lugar la primera revolución industrial y la segunda revolución industrial con su proceso de industrialización y con todos los adelantos tecnológicos que trajo consigo, se expandió por buena parte del mundo. Esto provocó una modificación profunda en el seno de las sociedades, las relaciones económicas y productivas entre los individuos, dando paso al nacimiento de una sociedad industrial y urbana, que rompe con la antigua sociedad preindustrial, rural y tradicional.

La revolución industrial traerá consigo el triunfo del modelo capitalista, que se reflejará en la vida social y en las nuevas dinámicas a que dará lugar; en este contexto surgirán dos nuevas clases, la burguesía, dueña de los medios de producción, y el proletariado, clase explotada que aporta la fuerza de trabajo, dejando atrás las viejas estructuras de la sociedad feudal. De estas dinámicas también surgirá una respuesta ideológica con planteamientos doctrinarios en lo político y lo económico que derivará en el Socialismo y el Comunismo, basadas en el marxismo, sistema de pensamiento opuesto al capitalismo que proponía la lucha de clases para el acceso al poder por parte del proletariado.

La modernidad se caracteriza por:

1) **La racionalidad:** que es lo opuesto a la religión, es uno de los ejes del pensamiento moderno, ya que la religión deja de ser la base de la comprensión y explicación del mundo, y en su lugar

la ciencia se instaura como discurso legitimador, además, el mito es reemplazado por la razón.

2) **La subjetividad:** que es la característica del ser del cual se afirma algo y es la base de la racionalidad, que se vuelve central en el pensamiento moderno. La reflexión individual posibilita la crítica, a través de la estructura de la autorrealización.

3) **Estado Nación:** un Estado Nación tiene un territorio delimitado, una población constante (aunque existan los fenómenos migratorios) y un gobierno definido. Su fundación oficial se da en 1648, cuando al final de la "Guerra de los Treinta Años", que fue una guerra que se libró en Europa entre los años 1618 y 1648, se firmó el tratado de Westfalia, que pone fin al orden feudal (propio de la Edad Media).

4) **División de poderes:** la Modernidad trae consigo la división del poder en tres instituciones diferenciadas:

1) Poder ejecutivo: diseña y ejecuta políticas.

2) Poder legislativo: debate y aprueba leyes relacionada con las políticas diseñadas por el poder ejecutivo.

3) Poder judicial: administra la justicia mediante la aplicación de las leyes aprobadas.

5) **El descubrimiento de América:** que es uno de los desencadenantes de la Modernidad, el viaje fue posible gracias al cálculo científico de la que la Tierra no es plana. Además, fue motivada por fines de expansión comercial, necesidad propia de un modelo económico capitalista que apenas comenzaba a desarrollarse pero que sería característico de la Modernidad.

6) **Sociedad Industrial:** ya que el cambio de una sociedad rural a una sociedad industrial fue paulatino, pero no por eso menos decisivo. Las características de este tipo de sociedad, que apareció con la Modernidad son:

1) Aumento de la producción a través de la organización y división del trabajo.
2) Desarrollo de fábricas donde se organiza el trabajo.
3) Invención y fabricación de máquinas que reemplazan el trabajo manual. Este es un antecedente de las innovaciones tecnológicas apuntadas a aumentar beneficios que seguirán vigentes hasta nuestros días, en que los desarrollos científicos y tecnológicos son constantemente aplicados a la producción.
4) Aparición de un nuevo sector social: los asalariados.

7) **Desarrollo Urbano:** ya que la sociedad industrial requiere una concentración de población dado que el trabajo está organizado en fábricas. Las ciudades se convierten en centros de producción pero simultáneamente en los lugares de mayor consumo de bienes, servicios y energía.

8) **Reforma Protestante:** ya que este movimiento religioso fue iniciado en Alemania, en el siglo XVI por Martín Lutero, por lo que también se lo conoce como Reforma Luterana. La Iglesia Católica, hasta ese momento indiscutible iglesia cristiana, se ve dividida por las críticas que diversos sacerdotes y pensadores realizaron contra la institución.

9) **Rechazo a la tradición:** ya que la modernidad se caracteriza por el deseo de una ruptura con lo previo, encarnado en la tradición, la Modernidad está caracterizada por la atracción de lo nuevo, las innovaciones, las rupturas y los descubrimientos.

10) **Burocracia:** ya que la administración de los nuevos Estados se realiza a través de la racionalidad, que requiere una gran cantidad de personal. De esta manera surge otra nueva clase, llamada burocracia; quienes la integran trabajan en entidades públicas que se encargan de mantener el orden y el control del Estado.

La modernidad se inicia con la llegada de Cristóbal Colón al continente Americano en el año de 1492 y se termina a finales del siglo XVIII con la Revolución Francesa en el año de 1789.

La educación en la Edad moderna rompe la hegemonía que tenía la iglesia católica sobre la educación de esa época, ya que el Humanismo llega con una extraordinaria fuerza impregnado de una nueva forma de enseñar, centrada en el ser humano, más práctica y reflexiva con la finalidad de formarlo en cuerpo y alma, como individuo libre y como parte del entramado social, siendo la enseñanza mucho más inclusiva y no reservada solamente a los poderosos. Comprendía la enseñanza de las letras, incluyendo además del propio idioma, el griego y el latín, las artes y las ciencias, a los que se les añadirá dialéctica y retórica, tratando de acumular la mayor cantidad de conocimientos, de modo memorístico. Se profundizó el estudio de los clásicos, especialmente de Platón y Aristóteles, sin dejar de lado el estudio de la religión, pero desde un punto de vista menos dogmático.

La Edad Contemporanea

La Edad Contemporánea es el período de la historia que comienza con la Revolución Francesa, a finales del siglo XVIII, y que se extiende hasta la entrada de la Postmodernidad. La Revolución Francesa marcó el final de las monarquías absolutas y el comienzo de una nueva forma de pensar que dio lugar a importantes transformaciones, tales como, la forma de gobernar, la llegada de la Democracia, el reconocimiento de los derechos humanos; el derecho a la vida, a la libertad y a la igualdad ante la ley. Sin embargo, la Edad contemporánea es una etapa de la Edad Moderna, que la proyecta hasta el periodo histórico en que nos encontramos hoy en día, como es la Postmodernidad.

Durante éste periodo histórico se consolidó el sistema capitalista y tuvieron lugar las dos guerras mundiales. Además, se han producido importantes avances técnicos que han cambiado nuestra forma de vivir, tales como, el transporte, los medios de comunicación, en las ciencias y la ecología. En los primeros años de éste periodo, que abarca los años de 1776 al 1870, se destacan grandes revoluciones que cesan en el año de 1815 dando lugar a un periodo de paz en esta primera etapa de la Edad contemporánea. Sin embargo, en la segunda etapa de la Edad Contemporánea, que abarca los años de 1870 al 1914, corresponde a un periodo de paz donde se promueven las relaciones y las comunicaciones entre los países, pero luego de ese periodo, se inicia uno de los periodos bélicos más importante de la historia contemporánea, como fue la primera guerra mundial.

Son muchos los grandes avances y descubrimientos científicos que se han realizado durante el periodo de la Edad contemporánea, tales como, la pila eléctrica, el barco de vapor, la locomotora de vapor; el teléfono, la bombilla eléctrica, la vacuna contra la rabia y una inmensidad de inventos que han hecho de nuestra vida una mucho más fácil de disfrutar. También, los grandes medio de comunicación hicieron acto de presencia en este periodo, por ejemplo, la prensa escrita, el cine, la radio, televisión y los medios computarizados. Pero, además hay que señalar, que a pesar de todos los avances científicos y descubrimientos, en este periodo apareció la primera gran pandemia de influencia gripal, que tuvo lugar en el año 1918 y que dejó millones de personas muertas alrededor del mundo.

Otros hechos que han ocurrido en Edad contemporánea son, la pérdida de poder y credibilidad de la iglesia católica, la aparición del comunismos a través de la revolución rusa en el año 1917, dirigida por Vladimir Lenin y luego vino la creación de la Unión Soviética (URSS) en el año 1923. Además, en el año de 1929 se produce la gran depresión económica de los países capitalistas. También, se inicia la segunda guerra mundial en el año de 1939, con la participación de las grandes potencias del mundo. Así como, la guerra civil de España, la guerra fría, el nacimiento de la ONU, la OTAN; la revolución cubana , la guerra de Vietnam , la guerra de Corea y la llegada del hombre a la luna.

En lo concerniente al crecimiento intelectual de la Edad contemporánea se encuentran, la presencia y creatividad de Ludwig Van Beethoven, la publicación de El origen de las especies por Chales Darwin, la abolición de la esclavitud, la publicación de La interpretación de los sueños por Sigmund Freud; la publicación de La teoría de la relatividad por Albert Einstein y muchas importantes creaciones y publicaciones más.

LA ESCOLASTICA

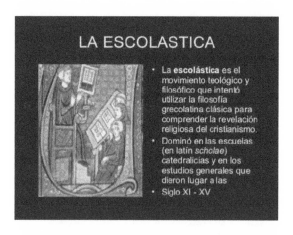

La escolástica es el nombre que recibe la doctrina filosófica que se aplicaba a toda aquella persona que estudiaba o enseñaba en la escuela y que se deriva de la palabra "Scholasticus". Esta filosofía adquiere un gran impulso en Europa en el siglo XII del periodo conocido como medieval, que es el periodo comprendido entre el siglo V y el siglo XV. El término Escolástica se usaba para designar la filosofía Cristiana de la edad media en las escuelas, especialmente a partir del siglo IX, que a su vez estaban formadas por tres tipos de escuelas, la primera correspondía a las escuelas monacales que se encontraban situadas alrededor de los monasterios, la segunda escuela se denominaba Catedralicia o episcopal, las cuales habían sido fundadas en las catedrales y la tercera escuela se denominaba Platina, las cuales estaban establecidas en los palacios de los reyes.

En estas escuelas se estudiaban las artes liberales, las cuales estaban formadas por la gramática, la retórica y la dialéctica, y las tres juntas constituían el trivium, mientras la aritmética, la astronomía, la geometría y la música formaban el cuadrivium. Sin embargo, la filosofía Escolástica se divide en cuatro períodos que son:

1) El período de transición que va del siglo V al siglo VIII.
2) El período de formación que va del siglo IX al XII.
3) El período de apogeo que va del siglo XII al siglo XIV.
4) El período decadente que va del siglo XIV al siglo XV.

La Escolástica es utilizada por la iglesia católica como base filosófica para dirigir las escuelas, debido a que ella era la encargada de continuar promoviendo la cultura en la edad media, y como tenía una función docente que desempeñar, abrió numerosas escuelas que tenían como objetivo principal la formación de sus sacerdotes, por lo que, la enseñanza se organizó sobre la base del teocentrismo fundamental y se propuso desarrollar en el hombre aquellas funciones abstractas y formales que más importaban para la salvación del alma.

Sin embargo, en el siglo XIII el mundo espiritual europeo entra en una nueva etapa, cuando la Antigua y pagana filosofía griega penetra la fe Cristiana a través de la incorporación de la filosofía de Aristóteles al pensamiento Cristiano, la cual fue incorporada por Santo Tomás de Aquino. La asimilación del pensamiento de Aristóteles bajo la obra de Santo Tomás de Aquino le brinda a la Escolástica la oportunidad de alcanzar su plena madurez, ya que Santo Tomás de Aquino consiguió la hermandad entre los principios aristotélicos con la teología Cristiana, cuando afirmó que "La verdad de la razón no está en contradicción con la verdad de la fe Cristiana.

El contenido filosófico de la Escolástica se debe fundamentalmente al deseo de los pensadores medievales de tener un instrumento que le permita un mayor perfeccionamiento de la ciencia referente a Dios y éste instrumento le fue proporcionado por la filosofía aristotélicas y platónica. Las ideas del Escolasticismo en el área educativa se pusieron en práctica durante la edad media en Europa occidental. El método del Escolasticismo utilizaba la lógica para reconciliar la teología cristiana con los conceptos filosóficos de Aristóteles. Uno de los profesores de mayor relevancia en el Escolasticismo fue el profesor Anselmo de Canterbery, quien como Platón defendía que solo las ideas eran reales. Otro profesor destacado fue el clérigo Roscelino de Compiégne, quien estaba en las mismas líneas que Aristóteles, porque enseñaba el nominalismo, que era una doctrina que planteaba que las ideas universales son "Flatus Vocis" ya que solo las cosas concretas son reales.

Otros grandes maestros Escolásticos fueron el teólogo francés Pedro Abelardo quien fuera discípulo de Roscelino y el filósofo y teólogo italiano Tomás de Aquino. El prestigio adquirido por estos profesores sirvió como estímulo para atraer a muchos estudiantes, quienes querían nutrirse de sus conocimientos, pero también, influyó directamente en el establecimiento de las universidades desde el siglo XII en el norte de Europa. A lo largo de éste periodo los principales lugares para ir a aprender eran los monasterios, los cuales mantenían en sus bibliotecas muchos manuscritos sobre la cultura clásica.

En éste tiempo se abrieron varias universidades, la primera fue la de París ya organizada en el año 1200. Estas universidades superaban a las antiguas aulas por el número de alumnos, las facultades establecidas y la organización docente y administrativa. El número de Universidades creció pronto en Italia, Francia, Inglaterra y España. Destacándose las de Oxford, Montpellier, Cambridge, Nápoles, Salamanca y Lisboa. Estas universidades fueron patrocinadas por papas, emperadores y reyes. Las universidades como obra que eran de la iglesia y reflejo del espíritu universalista de la cristiandad, tenían un marcado carácter supranacional. Las facultades características de la universidad medieval fueron las de teología, derecho, filosofía, medicina y artes.

La educación medieval también desarrolló la forma de aprendizaje a través del trabajo o servicio propio, sin embargo, la educación era un privilegio de las clases superiores, mientras la inmensa mayoría de las clases bajas no tenían acceso a la educación. En el desarrollo de la educación superior en la edad media los musulmanes y los judíos desempeñaron un papel crucial, pues no solo promovieron la educación dentro de sus comunidades, sino que intervinieron como intermediarios del pensamiento y la ciencia de la antigua Grecia a favor de los estudiantes europeos.

Las causas que llevaron a la Escolástica a su máximo esplendor en el siglo XII fueron tres.

1) Los nuevos descubrimientos y las nuevas traducciones de libros, especialmente en lo referentes al corpus aristotélicos, ya que en el siglo XIII se da a conocer por los filósofos medievales la casi totalidad de las obras aristotélicas, pero hay que tomar muy en cuenta que antes de ese tiempo la filosofía tenía una inclinación claramente establecida por San Agustín, quien era abiertamente un fiel seguidor de los pensamientos planteados por Platón, y por tal razón, se presentan algunos choques entre los seguidores de la filosofía platónica y los seguidores de la filosofía aristotélica, pero que luego de las aportaciones filosóficas hechas por Santo Tomás de Aquino y San Alberto, termina aceptándose la filosofía planteada por Aristóteles en la Escolástica.

2) La creación de las universidades, las cuales nacen de la agrupación de las antiguas escuelas de la época.

3) La creación de las dos grandes ordenes mendicantes que son:

a) Los Dominicos

b) Los Franciscanos

Es a partir de la creación de estas dos órdenes que a todo lo largo del tiempo restante de la edad media, los grandes pensadores medievales casi siempre, solían, pertenecer a una de estas órdenes.

EL RENACIMIENTO

Se denomina Renacimiento al movimiento artístico que tomó lugar en Europa Occidental durante los siglos XIV y XV. Su nombre proviene de la idea del renacer de elementos culturales que habían desaparecido durante la edad media, tales como, la preeminencia de la razón, de la proporción, del equilibrio y de la mesura, muchos de ellos presentes en las culturas antiguas de Grecia y de la Roma clásica. El renacimiento tenía la representación a nivel artístico de todo el sistema de valores y pautas propuestas por el Humanismo como sistema filosófico de la época.

El Renacimiento surge en Europa en el siglo XIV, específicamente en Florencia, Italia y nace como consecuencia de la progresiva apertura de las ciudades al comercio y al surgimiento de nuevos grupos sociales conocidos como burgueses, los cuales invertían su capital en la compra de obras de artes y quienes se mantenían en contacto con la parte oriental del mundo. Todos estos elementos permitieron al hombre de la época comenzar a dejar de lado el teocentrismo que lo ponía al completo servicio de Dios para pasar a observar la naturaleza, todo lo que la rodeaba y, especialmente, a sí mismo. A partir de aquí, es de donde se expande por toda Europa con la expansión de Rusia, y desde el año 1520 al año 1570 alcanza su plena madurez, haciendo que toda Europa Occidental formara parte del movimiento de las artes y de las letras.

Además, el renacimiento es el período de la historia que corresponde a una época caracterizada por un gran interés por el pasado Greco-Romano clásico y especialmente por su arte y es en éste período de la vida del hombre donde el hombre de occidente empieza a pensar con mayor libertad de espíritu, lo que lo lleva a tener mayor libertad de pensamiento, pero también, es aquí en el Renacimiento donde nace el culto a la vida, al amor y a la naturaleza y se estableció además como fuentes de inspiración el equilibrio y la serenidad de los seres humanos, pero lo que más caracteriza ésta época es el hecho de la separación entre lo cívico y lo religioso.

La cultura en el período del Renacimiento se extiende, gracias a la creación de universidades y escuelas, pero el desarrollo normal de la cultura renacentista se ve afectada por las luchas religiosas derivada del movimiento de la reforma protestante, sin embargo, el Renacimiento no solo fue una exhumación de las artes antiguas, ya que, desde un principio se unió a una revolución en todos los estamento de la cultura humana, en la Filosofía, en la Ética, en la Moral, en las ciencias y en toda la forma en que se pueda expresar la cultura, todo encaminado a la formación de un hombre integral en el que se concilien todas las ramas del saber.

El renacimiento fue un periodo en el que floreció el estudio de las matemáticas y el estudio de los clásicos, el cual creció como consecuencia del interés que tenían los estudiantes por la cultura clásica griega y romana. Pero que luego de descubrirse un conjunto de manuscritos que estaban guardados en los monasterios, éste interés por la cultura de Grecia y de Roma aumentó mucho más y muchos profesores de la lengua y la literatura griega emigraron desde Constantinopla a Italia, entre los que se encontraba el estudioso de la cultura griega Manuel

Chrysolaras en el año 1397 y entre los profesores que se interesaron por sacar a la luz los manuscritos clásicos se encuentran los humanistas italiano Francisco Petrarca y *Poggio Bracciolini*.

El renacimiento partió entonces de esta observación de la realidad para representar todo lo que en ella veía de modo más racional, proporcional y equilibrado. Algunos de los elementos característicos del renacimiento en sus diferentes áreas, tales como, la cultura, la arquitectura y la pintura, fue la utilización de la perspectiva, de la proporción humana como base de todas las estructuras, del equilibrio de las formas, de la mensura las expresiones. El renacimiento se puede dividir en dos períodos mayores:

1) El Quattrocento que se refiere al siglo XV, que es el período en el cual el centro de producción cultural fue Florencia. Entre los principales representantes de éste período se encuentran, en el área de la arquitectura, Brunelleschi y León Batista Alberti, mientras que en el área de la escultura se encuentran Lorenso Ghiberti, Donatello y en el área de la pintura, se encuentran Fra Angélico, Masaccio, Piero della Francesca y Sandro Botticelli.

2) El cinquecento que se refiere al siglo XVI, que es el período donde el poder cultural se situó en Roma. Entre los principales representantes de éste período se encuentran, en el área de la arquitectura, Miguel Ángel y Andrea Palladio, mientras que en el área de la escultura se encuentra Miguel Ángel y en el área de la pintura se encuentran Leonardo Da Vinci, Miguel Ángel y Rafael Sanzio De Urbino

Los hombres del Renacimiento trabajaron con mucho entusiasmo en estudiar metódicamente las obras de la antigüedad, explorando ruinas, exhumando manuscritos y salvando de su destrucción valiosos documentos y para lograrlo recibieron la protección de príncipes y pontífices, que les estimularon en su investigación, pero los investigadores se interesaban solo por los autores y el arte Latina, sin embargo, pronto se llegó a su fuente, o sea, al arte y la cultura griega y es así que se desarrolla una mentalidad erudita, crítica y apasionada por las ciencias y las letras, que se centró en el hombre, de ahí viene el nombre de Humanismo.

El Humanismo

El concepto de humanismo puede interpretarse de dos maneras diferentes, una de ella es, como una doctrina que se basa en la integración de los valores humanos, y la otra es la que hace referencia a un movimiento renacentista que tiene como objetivo fundamental retomar la cultura greco latina para restaurar los valores humanos y éste movimiento intelectual nace en Europa durante el siglo XV. Sin embargo, el humanismo en sentido general, es la manifestación ideológica y literaria del Renacimiento que exalta al género humano y bajo ésta concepción el arte, la cultura, el deporte y todas las actividades humanas se vuelven trascendentales. Además, es una doctrina antropocéntrica que tiene al hombre como centro de todas las cosas, por lo que, el humanismo promovía la entronización del ser humano no solo como elemento indispensable en torno al cual giraba la vida social, sino también como centro del universo. También, el humanismo se opone al consumismo, ya que está en contra de lo superficial, del narcisismo y de aquello que no es propio de la dignidad humana, debido a que, la cosificación como productor o consumidor atentas contra su desarrollo integral.

Pero, el humanismo tenía serias contradicciones con el teocentrismo medieval, donde Dios era el centro de la vida, ya que el humanismo reconoce valores, como el prestigio, el poder y la gloria, que eran muy criticados por la moral cristiana e incluso considerados como pecados. Otra, de la diferencia que tenía el humanismo con las doctrinas religiosas es que el humanismo hace al hombre objeto de fe, mientras que en la antigüedad, la fe era patrimonio de Dios. En la educación hubo importantes cambios que se verían reflejados en el nivel intelectual de las personas, ya que en lugar de continuar con una enseñanza rígida, se le dio importancia a la individualidad de cada alumno y el aprendizaje se centró en formar a personas que estuvieran preparadas para desarrollar una vida activa en la comunidad civil, que confiaran en sí mismas y que fueran capaces de discernir por si solas entre lo correcto y lo incorrecto.

La educación en el renacimiento tiene sus mejores representantes en las escuelas que formaron los educadores italianos Vittorino da Feltre y Guarino Veronese en Mantua en el año 1425. En sus escuelas introdujeron temas como las ciencias, la historia, la geografía, la música y la formación física, y el éxito de implementar estas iniciativas, influyó directamente en el trabajo que realizaban otros educadores al extremo que sirvió como modelo a seguir por los educadores durante más de 400 años.

Otras personalidades que contribuyeron a la teoría educativa en el renacimiento fueron el humanista alemán Johannes Sturm, el ensayista francés Michael Montaigne y el humanista y filósofo español Luis Vives, en todo este periodo se le dio una gran importancia a la cultura griega y romana, las cuales se enseñaban en las escuelas de gramática latina, que se habían originado en la edad media y que llegaron a ser el modelo de la educación secundaria en Europa hasta el inicio del siglo XX. En esta época se construyen las primeras universidades americanas, las cuales fueron fundadas en Santo Domingo en el año 1538 y en México en el año 1551.

El Protestantismo

La reforma protestante es un movimiento que se origina en el siglo XVI en Europa Occidental, impulsado por religiosos, pensadores y políticos de la época, que buscaban un cambio de rumbo de la iglesia católica de ese tiempo, con el objetivo de que volviera a tomar el camino del cristianismo primitivo. El principal representante de dicho movimiento lo fue Martín Lutero, quien revisó las doctrinas medievales bajo el criterio de su conformidad a la sagradas escrituras, recatando, en particular, el complejo sistema sacramental de la iglesia medieval, que permitía y justificaba las exageraciones de la venta de indulgencia, que según creía Martín Lutero, eran un verdadero secuestro del Evangelio, el cual debía ser predicado libremente y no vendido.

Todo sucedió cuando en siglo XVI se produjo una gran crisis en la iglesia Cristiana de la Europa Occidental, provocada por los numerosos problemas de corrupción eclesiástica y falta de piedad Cristiana, pero que lo que realmente llenó el vaso fue la venta de indulgencia para financiar la construcción de la Basílica de San Pedro en Roma, lo que provocó finalmente que la cristiandad se dividiera, prácticamente en dos bandos, uno liderado por la iglesia católica Romana y el otro bando fundó varias Iglesias propias, generalmente, de carácter nacional, en su mayoría para rechazar la herencia Cristiana medieval y buscar la restauración de un cristianismo primitivo y esto trajo como resultado que Europa se dividiera en función de los países que reconocían a el Papa de Roma como el único jefe de la iglesia Cristiana y los países que rechazaron la pretensiones de Roma y que recibieron el nombre de protestantes, pero también, estas divisiones fomentaron toda clase de odios y Guerra en Europa.

Sin embargo, la educación ha sido influenciada por los diferentes acontecimientos históricos y uno de esos acontecimientos fue la reforma protestante, de donde nace el protestantismo que es un conjunto de iglesias y comunidades cristianas que se separaron de la autoridad del Papa. La reforma fue un gran movimiento humanista que nació en el periodo del renacimiento y en la cual predominaba el aspecto ético-religioso, que se transfirió a lo social-popular y su fuente de inspiración fueron las escrituras y sobre todo, la biblia.

Las iglesias protestantes que surgieron por las reformas promovidas por Martin Lutero en el inicio del siglo XVI, establecieron escuelas en la que enseñaban a leer y escribir, también enseñaban nociones básicas de aritmética, el catecismo en grado elemental, cultura clásica, la lengua hebrea, matemáticas y ciencias en lo que podría considerarse como la enseñanza secundaria, bajo el liderazgo de Lutero se inició el proceso de transformación de las instituciones educativas de Alemania.

El teólogo y reformador francés Juan Calvino creó en Suiza otra forma del protestantismo, cuya academia establecida en Ginebra en el año 1,559 se convirtió en un importante centro educativo. Calvino siempre se preocupó por la educación del pueblo y la buena instrucción de los maestros y de los ministros, dándole importancia a la educación de la infancia, este reformador dirige la enseñanza hacia los humildes, los ignorantes y los iletrados. El protestantismo educa en la fe bajo una disciplina y un orden, imprimiendo un enfoque pedagógico en la educación y es bajo los principios cristianos en que se han fundado las principales universidades de América y Europa. Los responsables de promover la reforma protestante son Martin Lutero, Juan Calvino y otros religiosos y educadores, también son los responsables de diseñar la moderna práctica de que el gobierno tenga el control de la educación del pueblo. Otros educadores del protestantismo son Wolfgang Ratke, Juan Amós Comenio y John Locke.

EL CATOLISISMO

Los católicos también siguieron las ideas educativas del renacimiento en las escuelas que ya dirigían o que promocionaron como respuesta a la creciente influencia del protestantismo. El movimiento conocido como la contra reforma, dentro del catolicismo, se inicia con la convocatoria al concilio de Trento desde el año 1,546 hasta el año de 1,563. En éste concilio se toman las medidas pertinentes con el objetivo esencial de enfrentar al protestantismo y es en este concilio que se decide crear la compañía de Jesús, la creación del INDEX (Índice de libros prohibidos) y la creación de la santa inquisición.

La compañía de Jesús fue fundada por Ignacio de Loyola y fue reconocida por el papa Pablo lll. Esta compañía es el órgano principal en término educativo de la contra reforma, los propósitos fundamentales de la compañía de Jesús fueron la de promover la confesión, la predicación, la catequización y los ejercicios espirituales, sin embargo, cuando la compañía de Jesús descubrió la importancia que los protestantes le asignaban a la educación, entonces decidieron transformar la actividad educativa en la parte más importante para ellos.

En el concilio se resolvió la formación de asociaciones de enseñanza catequística, la instrucción religiosa, la construcción de escuelas donde no las había, las mejoras de las existentes en catedrales y monasterios la creación de cátedras de gramática y la promoción de la educación media o secundaria (Trivium) en toda la población, además, que se dictara instrucción gratuita a clérigos y a todos los estudiantes pobres para que estén instruidos en el plano más general de la fe.

La pedagogía Jesuita tenía como objetivo fundamental la formación del hombre cristiano, pero siempre dentro de la iglesia católica, ellos utilizaron las ideas y los métodos que utilizaban los humanistas para enseñar la teología, idiomas clásicos, la gramática, la filosofía, la geografía y la historia, entre los aspectos más destacados de esta congregación se encuentran el esfuerzo y el cuidado que los jesuitas ponían en la preparación y la selección de los maestros, buscando siempre las personas que tuvieran la mayor virtud y las mejores condiciones para desempeñar la función de maestro.

Además, se le formaban desde muy jóvenes, comenzando por los ejercicios espirituales y seguían con el colegio medio, luego con el nivel superior, también recibían una educación integral que incluía la física, la estética, la moral y la teología. Los principales representantes y teórico de la pedagogía de la congregación de los Jesuitas son: San Ignacio de Loyola, San José de Calasanz y Juan Bautista de Lasalle.

Los métodos que los Jesuitas usaban para enseñar eran la lección, la composición, la explicación y la repetición, además eran verbalistas, memoristas y formalistas, donde la disciplina se basaba en la emulación al maestro y a los alumnos destacados, también estimulaban la competencia entre grupos e individuos, ambas para desarrollar el amor propio, las enseñanzas eran gratuitas y solo se le cobraba a las personas pudientes y a las personas que estaban internas en los centros educativos.

Sin embargo, la educación no estaba dirigida a la clase de abajo ni a las masas y mucho menos a los pobres, porque lo jesuitas siempre apuntaron a los sectores de la clase alta de la sociedad para de esta forma poder disputarles con mayor facilidad el poder a los reformistas. Por esa razón, es que sus universidades y colegios sometían a todo los estudiantes que deseaban entrar en ellas a un riguroso examen de admisión.

Capítulo III

Las Teorias Pedagogicas Que Sustentan A La Educacion Tradicional

EL ESENCIALISMO PEDAGOGICO

Platón y Aristóteles en *La escuela de Atenas* (1511), de Rafael

El esencialismo pedagógico es una corriente filosófica que plantea que lo fundamental de las cosas es su esencia, el fundador de esta corriente pedagógica fue el gran filósofo griego Aristocles (Platón), quien plantó programa de estudio que giraba alrededor de siete materias básicas, las primeras cuatro la formaban la música, la astronomía, la geometría y la aritmética, estas materias tenían como objetivos fundamentales la de proporcionar una educación saludable.

Las restantes tres materias eran, la gramática, la retórica y la filosofía, las cuales tenían como objetivo el diseño de los métodos con los cuales debían estudiarse el conocimiento esencial de las cosas.

También, el esencialismo pedagógico se dedicaba a examinar los planes de estudios para distinguir en los programas escolares lo esencial de lo que no lo es, además establece la autoridad del maestro en el aula de clase. Esta teoría dominó a Europa durante la edad media y en la actualidad mantiene una gran influencia en los sistemas educativos del mundo de hoy, por lo tanto, la educación contemporánea está sustentada en parte sobre la base del esencialismo pedagógico.

El esencialismo plantea que todo lo que existe se divide en dos partes:

1) Las propiedades accidentales de las cosas
2) Las propiedades esenciales de las cosas

El esencialismo pedagógico, por lo general, acepta los puntos de vista más tradicionales de la filosofía y valora en grado sumo los enfoques científicos y tecnológicos, haciendo énfasis en el estudio de las ciencias naturales, Sin embargo, en esta teoría se le da mucha importancia a las calificaciones que obtiene el estudiante, porque con esas calificaciones es que se evalúa lo mucho o lo poco que está aprendiendo el estudiante.

En esta teoría se plantea que el maestro es el centro de atención y que todo debe girar alrededor de él durante todo el proceso educativo, porque es el maestro quien posee los conocimientos que se desean transmitir. Además, es el maestro quien decide el currículo que el estudiante debe completar. El esencialismo presta mucha atención a las enseñanzas morales y en las enseñanzas esencialmente tradicionales que hacen énfasis en los valores del ser humano, pero este sistema pedagógico presta muy poca atención a materias como humanidades, artes y educación física.

En el esencialismo pedagógico los maestros deben conservar los métodos tradicionales de las disciplinas, además el maestro tiene que ser un profesional de la asignatura que imparte y tiene que ser un modelo a imitar dentro de la sociedad. Sin embargo, el esencialismo pedagógico no utiliza estrategias de enseñanzas que estén fundamentadas en las teorías sociológicas, porque sus enseñanzas estaban dirigidas, única y exclusivamente, a los nobles y no a educar al pueblo. En esta teoría el aprendizaje se obtiene mediante un trabajo duro y una aplicación constante sobre lo que se quiere aprender.

El Humanismo Pedagogico

Francesco Petrarca padre del Humanismo

El humanismo histórico es el movimiento que marca la transición entre la edad media y la edad moderna y se forma en Italia, a mediados del siglo XIV, bajo la figura protectora de Petrarca. Sin embargo los humanistas no buscaban solamente una revolución intelectual, sino que buscaban realmente una reforma de la vida y las costumbres de las personas.

Los humanistas italianos influenciaron a otros países europeos para que abrieran sus puertas al nuevo movimiento, sin olvidar que a partir del siglo XVI se proyectaba hacia las nacientes instituciones culturales y educativas del nuevo mundo. Pero en término educativo, fue Elio Antonio de Nebrija quien presento el primer tratado de educación "Deliberis educandis Libellus" y lo hizo mientras era el máximo representante del humanismo en España. Este tratado educativo, consiste en un breve compendio de ideas pedagógicas de autores clásicos y fue compuesto en el año 1,453.

Sobre los cimientos del tratado educativo creado por Elio Antonio Nebrija es que se levanta toda la estructura del humanismo pedagógico, que en su evolución va desarrollando un carácter propio y original que se plasma en las obras del siglo XVI, después del esplendor y de la fecundidad, que tuvo en el siglo XVII, el humanismo comienza a manifestar síntomas de decadencia. No obstante, una de las características principales del humanismo, desde sus orígenes, era el deseo de siempre volver a las fuentes de la cultura occidental en busca de la verdadera filosofía y de una piedad más sencilla y autentica.

El humanismo moderno no es más que la continuidad de un largo debate que se remonta a los primeros siglos de la iglesia, cuando se plantea, si es conveniente o no unir las letras profanas con las letras sagradas, o sea la revelación divina y la cultura humana, porque armonizar la antigüedad es el problema que hereda el humanismo renacentista, y es que se sabe que ambos no son valores equiparables. En definitiva los humanistas saben que la filosofía cristiana es el más alto grado del conocimiento, pero ellos no están dispuestos a renunciar a los tesoros de sabiduría y de belleza creados por la razón humana, aunque provenga de los gentiles.

Los humanistas, en efecto, tienen que defenderse de las posturas más intransigentes y justificar una cultura que no deja de levantar celos, porque la preocupación principal del humanismo es la educación, ya que, cuando la cultura se concreta en educación, cuando sale del circulo del erudito para convertirse en la base de la formación humana, entonces es que la cultura empieza a cumplir con su verdadero rol social.

La importancia fundamental que el humanismo italiano del siglo XV y el humanismo francés del siglo XVI, conceden al lenguaje no es gratuita, porque en su reflexión se contiene la clave del humanismo, la definición de la más honda aspiración de éste movimiento, que es la de volver a la palabra, al verbo, al protagonismo histórico de la cultura, Ya que saber en definitiva, es saber hablar.

El humanismo concibe a la educación como formación en el sentido exacto del término, porque educar es formar, moldear al hombre de acuerdo con todas las perfecciones que hay implícita en su naturaleza. Entonces el hombre sabrá educarse, porque posee la razón, pero también, porque es un ser social, capaz de comunicarse con otros hombres y además compartir sus conocimientos.

La educación, es sin duda alguna, la que permite moldear al nuevo ser humano, pero también lo prepara para adaptarse a su naturaleza y a seguir su proceso de evolución, en todo caso la educación formal implica una formación intelectual sistemática, ordenada y jerarquizada que llevaría al niño y más tarde al joven a la asimilación de una cultura general y de una base científica. Pero si hay algo claro y contundente en el pensamiento del humanismo, es su confianza en el poder de los estudios, como principio del perfeccionamiento humano, y que por tal razón, la educación debe llegar a todas las clases sociales por igual.

El humanismo es inspirado por la tradición Cristiana y la tradición clásica, por tal razón, toma como figura central para dirigir el proceso educativo al maestro, porque el maestro es un seguidor de las tareas docentes de Jesús Cristo, además, porque el maestro actúa como un padre espiritual al ayudar a las personas a encontrar una segunda naturaleza. Al desarrollar el concepto de educación que forja el humanismo se advierte que el modelo a seguir es el del sabio, la persona cultivada y virtuosa que hace de su vida una obra de arte, entonces el fin de la educación es por lo tanto, alcanzar la virtud. La virtud es definitivamente el premio al esfuerzo humano, la recompensa a una vida honesta, la cual se traduce en una serena felicidad interior que nada la puede perturbar.

En general los contenidos de los planes de estudios en la educación humanística, comienzan por una enseñanza elemental, en la que se aprende a leer y a escribir, junto con la doctrina Cristiana. Luego se estudian las artes liberales, empezando por las artes instrumentales y después siguen las artes o doctrinas del cuadrivium. Con esta preparación termina la educación básica, pero si el alumno tiene ingenio suficiente, entonces se formará en la filosofía moral, tanto civil como eclesiástica.

EL REALISMO PEDAGOGICO

Alejandro Magno y Aristóteles

El realismo es una corriente filosófica que sostiene que la materia es verdadera, que existe independientemente de la mente y que el mundo de las cosas y de las personas que percibimos a través de los sentidos, es la única verdad. El principal representante de esta corriente filosófica es el filósofo griego Aristóteles. El realismo pedagógico surge en el siglo XVII y propone una educación que está basada en el conocimiento de los contenidos y en las prácticas. Los métodos aplicados por éste movimiento eran el método inductivo y el método intuitivo como base de todos los saberes, ya que el valor pedagógico de las distintas disciplinas formales dependen esencialmente de la aplicación práctica que tengan en la vida. Pero sobre todo, los realistas se preocupaban por el modo en que se debían transmitir esos conocimientos y de la secuencia que debían seguir la presentación de ellos, para lograr una mayor efectividad a la hora en que vayan a ser usado por los estudiantes. Además, el realismo pedagógico está centrado en el contacto directo con la naturaleza, o sea, con el objeto que se va a estudiar.

También, el realismo pedagógico plantea que el fin de la educación debe ser el logro total de la felicidad del ser humano, ya que la persona feliz es aquella que alcanza la sabiduría y la prudencia, por tal razón, los realistas dicen que educar es impartir conocimiento y formar el carácter de la persona. Otros seguidores del pensamiento realista de Aristóteles son:

1) Juan A. Comenio, quien es el padre de la pedagogía moderna
2) John Locke, quien dice, que el niño nace con la mente en blanco y que el conocimiento lo adquiere por medio de las experiencias
3) Hembert Spencer, quien es el padre de la ciencia de la educación

El realismo pedagógico plantea que solo se puede conocer la verdad a través de los sentidos y la razón, porque la realidad existe independientemente de la mente del individuo que la percibe, además, dicen que conocer es descubrir su esencia e implica definir la esencia de cada cosa, pero también señalan que los valores son absolutos y eternos, siempre y cuando, estén basados en las leyes de la naturaleza.

Los realistas entienden que la función del maestro debe ser la de proveer las experiencias necesarias para el desarrollo de las capacidades del individuo, también que el maestro tiene que impartir el conocimiento, pero que además, lo tiene que demostrar.

El Enciclopedismo Pedagogico

El enciclopedismo es un movimiento filosófico y cultural que se inicia bajo la influencia de la Ilustración. El objetivo fundamental del enciclopedismo era el de concentrar todo el conocimiento humano a partir de los nuevos principios de la razón y éste movimiento se inicia en Francia en el siglo XVIII. Entre los principales representantes del enciclopedismo se encuentran Diderot, D`Alembert, Voltaire, Rousseau y Montesquieu, quienes vieron que con la enciclopedia podían destruir la superstición y abrir la puerta al conocimiento humano, pero en realidad la enciclopedia era una síntesis del pensamiento y la creación de la ilustración.

La ilustración francesa tuvo su efecto inmediato en los avances de las ciencias naturales, la técnica y la investigación, que motivó su ideal de que la razón dominara no solo la naturaleza, sino también a la sociedad, porque la razón poseía la vitalidad para cambiar la realidad. Por lo tanto, para los ilustrados una formación racional y una educación humanista proporcionaban el progreso de la sociedad, la paz entre los hombres y la felicidad tanto de los individuos como de la colectividad. De esta forma, el movimiento ilustrado fue adquiriendo un formato cada vez más ideológico y luego por estas razones, jugaría un papel fundamental en el proceso de la revolución francesa.

La enciclopedia estaba formada por 35 volúmenes distribuido en libros de textos y libros de láminas, en ellos se resumía el pensamiento ilustrado de la época, o sea, todos los conocimientos de esa época. El primer volumen de la enciclopedia, ampliado por D` Alembert apareció en el año de 1751 y el último volumen de la enciclopedia apareció en el año de 1772.

La enciclopedia incluía tantos textos científicos como diseños de nuevas máquinas, definitivamente, la enciclopedia era un compendio de las tecnologías de la época, que describía las herramientas manuales y tradicionales, así como nuevos dispositivos de la revolución industrial en Inglaterra.

El enciclopedismo hizo grandes aportes a la pedagogía y a la educación, ya que tenía como uno de sus objetivos esenciales el dar a conocer y comprender todos los conocimientos disponibles en cada época y la sistematización y estructuración de sus exposiciones, también, mantener tales conocimientos para que las futuras generaciones pudieran aprender de ellos y generar una corriente crítica contra la superchería, el oscurantismo y los abusos que se cometían desde el poder, por lo tanto, el enciclopedismo nace con un marcado sentido pedagógico y didáctico ayudando a la educación en la tarea de la formación del hombre.

El enciclopedismo parte de una visión optimista e idealizada de que el hombre es bueno por naturaleza y que es mediante la educación y el cultivo de las ciencias como se puede obtener la transformación de la sociedad. Los enciclopedistas ilustrados, planteaban que el comportamiento del hombre debía regirse por la naturaleza, que es la vía que conduce a la felicidad a través de la razón. Además, ellos propugnaban por la cultivación de las siguientes actitudes: la tolerancia, la beneficencia, la solidaridad, el derecho del hombre y del ciudadano. En su visión optimista entre los enciclopedistas existía la idea reformadora del hombre mediante la educación, la cual a su vez transforma la sociedad. En sentido general, éste movimiento pretendía enseñar a todas las personas que estaban en buenas condiciones para aprender, todo el contenido del saber humano.

EL NATURALISMO PEDAGOGICO

El naturalismo pedagógico es un movimiento educativo que se inicia en siglo XVIII, bajo la dirección de Jean Jacques Rousseau, éste movimiento plantea que es en la naturaleza, el lugar donde se encuentran el fin y el método de la enseñanza. El naturalismo está muy influenciado por los iluminados, porque emplean la razón como la única fuente de juicio. Los naturalistas entienden que el universo está compuesto por objetos y procesos naturales, por lo que, dicen que no existen factores sobre naturales que afecten lo natural, ya que el orden natural está sujeto a continuas transformaciones, las cuales se realizan por medio de los mismo procesos naturales. Pero además, afirman que el orden natural no es caótico y que solo a través de la razón y el método científico se puede llegar a conocer la naturaleza.

También, los naturalistas entendían que el objetivo de la educación era la de educar a los niños siguiendo el proceso natural, desarrollando muchas actividades para que el niño entrara en contacto con la naturaleza y así poder desarrollar sus sentidos y sus curiosidades, porque los conceptos del conocimiento se obtienen de la experiencia que nos dan los sentidos. Pero además, señalaban que la función del maestro debía ser la de un guía para el niño y que él debe ser un facilitador del proceso enseñanza-aprendizaje, para que así dejara el espacio para que el estudiante se convirtiera en un estudiante autodidacta y recordaban que mientras menos hace el maestro, entonces mejor maestro será.

El movimiento naturalista planteaba además, que los recursos educativos deben adaptarse a cada una de las etapas de crecimiento del niño y que la educación debe ser gradual, dándole al niño única y exclusivamente lo que él necesita aprender, señalando también, que la educación dura toda la vida y que existen dos tipos de educación, una es la educación positiva y la otra es la educación negativa. También, que el proceso educativo debe de partir siempre del entendimiento de la naturaleza del niño, del conocimiento de sus intereses y características particulares, de forma tal, que hay que reconocer que el niño conoce el mundo exterior de manera natural y haciendo uso de sus sentidos.

Por lo tanto, cometen un grave error aquellos que traten de enseñarle al niño a conocer el mundo en esta etapa de su vida a partir de explicaciones o libros. Los naturalistas consideran a la educación como el camino idóneo para formar un hombre nuevo y dicen además que solo educando a los niños mediante la observación y la experimentación de ellos con la naturaleza se puede lograr éste objetivo, pero que es preferible que los niños vayan aprendiendo poco a poco y que gozaran de mucha libertad cuando lo hicieran, porque solo de esta forma podían aprender a tomar decisiones y así saber tomar lo bueno y rechazar lo malo. El movimiento naturalista tiene como objetivo fundamental el desarrollo personal y el desenvolvimiento de todas las capacidades del niño para conseguir una mayor perfección de él. En término filosófico ellos plantean que el ser humano es bueno, es inocente, es autosuficiente y es auténtico por naturaleza y que su dimensión moral emana de la naturaleza humana.

EL PRAGMATISMO PEDAGOGICO

¿DÓNDE SURGIÓ?

❖ Este movimiento filosófico tuvo su origen en Estados Unidos a mediados del siglo XIX, se desarrolló a partir de ideas dadas por Charles Sanders Peirce, William James y John Dewey.

El pragmatismo es una escuela filosófica creada en Los Estados Unidos a finales del siglo XIX por Clarles Sanders Peirce, John Dewey y Willian James, su concepción de base es que solo es verdadero aquello que funciona, enfocándose así en el mundo real y objetivo. Para los pragmatistas la verdad y la bondad deben ser medidas de acuerdo con el éxito que tengan en la práctica, por lo que, es un pensamiento filosófico que busca la consecuencia práctica del pensamiento y pone el criterio de la verdad en su eficacia y valor para la vida, o sea, que si funciona entonces es bueno.

Entre la pedagogía del siglo XIX y la pedagogía del siglo XX, existe un lazo de continuidad que le permite relacionar sus premisas y sus problemas, pero también, su estructura y sus métodos. La pedagogía de hoy se ha realizado, lógicamente, sobre la base tradicional de la pedagogía del pasado. Sin embargo, el pragmatismo educativo plantea claramente que el fin de la educación es la socialización del individuo y la transmisión de las tradiciones culturales del hombre a las nuevas generaciones. Por lo tanto, la escuela debe ser una escuela activa para que desarrolle el pensamiento crítico en el educando, ya que el educando no debe ser un ente pasivo en el proceso de su educación y que solo debe ir a ella a aprender a aprender.

El pragmatismo educativo plantea mediante su teoría de inquirir, que los seres humanos establecemos unas relaciones de intercambio con nuestro ambiente, que nos permite satisfacer nuestras necesidades, sin embargo, esas relaciones pueden bloquearse por algún acontecimiento, lo cual implica un problema, pero que si usamos la inteligencia podemos buscar una solución de forma racional para definir el problema, desarrollar la hipótesis, evaluar las hipótesis y seleccionar las alternativas que mejor resuelven el problema. Además, el pragmatismo educativo plantea que la escuela tiene que ser un laboratorio en el que los niños se preparen para la vida y sus problemas, porque el fin específico de la educación es el crecimiento de los alumnos, por lo tanto, la escuela debe enriquecer al estudiante con los conocimientos, las destrezas y los valores que le permitan reconstruir su existencia.

Los pragmatistas entienden que la educación es el instrumento a través del cual se mantiene la continuidad social de la vida, por lo que, el objetivo de la educación es la continuación individual. También, ellos entienden que la escuela tiene una triple función que es:
1) La informativa
2) La formativa
3) La transformadora

Pero además, el método que usan es experimental, que es un método exploratorio, tolerante hacia lo nuevo y lo retador y sobre los principios educativos proponen que el aprendizaje debe producirse a través de las actividades, por tal razón, a la escuela planteada por los pragmatistas, se le llamó "La escuela activa"

En cuanto a la función del maestro, el pragmatismo educativo señala que el rol del maestro debe concentrarse en los primeros años, en poner énfasis en la naturaleza psicológica y sociológica y luego el maestro debe presentar el contenido de manera más sistemática, pero sobre todo, señalan ellos, que el maestro debe ser un ente puramente democrático.

EL POSITIVISMO

El positivismo es una corriente filosófica creada en el siglo XIX por el francés Augusto Comte. En esta filosofía se plantea que el conocimiento humano no está basado en fundamentos sólidos e inmodificables, sino que es una cuestión conjetural, por lo que, ellos dicen que hay muchas razones para evaluar esas creencias o conjeturas, aunque esas razones pueden ser modificadas o eliminadas a la luz de investigaciones posteriores. Pero además, los positivistas afirman que en la realidad existe un orden único que tiende al progreso indefinido de la sociedad y que todo lo que ocurre responde a ese orden natural que hay que descubrir, conocer y aceptar, por lo tanto, el ser humano no es el constructor de la realidad social, ya que propone una suerte de inmovilidad que descarta la problematización.

Los positivistas entienden que el conocimiento ya está dado y terminado que no permite la problematización de éste y que por tal razón es que ellos niegan la intervención del sujeto en la construcción del conocimiento y que éste va de lo simple a lo complejo y de este modo descartan los métodos de estudios como los de la dialéctica, la deducción y la problematización. También, señalan que la razón se ha liberado definitivamente de todo lo religioso, de todo lo oscuro y que lo ha hecho a través de la ciencia, porque la ciencia es el conocimiento de los hechos, de los sucesos observables y medibles. El método positivo posibilita una transformación efectiva de la naturaleza y de la sociedad.

La educación positivista se fundamenta en el experimentalismo y la metodología que aplica responde al espíritu científico, pero su objetivo fundamental es la de crear un individuo que sirva al estado. Una de las principales características de la educación positivista es la que señala, que la persona tiene que descubrir el objeto que desea conocer y además que tiene acceso a la realidad a través de los sentidos, la razón y todos los instrumentos que use para hacerlo, pero que solo es válido el conocimiento que se obtiene mediante la aplicación del método científico. También, los positivistas señalan que la realidad existe independientemente a la existencia del ser humano que la conoce y que la verdad es una correspondencia entre lo que la persona conoce y la realidad que va descubriendo a cada paso.

Sin embargo, en el positivismo el estudiante que aprende tiene que mantenerse pasivo durante el proceso de enseñanza aprendizaje y aprende acumulando en su memoria los hechos ya ocurridos, por lo tanto, ellos utilizan el método de la memorización. Por lo que, la enseñanza se convierte solo en una forma de transmitir el conocimiento que tiene como meta principal la capacitación de la persona para el trabajo, sin importar la creatividad y la capacidad reflexiva del estudiante.

EL EXISTENCIALISMO

El existencialismo es una corriente filosófica que se inicia en el siglo XIX, pero que es en el siglo XX cuando alcanza su mayor esplendor, su principal representante y fundador es el filósofo de origen danés Soren Kierkegeard. Esta filosofía surge de las crisis personales o de las crisis nacionales, sin embargo, el existencialismo tiene una forma particular para analizar los problemas, porque esta filosofía no analiza los problemas desde la distancia, sino que entra en ellos intelectualmente y emocionalmente. El eje principal que sostiene el existencialismo está señalado en la frase que dice "La existencia precede a la esencia" y esto significa que el ser humano existe, aparece en escena y luego es que se define así mismo. Los existencialistas señalan que el hecho de que el hombre sea indefinible se debe a que en el principio no es nada y que después será algo y él mismo se forjará lo que ha de ser.

Los existencialistas entienden que la educación debe alentar el desarrollo de la individualidad, la creatividad y la autonomía propia y que no debe estimular la adaptación al grupo, ya que los seres humanos no se realizan a plenitud en grupos, pero que el individuo puede unirse al grupo si así lo desea por su propia voluntad y decisión. Por lo tanto, son los existencialistas los que enfatizan en que la enseñanza debe ser individualizada en el salón de clase.

La educación existencialista busca sobre todo la transformación del individuo en un ser auténtico, dándole mayor importancia al desarrollo de la capacidad afectiva que a su capacidad reflexiva. Pero además, la educación es concebida por ellos como un proceso mediante el cual el hombre se convierte en un ser autentico y consideran que la educación debe ayudar al hombre a que se convierta en un intérprete de su propia existencia, a descubrirse como un ser humano completamente libre y responsable de su vida. Pero sobre todo, la educación existencialista le da una gran importancia al aspecto afectivo, emocional y de sensibilidad del ser humano, por lo tanto, recomiendan un currículo en el cual las humanidades y las artes asuman un papel protagónico, puesto que es en ellas donde más claro se ven reflejados los aspectos estéticos, emocionales y morales del hombre. Ellos consideran además, que las humanidades son las que ejercen el mayor impacto sobre el ser humano, porque revelan al hombre su sufrimiento, inquietudes, amor, odio e incertidumbre, pero que todas las disciplinas deben ser enfocadas de tal manera que ayuden al estudiante a comprender mejor la naturaleza humana.

En cuanto a la función del maestro, los existencialistas plantean que la función del maestro debe ser la de guiar a sus alumnos en la búsqueda de su plenitud como persona para que se conozca y se acepte tal como es el mismo y a esto es lo que se le conoce actualmente como "Realizarse como persona". Otras de las funciones del maestro es la de estimular al estudiante a criticar, a ponerlo todo en duda, aunque sean las propias opiniones del maestro y la de alentar a los estudiantes para que se entreguen y se dediquen en cuerpo y alma a la búsqueda del saber, a ponderar cada partecita del saber hasta hacerlo parte de ellos mismo. Sin embargo, los existencialistas, también conciben a los alumnos como juez de su propia inteligencia, puesto que el maestro debe ayudar al alumno a encontrarse consigo mismo.

También, que el maestro tiene que respetar la libertad del estudiante y debe ayudarle a asumir completamente sus responsabilidades sobre la selección de sus valores. Mientras que los estudiantes deben concebir el conocimiento como respuesta a situaciones existenciales de modo que el aprendizaje sea más eficaz, significativo y duradero. En la escuela existencialista se fomenta la creatividad para que los estudiantes puedan buscar las soluciones a los problemas que le presente la vida y que la escuela debe de desarrollar aptitudes de liderato en los estudiantes, pero que no se le debe proveer a todos los estudiantes el mismo tipo de educación, ya que las diferencias individuales que presentan ellos hay que darle una respuesta educativa individualizada y diversificada en la aplicación de los métodos y las técnicas de enseñanza que se usen, por tal razón, el currículo debe estar enfocado desde el punto de vista y la realidad que vive el estudiante.

La educación existencialista aplica una metodología educativa que ayuda a desarrollar las destrezas del lenguaje y la comunicación, porque el individuo necesita tener las herramientas para expresar mejor lo que es, lo que piensa y lo que siente. Para ellos la educación debe estar en contacto permanente con la realidad, con la vida, con los aspectos positivos y negativos, pero sobre todo, la educación existencialista siempre mira al presente, al futuro y promueve la acción, porque la educación definitivamente es un medio para mejorar las condiciones existenciales.

Capítulo IV

La Escuela Tradicional

La Escuela Tradicional

La escuela tradicional se originó en la escolástica, que es una Filosofía propia de la iglesia católica, que imperó desde el siglo IX hasta el siglo XV, teniendo como fin primordial de la educación la recuperación del pensamiento clásico del renacimiento. Por lo tanto, la escuela tradicional es el fruto producido por las críticas que se le hacían a la forma de enseñar que tenían los colegios de internados, los cuales estaban a cargo de órdenes religiosas y ellos tenían la misión de mantener alejado a la juventud de los problemas propios de la época y de la edad de los propios estudiantes. En estos colegios se enseñaban los ideales de la antigüedad y el lenguaje que se hablaba era el latín, mientras el dominio de la retórica era la culminación del proceso educativo señalado.

Los responsables directos del nacimiento de la escuela tradicional fueron el religioso y pedagogo Juan Amós Comenio y Wolfgang

Ratke (Ratichius), y fue Comenio quien en el año de 1657 publicó su extraordinaria obra titulada "Didáctica Magna" o tratado universal del arte de enseñar todo a todos. En éste tratado se establecen las bases de lo que sería la pedagogía tradicional y los fundadores de esta nueva pedagogía se oponían fervientemente a que los niños aprendieran a leer única y exclusivamente en latín y no en su lengua materna. Ellos propusieron la idea de una escuela única, donde la escolarización estuviera a cargo del Estado para que éste tuviera la obligación de prestar los servicios educativos a todos los niños, sin importar el sexo ni la condición social y mucho menos la capacidad del estudiante.

Las escuelas tradicionales del siglo XVIII estaban regidas por un método y un orden, los cuales eran invariables e inquebrantables y todo giraba en torno al maestro, convirtiéndose él en el centro de atracción en el proceso educativo, a todo este proceso se le conoce como "Magistrocentrismo", ya que se consideraba que el maestro era la base y la condición necesaria para que la educación fuera exitosa, por lo tanto, al maestro le correspondía organizar el conocimiento y elaborar la materia que se debía aprender, además debía trazar el camino por el cual tenían que caminar sus alumnos.

El sistema educativo tradicional está diseñado bajo la base productiva de la revolución industrial, donde la enseñanza se reduce única y exclusivamente a la transmisión del conocimiento entre el docente y el alumno en diversos escenarios. En la educación tradicional quien dirige el proceso de enseñanza-aprendizaje actúa como un transmisor de conocimientos, enfocándose solo en la enseñanza del alumno y todo se mueve alrededor del él, convirtiéndose en el centro de la educación, ejerciendo un control absoluto sobre ella.

En la escuela tradicional la figura del maestro es sagrada, al extremo que el maestro es el modelo y el guía al que se debe seguir, imitar y sobre todo obedecer. Pero también, en esta escuela la disciplina y el castigo se consideraban fundamentales para que la escuela pudiera funcionar en orden, porque se pensaba que la disciplina y los ejercicios escolares eran suficientes para desarrollar las virtudes humanas en los alumnos. Mientras, el castigo servía para estimular constantemente el progreso del estudiante, sin importar que el castigo fuera en forma de reproche o en forma física.

Otros de los elementos esenciales que caracterizan a la escuela tradicional es el uso del "Enciclopedismo", que es a su vez una corriente pedagógica, mediante la cual se organizan y se programan ordenadamente las clases en las escuelas, a través de los libros de textos, los cuales se convierten en manuales escolares, estableciendo así la forma de organizar y de ordenar la vía que debe seguir la programación de todo lo que el estudiante tiene que aprender, de manera tal, que todo lo que se desea aprender se encuentran en los manuales, que están metódicamente graduado y elaborado para evitar la confusión y la distracción del estudiante, porque todo lo que se debe enseñar está contenido en ellos. Además, la escuela tradicional utiliza el verbalismo y la pasividad como método para enseñar lo mismo a todos los niños y en todas ocasiones, donde el repaso es entendido como la repetición de lo que el maestro ha dicho y juega un papel fundamental en éste método.

Las herramientas pedagógicas usadas en la escuela tradicional son: las pizarras y los libros de textos, también se usan los currículos y los pensum, los cuales son carentes de innovaciones y que limitan la didáctica y la metodología pedagógica. Sin embargo, el sistema educativo tradicional solo toma en cuenta para enseñar la inteligencia lingüística y la inteligencia lógica matemáticas y toma como parámetro para medir el conocimiento adquirido, la aplicación de un conjunto de exámenes en cada una de las materias que se imparten.

En la escuela tradicional el profesor pierde mucho tiempo en las tareas de lápiz y papel, ya sea dictando la clase o escribiendo en la pizarra, lo que trae como consecuencia que el tiempo que se dedica al aprendizaje activo no sea realmente suficiente. Otro de los problemas que se presentan en la escuela tradicional es que las asignaturas se enseñan como si ninguna de ellas estuvieran relacionadas, o sea, las matemáticas se enseñan separadas de la historia, que a la vez está separada del arte, el cual está separado de la literatura y que está separada de la geografía y así sucesivamente.

JUAN AMO COMENIO

La escuela tradicional descansa sobre los hombros de Juan Amós Comenio, quien es considerado el padre de la escuela moderna, que es la misma escuela que hoy se le conoce como escuela tradicional. En los escritos de Comenio, hace más de cuatrocientos años y que se refieren a la educación en la infancia y la primera juventud, planteaba el método pedagógico que él aplicaba, el cual tenía como base los procesos naturales del aprendizaje, utilizando la observación, la inducción, los sentidos y la razón.

Juan Amós Comenio entendía que era necesario reformar las escuelas para que fueran talleres de la humanidad y punto de partida de la educación permanente para llegar a una cultura humana universal. Comenio imaginó una escuela primaria en cada pueblo y deseaba que la escuela llamara la atención de los alumnos con árboles alrededor y flores en los huertos, además decía que los salones de clases debían estar adornados con cuadros, que los talleres tenían que estar cerca de ella y que junto a las aulas debían estar los campos para que los alumnos pudieran jugar.

Otros aportes de gran importancia hecho por él a la escuela son la inclusión de ilustraciones para enseñar y la utilización del teatro y la interpretación teatral como un instrumento de motivación y estimulación del aprendizaje.

Para Comenio, enseñar se debe a una disposición de tres pasos:
1) Tiempo
2) Objeto
3) Método

Así como la naturaleza es única, igual que Dios que es único, así el método como imitación de la naturaleza debe ser único, que se desplace entre el enseñar y aprender, entre el leer y el escribir y entre las palabras y las cosas. Comenio criticó duramente los métodos de enseñanza basado en el castigo y la amenaza que solamente despertaban el terror que los estudiantes sentían para adquirir el conocimiento e impedía de esta forma la creatividad y el ingenio de los alumnos. También planteaba un método práctico de aprender en el que los conocimientos se filtraran suavemente en las almas de los estudiantes, llevando al entendimiento la verdadera esencia de las cosas e instruir a cerca de los fundamentos, las razones y los fines de las principales cosas que existen y se crean.

También, señalaba que la educación debe ser comprensiva no memorística y sobre todo que debe ser un proceso para toda la vida, que integre las actividades creativas humanas y sus principios para una amplia reforma social, basada en la unión de la teoría y la práctica. Además, entendía que el maestro no solo debe encarnar el método de enseñanza, sino que él debe ser un modelo para sus alumnos. Pero sobre todo, Comenio pone todo su esfuerzo en un modelo pedagógico para reglamentar y prescribir qué se debe, como se debe y cuando se debe enseñar, dando mayor importancia al niño como objeto del acto educativo, al que se le debe estimular positivamente para que ame el conocimiento, presentando el conocimiento de manera metódica, sencilla y primordialmente que los estudiantes aprendan haciendo, es decir activando todos sus sentidos.

Entre otras cosas, Comenio señaló que:

1) Un solo maestro debe enseñar a un grupo de alumnos.
2) Que ése grupo de alumnos debe ser homogéneo con respecto a la edad.
3) Que se debe reunir en la escuela a toda la juventud de uno y otro sexo.
4) Que los alumnos de la escuela deben ser distribuido por grados de dificultad, ya sean, principiantes, medios y avanzados.
5) Que cada escuela no debe ser completamente autónoma, sino que debe organizarse dentro de un sistema de educación escolar simultaneo.
6) Que todas las escuelas deben comenzar sus actividades el mismo día y a la misma hora.
7) Que el medio más adecuado para aprender a leer es un libro, que combine la lectura adaptada a la edad con gráficos e imágenes.
8) El aprendizaje debe ser un juego que invite a los niños a ir a la escuela con alegría y la visita de los padres a la escuela debe ser una fiesta.
9) Las escuelas deben ser construidas con patio, jardines y espacios alegres y abiertos.
10) 1Qué hay que enseñar una sola cosa a la vez.

Además, Comenio les recomendaba a los maestros que:

1) Debían enseñar en el idioma materno.
2) Debían conocer las cosas para después enseñarla.
3) Debían eliminar la violencia en la escuela.
4) Que enseñar bien es, que el alumno aprenda de manera rápida, agradable y completa.
5) Que el buen maestro es aquel que sabe soportar pacientemente la ignorancia de sus estudiantes y al mismo tiempo disiparla con eficacia.

6) Que el maestro no debe enseñar lo que sabes, sino lo que son capaces de aprender los alumnos.

7) Que el maestro no debe obligar por la fuerza a estudiar a los alumnos, que no tienen el menor deseo de hacerlo, ya que es el maestro quien debe buscar la forma sutil para provocar el deseo de saber y de aprender del estudiante.

Luego de evolucionar el tiempo y ya entrado el siglo XIX, se inicia un nuevo movimiento encabezado por Emile Durkheim y otros autores, con el objetivo de adaptar la escuela moderna a los nuevos tiempos, ellos planteaban que educar era elegir y proponer modelos a los alumnos, los cuales debían ser muy claros y perfectos, de manera tal, que los alumnos debían someterse a estos modelos. Pero lo planteado por estos autores no difería mucho de lo planteado por Juan Amós Comenio y Wolfgang Ratke (Ratichius), ya que éste modelo educativo que ellos proponían estaba sustentado sobre la base de la escuela moderna del siglo XVIII.

En esta nueva etapa de la escuela el maestro sigue siendo el que simplifica, prepara, organiza y ordena la clase, además, es el guía y el mediador entre los modelos y los alumnos, pero es mediante los ejercicios escolares que los estudiantes adquieren la capacidad física e intelectual para entrar en contacto con los modelos. También, la disciplina y el castigo siguen siendo fundamentales en esta nueva etapa de la escuela, ya que acatar las normas y las reglas es la vía de acceso a los valores, a la moral y el dominio de sí mismo, lo que le permite al estudiante liberarse de su espontaneidad y sus deseos, pero cuando las normas y las reglas son violadas, entonces el castigo hará que quien haya violado alguna norma o regla vuelva a someterse a ella. Pero para cumplir con todas estas disposiciones los maestros deben mantener una actitud distante, con respecto a los alumnos.

Pero el tiempo sigue transcurriendo y la escuela tradicional va cambiando con el paso del tiempo, sin embargo, luego de representar un cambio importante en el estilo y la orientación de la enseñanza en un momento determinado, la escuela tradicional llega a un espacio donde ella se estanca, convirtiéndose en un sistema rígido, sin dinamismo y sin proyección hacia el futuro. Entonces, aparecen nuevas corrientes de pensamientos con el objetivo de renovar la práctica educativa, representando así un alivio para el aburrido sistema educativo existente. Con estas nuevas ideas de pensamientos se abrieron definitivamente los caminos de la renovación pedagógica, trayendo consigo el nacimiento de la escuela nueva.

La escuela nueva surge el siglo XIX, aunque se pueden encontrar fuertes rasgos básicos en el renacimiento en el siglo XIV. Sin embargo, los planteamientos que hace la escuela nueva se distancian radicalmente del individualismo y del idealismo que caracterizaban a la escuela tradicional, porque los argumentos que presenta la escuela nueva tienen su base en la dialéctica y la psicología genética. Los representantes de la escuela nueva denunciaban las debilidades que presentaba la escuela tradicional, entre estas debilidades ellos señalaban:

1) La pasividad.
2) El intelectualismo.
3) El magistrocentrismo.
4) La superficialidad.
5) El enciclopedismo.
6) El verbalismo.

En la etapa que más autores, obras y experiencias proporcionó al movimiento de la nueva escuela se produce a finales del siglo XIX y a principio del siglo XX. Entre ellos se destacan Friedrich Enrico, Leon Tolstoi, Ellen Key, Aldolphe Ferriére, María Montessori y Ovide Decloly. Pero, John Dewey es considerado el verdadero padre de la escuela activa. La escuela nueva plantea un nuevo papel para todos los integrantes del proceso educativo, teniendo como base el desarrollo de la sicología del niño, porque se debe tener una imagen completa del niño para tratar a cada niño en función de sus aptitudes y así poder motivar al niño a dar todo lo que él pueda dar en término educativo, ya que la niñez es una etapa de la vida que tiene su propia funcionalidad y su finalidad. Esta etapa está regida por leyes propias, las cuales están sometidas a necesidades particulares, por lo tanto, la educación debe garantizarle al niño la posibilidad de vivir su infancia de la forma más feliz posible. Pero sobre todo, esta escuela señala que para que el aprendizaje sea efectivo debe partir de alguna necesidad o interés del niño y ese interés debe considerarse el punto de partida para la educación del niño.

En la escuela nueva se plantea un cambio radical a la relación maestro alumnos, porque en la escuela tradicional la relación maestro alumno era de sumisión, entonces ese tipo de relación es sustituida en la escuela nueva por una relación de afecto y de amistad entre el maestro y el alumno. En esta nueva escuela el maestro será un auxiliar del libre y espontaneo desarrollo del niño y la autodisciplina es un elemento que se incorpora en esta nueva relación, donde el maestro sede el poder a sus alumnos para colocarlo en una posición de autogobierno, que lo lleve a comprender la necesidad de elaborar y de observar reglas, pero que estas reglas, bajo ningunas circunstancias, se hacen respetar utilizando las amenazas de castigos.

Como en la escuela nueva se toma en cuenta el interés del niño, como punto de partida para la educación de él, entonces se hace innecesaria la idea de trabajar bajo la línea de un programa educativo previamente establecido, porque la función del educador será la de descubrir las necesidades o el interés de los alumnos y así mismo encontrar los objetos que son capaces de satisfacer estas necesidades. Los representantes de la escuela nueva entienden que las experiencias de la vida cotidiana, pueden despertar con mayor facilidad el interés en el niño, que las lecciones proporcionadas por los libros. Por lo que, ellos pretenden integrar plenamente la escuela en la vida, en la naturaleza, en la vida del mundo, en los hombres y los acontecimientos que sucedan serán los nuevos contenidos de la educación, ya que la educación es un proceso para desarrollar las cualidades creativas del niño.

Los métodos de enseñanza que se usan en la escuela nueva, establecen que si hay un cambio en los contenidos, entonces debe haber un cambio en la forma de transmitir esos contenidos, introduciendo una serie de actividades libres para estimular la imaginación, la iniciativa y la creatividad del estudiante y no se trata solo de que el niño asimile el contenido, sino que se inicie en él el proceso de conocer a través de la investigación, pero respetando siempre la individualidad del niño. Sin embargo, se hace necesario tener un conocimiento básico sobre la inteligencia, el lenguaje, la lógica, la atención, la visión, la audición y la destreza manual de cada niño para poder lograr todo lo planteado por los representantes de la escuela nueva, ellos proponen la individualización de la enseñanza, donde la escuela se convierta en una escuela activa, en el sentido de incluir todas las formas la actividad humana, o sea, la forma de intelectualidad, la forma manual y la forma social.

La escuela nueva descansa sobre los hombros de John Dewey, quien pedía a los maestros que integren la psicología en los programas de estudios, construyendo un entorno en que las actividades inmediatas del niño se enfrenten con situaciones problemáticas en las que se necesiten conocimientos teóricos y prácticos del ámbito científico, histórico y artístico para resolverlo. Pero en realidad los programas de estudios están ahí para recordarle al maestro cuales son los caminos que están abiertos para que los niños encuentren la verdad, la belleza y el bien.

Si los maestro enseñaran de la forma cognoscitiva que pedía Dewey, orientando el desarrollo del niño de manera no directiva, tendrían que ser profesionales que dominaran perfectamente las asignaturas que enseñen, pero además, debían ser profesionales formados en psicología del niño y capacitados en técnicas destinadas a proporcionar los estímulos necesarios al niño para que las asignaturas formen parte de su experiencia de crecimiento. Sin embargo, John Dewey señala que la mayoría de los maestros no poseen los conocimientos teóricos y prácticos que son necesarios para enseñar de esta manera, pero él consideraba que los maestros podían aprenderlos.

La propuesta educativa de John Dewey planteaba una forma distinta de entender la educación y de conocer al individuo, él propone una educación basada en las propias experiencias del niño para revalorizar la importancia de la atención a las necesidades, inquietudes e intereses del estudiante, así como a la relación con su mundo exterior. También, como elemento fundamental para brindar una verdadera educación y favorecer un auténtico desarrollo del alumno.

Esta teoría permite explicar los valores que tienen las experiencias o vivencias en la formación del niño y fundamenta nuevas formas de actuación pedagógica que han renovado la práctica docente hasta hoy. Para Dewey el modelo tradicional no ha hecho más que promover una enseñanza verbal mediante la cual se obliga al estudiante a memorizar y a repetir lo que se aprende. Por lo tanto, reduce la enseñanza a una condición de pasividad, donde el niño solo está destinado a escuchar y a absolver lo que se le enseña. Pero en realidad, en la práctica ese modelo promovía una educación autoritaria, porque imponía a los estudiantes opiniones previamente determinadas acerca del mundo y soluciones ya desarrolladas o prefabricadas.

Entre otras cosas John Dewey señalaba:

1) Que el aprendizaje es el resultado y el premio por la acción con el objeto.

2) La educación tiene como objetivo colocar los intereses y las necesidades del alumno como base del acto de enseñar.

3) Aprender haciendo tiene la finalidad de utilizar íntegramente las capacidades de las personas para que puedan ser incorporadas a la vida social.

4) La escuela debe ser una institución donde los avances de la sociedad se puedan transmitir directamente a las nuevas generaciones, no a través de métodos formalizados o de una pedagogía inerte, sino a partir de una escuela que permita al niño construir, crear e indagar activamente en un ambiente colectivo, lo que haría posible convertir a los niños y a los jóvenes en miembros participantes y constructivos de una sociedad democrática.

5) La educación y la democracia se encontraban indisolublemente ligadas y que en una sociedad democrática el Estado debe hacerse cargo de la educación y promover que todos los habitantes de ese Estado puedan acudir a la escuela, independientemente de su género, religión, destreza o clase social.

LA TEORIA DE JEAN PIAGET

Jean W. Fritz Piaget nació el 9 de agosto del año 1896 en Ginebra, Suiza y fue un reconocido sicólogo, epistemólogo y biólogo. Jean Piaget es el creador de la conocida epistemología genética y también hizo muchos aportes importantes a la misma. Además, logró reconocimiento por sus estudio sobre la infancia, la inteligencia y por su teoría del desarrollo cognitivo. Jean Piaget estaba convencido de que la exploración del desarrolla cognoscitivo era el camino más correcto para efectuar aportaciones epistemológicas o conocimiento, sobre el desarrollo del crecimiento que tiene el intelecto en el curso del tiempo, que incluye la maduración de los procesos superiores de pensamientos desde la infancia hasta la edad adulta.

Por lo tanto, Piaget buscaba con su trabajo de psicología genética y de epistemología, una respuesta a la pregunta fundamental de la construcción del conocimiento, y las distintas investigaciones llevada a cabo por él, en el dominio del pensamiento infantil, le permitieron poner en evidencia que la lógica del niño no solamente se construye progresivamente, siguiendo sus propias leyes, sino que además, se desarrolla a lo largo de la vida pasando por distintas etapas antes de alcanzar el nivel más alto.

Sin embargo, para poder entender con mayor claridad la teoría de Jean Piaget hay que tener bien claro algunos conceptos, tales como los esquemas, la estructura, la organización, la adaptación, la asimilación y el equilibrio; porque la teoría de Piaget se enfoca en primer lugar en los esquemas, ya que, al principio los esquemas son comportamientos reflejos, pero que posteriormente incluyen movimientos voluntarios, hasta que al pasar el tiempo llegan a convertirse principalmente en operaciones mentales. Además, con el desarrollo surgen nuevos esquemas y lo que ya existen se organizan de diversos modos, pero estos cambios ocurren en una secuencia determinada y progresan de acuerdo a una serie de etapas.

Mientras, la estructura es un conjunto de respuestas que tienen lugar luego de que el sujeto del conocimiento ha adquirido ciertos elementos del exterior, por lo tanto, el punto central de lo que es la teoría de la construcción de la inteligencia, es que ésta se constituye en la cabeza del sujeto, mediante una actividad de las estructura que se alimenta a la vez de los esquemas de acción, o sea, de las regulaciones y coordinaciones de las actividades del niño; por lo que, la estructura no es más que una integración equilibrada de los esquemas, de forma tal, que para que un niño pase de un estado a otro de mayor nivel en el desarrollo, tiene obligatoriamente que emplear los esquemas que ya posee, pero siempre en el plano de la misma estructura.

La teoría planteada por Jean Piaget gira alrededor del desarrollo humano y el aprendizaje, mediante la cual Piaget señaló los aspectos que él considera importantes para el desarrollo del ser humano, planteando que el organismo hereda dos tendencias básicas que son:

1) La organización: es un atributo que posee la inteligencia y está formada por las etapas del conocimiento que conduce a conductas diferentes en situaciones específicas. Sin embargo, para Piaget, un objeto no puede ser jamás percibido ni aprendido en sí mismo, sino que es a través de la organización de las acciones del sujeto en cuestión, que se pueden aprender y percibir. La función de la organización permite al sujeto conservar en sistemas coherentes los flujos de interacción con el medio ambiente.

2) La adaptación, que es la tendencia a ajustarse al medio ambiente.

Jean Piaget señala, que así como el aparato digestivo transforma la comida, de manera tal, que el organismo la pueda usar para su beneficio, así mismo los procesos intelectuales transforman las experiencias, de forma tal, que el niño pueda usarla en su relación con las nuevas situaciones que se les presenten. También, que así como los procesos biológicos deben obtener un estado de balance conocido como homeóstasis, Piaget cree que los procesos intelectuales buscan un balance a través del proceso llamado equilibrio, el cual es una forma de auto regulación que estimula a los niños a obtener coherencia y estabilidad en las concepciones del mundo, además, a convertir elementos, aparentemente, inconsistente en experiencia comprensiva.

Sin embargo, la organización, la adaptación y el equilibrio serán siempre las tendencias básicas y fundamentales en que los niños transformaran las experiencias, pero que el conocimiento se origina a través de dos procesos complementarios que son:

1) La asimilación, la cual se refiere a los procesos a través de los cuales los elementos del medio ambiente son incorporados en la estructura cognoscitiva del niño.

2) La acomodación, la cual se refiere a la manera en que los niños modifican su concepción del mundo y como las experiencias son incorporadas y cambian sus respuestas hacia las cosas o situaciones.

Por lo tanto, cuando los niños asimilan y acomodan experiencias al punto de un patrón organizado, se dice que ha desarrollado un esquema, pero que el término esquema tiene dos significados, uno se refiere a un cambio en la estructura cognoscitiva que sirve de base a una conducta observable y el otro significado, se refiere a la acción realizada por el niño en situaciones especiales.

Jean Piaget planteó además, que las etapas del desarrollo cognoscitivo son:

1) La etapa sensorio- motora, que es la etapa que va de 0 a 2 años y es la etapa donde el niño muestra una vivaz e intensa curiosidad por el mundo que lo rodea y su conducta está dominada por las respuestas a los estímulos.

2) La etapa pre-operacional que es la etapa que va de 2 a 7 años y es la etapa en la que el pensamiento del niño es mágico y egocéntrico, ya que creen que la magia puede producir acontecimientos, además, se creen el centro de todos los sucesos y que todas las cosas giran alrededor de él, por lo que, le resulta muy difícil ver las cosas desde otro punto de vista.

3) La etapa de las operaciones concretas y es la etapa que va de 7 a 11 años, donde el pensamiento del niño es literal y concreto, ya que puede comprender operaciones aritméticas, como que $9 + 20 = 29$, pero que le es imposible comprender una formulación abstracta, como la de una ecuación algebraica, porque sobre pasa su capacidad de captación.

4) La etapa de las operaciones formales que comienza en la adolescencia y se extiende hasta la edad adulta y es la etapa que va de 11 a 15 años, donde el niño puede realizar operaciones abstractas, además, es la etapa correspondiente a las facultades superiores de los seres humanos.

Jean Piaget afirma que el pensamiento de los niños es de características muy diferentes al pensamiento de los adultos, pero que al llegar la maduración del ser humano se producen una serie de cambios sustanciales en la forma de pensar de ellos, a los cuales Piaget les llama metamorfosis, que es la transformación de las formas de los pensamientos de los niños a las formas de los pensamientos de los adultos y para explorar los procesos de pensamientos de los niños, especialmente la atención y la inteligencia, él utilizó el método fenomenológico, por lo que, el investigador tiene que hacer una interpretación del suceso investigado.

Capítulo V

La Revolucion Industrial

La Revolucion Industrial

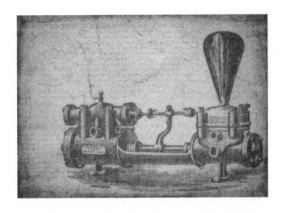

La revolución industrial es un proceso histórico de cambios, que se registraron en Europa y otras partes del mundo, que trajo como consecuencia, el paso de una economía agraria y artesanal a otra economía dominada por la industria y la mecanización del proceso productivo. La revolución industrial se divide en dos importantes etapas que se conocen como la primera Revolución Industrial y la segunda Revolución Industrial.

La primera revolución industrial se produce en la segunda mitad del siglo XVIII y al principio del siglo XIX, en Gran Bretaña, y todo sucede, cuando el parlamento inglés permitió cercar las fincas que estaban en campo abierto, facilitando así, la aplicación de nuevas técnicas en la producción Agrícola, en éste nuevo proceso se inicia la rotación de cultivos y se mejoran las especies ganaderas, gracias al cruce de ejemplares. También, se generalizó el cultivo de nuevas especies y con la utilización de abono se logró un mayor rendimiento en la producción agraria.

Sin embargo, el toque mágico de la revolución industrial se logró cuando entra en acción la mecanización de la productividad, debido a que, la implementación de las máquinas en la producción creó las condiciones para la producción y el consumo en masa e hizo surgir las fábricas, por lo tanto, la aparición de las máquinas se convirtieron en el agente que ha causado el mayor cambio para mejorar las condiciones de vida de la humanidad. Otro elemento que ayudó a que la primera revolución se acelerara, fue la aplicación de la máquina de vapor a los transportes, tanto al transporte terrestre cómo al marítimo, que tuvo un impacto positivo de inmediato en la comercialización de los productos y en la calidad de vida de los europeos. Pero, la verdadera gran empresa del siglo XIX fue la construcción de los ferrocarriles.

En Inglaterra las primeras industrias que se desarrollaron fueron las industrias textiles y las industrias siderúrgicas, ya que los ingleses, contaban con abundante algodón proveniente de la India, por lo que crearon grandes manufacturas textiles, las cuales contaron con la progresiva aparición de nuevos inventos que facilitaban una rápida y abundante producción de manufacturas textiles. Todo comenzó con el descubrimiento de la lanzadera volante y siguieron los diversos tornos de hilar, que le permitieron al obrero realizar varios trabajos a la misma vez, luego continuaron con el telar mecánico y estos inventos se combinaron, de forma tal, que la producción que se obtenía superaba con creses la demanda tradicional, ésta situación convirtió a Inglaterra en un país exportador y en un verdadero referente económico en el mundo en la primera mitad del siglo XIX.

A partir de la revolución de la hilandería se puso en marcha un proceso que condujo a la mecanización de todas las etapas de la producción de tejidos, desde la desmotadora de algodón, construida en América por Eli Whithey en el año de 1793, hasta las máquinas que limpiaban de cualquier impureza el algodón en la rama y la elaboración mecánica de los husos para la fabricación del hilo, luego los telares mecánicos desarrollados en Francia por Joseph Marie Jacquard, sustituían ventajosamente a los manuales, tanto por la rapidez como por la calidad. La invención de la máquina de vapor fue una de las más importantes innovaciones de la revolución industrial, ya que hizo posible el mejoramiento del trabajo del metal que estaba basado en el uso del coque, en vez del carbón vegetal.

En el siglo XVIII la industria textil aprovechó el poder del agua para el funcionamiento de algunas máquinas y estas industrias se convirtieron en el modelo de organización del trabajo humano en las fábricas, creando así, una nueva forma de organización del trabajo en un sistema de factorías, las cuales requerían una especialización de la mano de obra. La revolución industrial se inicia realmente en el Reino Unido, porque fueron ellos los primeros en llevar a cabo una serie de transformaciones sociales, que lo colocaron a la cabeza de todos los países del mundo. Los cambios que se produjeron en el Reino Unido, tanto en la agricultura, en la población, en los transportes, en la tecnología y en las industrias, favorecieron grandemente, el desarrollo industrial. Siendo la industria textil el sector líder de la industrialización y la base de la acumulación de capital, que abría la puerta a la segunda fase de la primera revolución industrial, que se inicia con la llegada de la siderurgia y el ferrocarril.

Es en Gran Bretaña donde se desarrolla a plenitud el capitalismo industrial y éste hecho explica la supremacía industrial que tuvo Gran Bretaña hasta el año de 1870 aproximadamente, pero también, mantiene su superioridad financiera y comercial desde mediado del siglo XVIII hasta la primera guerra mundial de 1914, ya que en el resto de Europa y en otros países como América del Norte y Japón, la industrialización fue muy posterior y siguió pautas diferentes a la del Reino Unido. Por ejemplo, algunos países como Francia, Alemania y Bélgica tuvieron su industrialización entre el año de 1850 y el año de 1914, sin embargo, Italia, España y Rusia siguieron un modelo de industrialización diferente y lo hicieron muy tarde, debido a que la iniciaron en las últimas décadas del siglo XIX. Esta primera revolución industrial, se caracterizó por un cambio en los instrumentos de trabajo, ya que antes de ella, los instrumentos de trabajo eran de tipo artesanal y fueron cambiados por las máquinas de vapor, que eran movidas por la energía del carbón y necesitaban manos de obra más calificadas para operarla.

La utilización de las máquinas en el proceso de producción, trajo como consecuencia una reducción en el número de personas que se empleaban en las labores agrícolas, lo que arrojabas grandes masas de obreros de esa rama de producción a las fábricas. Además, otras de las características de la primera revolución industrial fueron:

1) La aplicación de la ciencia y la tecnología que permitió el invento de máquinas que mejoraban los procesos productivos.

2) El uso de nuevas fuentes de energía, como el carbón y el vapor.

3) Los avances en el transporte con la utilización del ferrocarril y el barco de vapor.

4) El surgimiento de la clase del proletariado urbano.

LA SEGUNDA REVOLUCIÓN INDUSTRIAL

En esta segunda etapa de la revolución industrial, se desarrollan nuevas formas de producir energía, que aceleraron mucho más el proceso de producción del siglo XX, entre estas energías se encuentra la energía eléctrica, la cual fue esencial para la iluminación de los pueblos, para la transmisión de señales electromagnéticas, como el telégrafo, acústica como la radio y para determinados motores, entre ellos los del ferrocarril y los del tranvía. Además, la energía producida del petróleo que sirvió de combustible al motor de explosión y a la automoción. La electricidad era una nueva forma de energía que resultó de gran valor, ya que podía fácilmente convertirse en otras formas de energía, como en calor, luz o en movimiento, pero además, que se podía transmitirse sin mucho esfuerzo por el espacio, mediante los cables de transmisión y es en la década de 1870 que se desarrollan los primeros generadores de corriente eléctrica, práctico y comerciales.

La electricidad multiplicó en masa una nueva series de inventos, por ejemplo, el invento de la bombilla eléctrica, creada por Thomas Edison en el año de 1879, mientras que, Alexander Graham Bell impulsó una revolución en las comunicaciones al inventar el teléfono en el año de 1876 y Guillermo Marconi enviaba las primeras ondas de radio a través del atlántico en el año de 1901. Pero además, en el año de 1886 Gottlieb Daimler desarrolló el motor de combustión interna que dio lugar a la aparición del automóvil y los hermanos Wright construyeron el primer avión en el año de 1903. También, en esta segunda etapa de la revolución industrial, surgen nuevas formas de industrialización, como la industria química, que aporta los colorantes, los explosivos (Dinamita), los abonos, los medicamentos, las fibras artificiales, como el Nailon y el caucho y todo esto sucede, entre el año de 1870 y el año de 1914.

Mientras, hace su aparición la nueva siderurgia de la cual se obtiene el níquel, el aluminio y al hierro se somete a un proceso de refinación, a través del convertidor de Bessemer o el de Martin, con la refinación del hierro se estimula el desarrollo de la industria de armamentos, otras de las industrias que hace su aparición en esta etapa es la alimentaría, aportando las latas de conservas esterilizadas, en el año de 1875. En la segunda etapa de la revolución industrial, se produce una nueva forma de organización del trabajo, debido a que la complejidad de las nuevas empresas y de los procesos de producción, impusieron un nuevo sistema de organización del trabajo, con el objetivo de buscar una organización científica del proceso productivo de las empresas, mediante la especialización y la estandarización con el fin de reducir costes de producción, y el trabajo en cadena aplicado con éxito en las fábricas de automóviles, muestran la máxima especialización y la optimización del trabajo.

También, se presentan nuevas formas de capital, ya que las nuevas necesidades impulsaron nuevas fuentes de financiamientos y los bancos se convierten entonces en fuentes de créditos para los empresarios. Además, nacen las sociedades anónimas, compuestas por socios que son a la vez propietarios de las acciones en que están divididas las empresas, y que estas acciones se pueden comprar o vender en la bolsa de valores. Por lo que, estos hechos producen una concentración empresarial, la cual termina formando las grandes corporaciones. Pero, la necesidad de obtener materia prima y el control de los nuevos mercados en los cuales vender los excedentes de la producción industrial, es lo que se conoce en la economía de la segunda revolución industrial como la globalización mundial de la economía.

Entre los principales elementos que caracterizaron a la segunda revolución industrial, se encuentran:

1) El empleo de nueva Fuente de energía, como la eléctrica y el petróleo.

2) El desarrollo de nuevos sectores de la producción

3) Los cambios en la organización del trabajo.

4) Las nuevas formas de capital empresarial

5) La formación de un Mercado de extensión mundial.

Sin embargo, la combinación de nuevas formas de energía, como la eléctrica y la del petróleo con una nueva forma de comunicación, como la del teléfono, la del telégrafo, la de la radio y la televisión, más los avances en el transporte, en sentido general, es lo que hace que en la segunda revolución industrial se produzca un cambio de era, que pasa de una era pre- moderna en la primera revolución industrial a una era moderna en la segunda revolución industrial.

Capítulo VI

La Era Postmoderna

La Era Postmoderna

En el momento actual estamos viviendo en una era postmoderna, que se inicia cuando a la era moderna se le introducen los avances de las tecnologías y el conocimiento. La postmodernidad es un movimiento artístico, filosófico e histórico que nace a fínales del siglo XX como una búsqueda de nuevas formas de expresión centrado en el culto al individualismo y critica al racionalismo. La postmodernidad se caracteriza por una extrema irracionalidad, donde prevalece el pensamiento débil y todo es relativo, como la verdad, la realidad y la razón. En esta etapa las personas han perdido la virtud en el progreso y ya no disfrutan de su proceso lineal y ascendente, prefiriendo progresar al instante, sin importar los medios que se usen para progresar, ya que lo importante es progresar, aplicando el principio de todo se vale y el cinismo de aprovechar la sinrazón o agiotismo en beneficio personal. Tal y como, lo plantea Ma Amparo Calatayud en su libro "La escuela del futuro. Hacia nuevos escenarios".

Lo que permite, que en la era postmoderna la estética reine por encima de la ética, llegando al extremo de arrastrar a la sociedad a que se refugie en los deslumbrantes ropajes retóricos del lenguaje, la imagen y la forma, porque en esta etapa se carece de los fundamentos racionales y estables de saber y del saber hacer; imponiéndose un pensamiento superficial, apegado única y exclusivamente a la realidad cotidiana y coyuntural.

En la postmodernidad también se han producidos algunos cambios en la sociedad actual, que deben ser considerado a la hora de evaluarla, ya que la sociedad del conocimiento presenta una supremacía de la economía financiera, sobre la economía productiva, y se puede observar con mucha más claridad, que en la sociedad actual, se presenta un debilitamiento en la relación que existe entre la religión y la comunidad, pero sobre todo se puede apreciar la transformación que ha sufrido la familia tradicional.

Otros elementos que caracterizan la sociedad de la postmodernidad, son la individualidad personal, donde lo primero es el yo, lo segundo es el yo y lo tercero es el mismo yo, además, de una competitividad extrema, donde no importa ser el mejor en la actividad que se realice, sino llegar primero, sin importar quien calga y sin importar lo que cueste, porque el objetivo es llegar primero, ya que lo moral no existe y todo se vale para llegar a alcanzar los fines que se quieren alcanzar, ignorando lo que le sucede a las demás personas, debido a que se está muy concentrado en lo que quiere uno mismo.

También, solo se toma en cuenta al que tiene por lo que tiene y al que manda por su poder, donde el ser es sustituido por el tener. Debido a que han invertido el orden que debe tener el esquema de ser, hacer y tener, ya que en la posmodernidad nos hacen creer que hay que tener para así poder hacer y de esta forma llegar a ser, cundo en realidad lo primero que debemos es ser para luego poder hacer y de esta forma llegar a tener.

En el plano socio-político la posmodernidad se caracteriza por la privatización de los bienes y servicios, que van en perjuicio de la clase obrera y los más necesitados, afectando directamente a aquellos que tienen un poder adquisitivo bajo. Teniendo la privatización como sus principales objetivos, no el bien común del pueblo, sino garantizar el bienestar de los que hacen la privatización y siempre tratan de mostrar la transformación que sufre la realidad social en un sistema, que a simple vista, se ve que está trabajando para garantizar el bienestar de todos los miembros de la sociedad, cuando en realidad solo piensan en sus propios intereses.

En la postmodernidad lo que importa es lo efímero, lo sin sentido y la vanidad, que es impulsada por la visión que tienen de los medios de comunicación, los cuales ejercen una gran influencia a través de la persuasión y no a través de la razón y como las leyes del mercado están dirigidas a convertir a las personas en clientes de una economía globalizada, que lo único que les interesas es que la gente consuma de una forma insaciable, que compren aunque no necesiten lo que compren, porque lo importante es que compren.

Por lo tanto, estamos viviendo en un mundo global en la etapa postmoderna de la humanidad, una etapa donde los antivalores como el individualismo, el relativismo, el consumismo, la inmediatez y el valor de la imagen son determinante en el diario vivir de la sociedad. Sin embargo, la realidad muestra que estamos viviendo en una sociedad que marcha a un ritmo muy rápido, donde la tecnología avanza a una velocidad extrema, pero estamos educando en una escuela que se mueve a pasos lentos, lo que provoca un desbalance entre lo tecnológico, lo ético y la escuela, debido a que, mientras la tecnología arrastra a la modernidad hacía la postmodernidad, la sociedad se queda desprovista de una educación que le sirva de base para adaptarse a éste nuevo cambio, por lo que, la sociedad inicia una carrera desbocada detrás de la tecnología, pero como la educación que posee es para la era moderna, nunca puede alcanzarla, provocando un terrible desajuste social.

Capítulo VII

La Era Postmoderna Y La Educacion

LA ERA POSTMODERNA
Y LA EDUCACION

La nueva era que enfrenta la sociedad del siglo XXI, se caracteriza por la introducción de una nueva forma de energía, como lo es la energía renovable, por la utilización de la tecnología y el conocimiento, y sobre esta base, es que debemos desarrollar un proyecto educativo que pueda ayudar a que la sociedad, en sentido general, pueda adaptarse a los cambios vertiginosos que se producen en ésta nueva era.

En la era postmoderna hay que tomar muy en cuenta dos aspectos, que son fundamentales en el condicionamiento del Proyecto general de la educación y estos dos aspectos son:

1) La globalización
2) La sociedad del conocimiento

La globalización se sustenta sobre las bases de la información y la innovación, las cuales son a su vez dependiente del conocimiento. Siendo, la globalización un conjunto de procesos económicos, tecnológicos y sociales que definen el nuevo orden mundial y que determinan la conciencia creciente de dichos procesos como un todo. Los aspectos fundamentales de la globalización son:

1) La movilidad del capital financiero producido a través de las corporaciones multinacionales.
2) Las nuevas tecnologías en particular el ordenador y las telecomunicaciones.

La globalización es la realidad en la que vivimos hoy, por lo tanto, la mejor forma de enfrentarla es preparando a los profesores para que eduquen, con la única intención de llenar la globalización de ética, ya que, la base ideológica en que está sustentada la globalización es la economía, la competitividad, las nuevas tecnologías, la era de la información y la sociedad del conocimiento, es el neoliberalismo y en las estructuras que les dan forma al neoliberalismo como ideología política tiene como su objetivo principal, la privatización de todos los servicios productivos de la sociedad.

En éste nuevo escenario en que se desarrolla la humanidad de hoy, el conocimiento constituye el recurso básico para las personas, la economía y la sociedad en sentido general, ya que quien produzca y posea el conocimiento será quien domine el mercado, por lo tanto, el conocimiento es la mercancía más valiosa que puede poseer un ser humano, de forma tal, que en la postmodernidad el conocimiento es un valor central, alrededor del cual se organizan las tecnologías, el crecimiento económico y la nueva sociedad.

Todo esto lleva a que las personas tengan cada vez más claro, que solo la educación será la única puerta que nos permitirá entrar a participar en la actividad del mundo actual o de lo contrario, ser excluido de él, ya que, en la sociedad de la información y el conocimiento, las fuerzas productivas son altamente cualificadas, además, de ser creativas y cada vez más autónomas, por lo tanto, debemos estar cada día más consciente de que solo educándonos para hacerle frente a ésta realidad que nos has tocado vivir, es que vamos a obtener el éxito en el mundo de hoy.

Ahora bien, es fundamental la relación que existe entre la sociedad de la información, la sociedad del conocimiento y la sociedad del aprendizaje, debido a que uno depende del otro, por ejemplo, primero tiene que aparecer la información para que exista el conocimiento, pero previamente, debe estar el proceso del aprendizaje, de forma tal, que debemos entender que la sociedad de la información es un sistema que está basado en el uso de las nuevas tecnologías, que son las que facilitan el acceso a todo tipo de información, mientras la sociedad del conocimiento se encarga de la capacidad de acceder a esa información para darle un significado, o sea, es la capacidad de transformar la información, sin embargo, la sociedad del conocimiento tiene que pedirle a la sociedad del aprendizaje para que localice, comprenda, analice, aplique y relacione esa información para que pueda convertirse en conocimiento productivo.

Capítulo VIII

La Tercera Revolucion Industrial

La Tercera Revolucion Industrial

La Tercera Revolución Industrial creó innovaciones tecnológicas,
nuevos sistemas de producción y nuevos sectores industriales

La historia del mundo muestra las diferentes revoluciones
industriales que se han realizado hasta el día de hoy, entre estas
revoluciones se encuentra la primera revolución industrial que se
inicia a mediado del siglo XVIII, y ésta surge cuando a la forma de
producir de esa época se le agrega una nueva forma de energía, como
lo fue la energía producida por el carbón de coque, como fuente de
combustible y el vapor como fuente de movimiento.

Sin embargo, la segunda revolución industrial se inicia a finales
del siglo XIX y principio del siglo XX, y hace su entrada triunfal
cuando se introduce una nueva forma para producir energía eléctrica
y esta nueva forma se logra a través del petróleo y los combustibles

fósiles. Ahora bien, ha pasado mucho más de un siglo, desde que se inició la segunda revolución industrial, y durante todo este tiempo han aparecido elementos que la han ayudado a acelerar todo el proceso de la producción, como es el caso de la llegada de la revolución tecnológica, la cual se adaptó perfectamente al formato presentado en la segunda revolución industrial y en la medida que la tecnología de la información y el internet avanzaban en esa misma medida iba cambiando la forma de producción, que le sirve de base a la segunda revolución industrial, sin provocar ninguna otra revolución industrial, ya que para que se produzca una nueva revolución industrial tienen que converger, en un mismo tiempo y espacio, las nuevas tecnologías de la información con una nueva forma de producir energía eléctrica. Tal y como, lo presenta Jerremy Kifpin en su libro La Tercera Revolución Industrial.

Sin embargo, en la etapa que estamos viviendo, en pleno siglo XXI, bajo un sistema económico neoliberal y una globalización en decadencia, donde se han alcanzado los máximos limites posibles de crecimiento económico global y dentro de un sistema económicamente dependiente del petróleo y otros combustibles fósiles, que lo hacen sencillamente insostenible. Lo que nos dice todo esto es, que estamos frente a frente, ante el final de la segunda revolución industrial y de la era del petróleo en la que esta se basa. Por lo tanto, debemos prepararnos para recibir un nuevo régimen energético y un nuevo modelo industrial, o sea, que debemos prepararnos para recibir a la tercera revolución industrial.

La tercera revolución industrial se encuentra en los momentos actuales, dando sus primeros pasos en el siglo XXI, y lo hace al combinar la tecnología de la comunicación con un régimen de energía renovable, debido a que en la conjunción de la tecnología de la comunicación, el internet y las energías renovables se forma el punto exacto donde se inicia la tercera revolución industrial, la cual promete realizar un cambio sustancial para mejorar el modo de vida de todos los seres humanos, porque podrán generar su propia energía verde en sus hogares, en sus despacho y en sus fábricas, que podrán compartir entre sí, a través de redes inteligentes de electricidad distribuida, del mismo modo que crean su información y la comparten en el internet. La tercera revolución industrial tendrá un impacto tan grande en el siglo XXI, como lo tuvo la primera revolución industrial en los siglos XVIII y XIX, y como lo tuvo la segunda revolución industrial en el siglo XX, y pasará igual que en las dos revoluciones industriales anteriores, que cambiará de manera radical nuestra forma de vivir y de trabajar, pero que también, cambiará la forma convencional de organizar la sociedad, en los aspectos de la vida social, económica y política impuesta por las revoluciones industriales basadas en los combustibles fósiles, ya que en vez de la sociedad estar organizada de forma vertical y descendiente, pasará a ser una sociedad organizada sobre la base de una relación distribuida y colaborativa, que nos permitirá alejarnos cada vez más del poder jerárquico para acercarnos al poder lateral.

Las columnas que sustentan el desarrollo de la tercera revolución industrial se denominan pilares y son cinco en total.

1) La transición hacia la energía renovable.

2) La transformación del parque de edificios de cada continente en micros centrales eléctrica que recojan y aprovechen la energía renovable.

3) El empleo de la tecnología del hidrogeno y de otro sistema de almacenaje energético en todos los edificios y a lo largo y ancho de la red de infra-estructuras para acumular energías como las renovables, que son de flujo intermitente.

4) El uso de la tecnología de internet para transformar la red eléctrica de cada continente en una inter-red compartida que funcione parecido o igual que el internet.

5) La transición de la actual forma de transporte hacia vehículo de motor eléctrico con alimentación de red o con pilas impulsoras.

Por ejemplo, en la primera parte del mundo que han asumido los planteamientos de los cinco pilares de la tercera revolución industrial, es en la Unión Europea, quienes se han propuesto dos grandes objetivos al inicio del siglo XXI, que son:

1) Transformarse en una sociedad de bajas emisiones de carbonos.
2) Hacer de Europa la economía más vigorosa del mundo.

Pero en realidad, lo que plantea la Unión europea es la transformación del sistema energético de combustibles fósiles, que es propio de la segunda revolución industrial, al sistema energético planteado en la tercera revolución industrial, donde se usa una energía renovable. Planteándose como meta, que para el año 2020 la Unión Europea obtendrá de las Fuentes verdes una tercera parte de su electricidad.

Todo esto tiene su lógica, ya que los científicos señalan, que con solo una hora de luz solar al día que llegue a la superficie de nuestro planeta, proporciona la energía suficiente, como para impulsar la economía global durante todo un año. Pero todavía hay más, en unos estudios realizados en la Universidad de Stanford sobre la capacidad eólica global, estima que a provechando únicamente el 20% del viento disponible en el planeta, se podría proporcionar toda la electricidad que consume el mundo en la actualidad, multiplicada por siete.

Los elementos esenciales que se utilizan para producir energía eléctrica en la tercera revolución industrial están a la vista de todo el mundo, porque están en toda la naturaleza y usted lo puede ver y sentir a diario, ya que el sol brilla cada día y nos da la energía solar, el viento sopla todo los días y nos regala la energía eólica, mientras, el agua corre en ríos y mares y nos da la energía hidráulica, además, la tierra se calienta siempre y de ella se obtiene la energía geotérmica.

A diferencia de los combustibles fósiles y el uranio que son las fuentes para producir energía eléctrica en la Segunda Revolución Industrial, y que además, presentan grandes problemas para su obtención, ya que, solo aparecen en algunas partes del mundo y son muy caras, y también, provocan un daño extremo al planeta, en cambio las energías renovables se encuentran por todas partes.

Los avances que presentan las nuevas tecnologías de la información y el internet, son aprovechada perfectamente por la tercera revolución industrial para convertir esta red inteligente en la nueva superautopista del transporte de electrones, de forma tal, que la red que transporta la energía es convertida en una red información energética, lo que permitiría que millones de personas que generen su propia energía puedan compartir el excedente de energía que les sobre.

Además, esta red energética abarcará prácticamente todas las facetas de la vida, llámese domicilios, oficinas, fábricas y vehículos, debido a que estarán continuamente interconectados, compartiendo información y energía las veinticuatro horas del día y los siete días de la semana, también, las redes inteligentes estarán conectadas a los cambios meteorológicos, lo que permitirá ajustar continuamente el flujo de electricidad y las temperaturas internas, tanto a las condiciones del tiempo, como a las demandas de los consumidores.

La red inteligente es la espina dorsal de la nueva economía, solo hay que recordar que el internet creó miles de nuevos negocios y millones de empleos, entonces la red eléctrica inteligente hará lo mismo, solo que esta red será mil veces más grande que la red del internet. Sin embargo, la red eléctrica inteligente es fundamental para el crecimiento de los otros cuatro pilares, ya que esta generará a su vez, centenares de miles de empleos adicionales, en el sector de las energías renovables, en el Mercado de la construcción, en la industria de almacenaje del hidrogeno y en el transporte propulsado por electricidad, que son sectores que dependen de la red inteligente como plataforma.

En realidad, donde quiera que se construya un régimen de energía renovable que se alimente desde los edificios y que sea almacenada en forma de hidrógeno, además, que sea distribuida a través de inter-redes inteligentes y se conecten a un sistema de transporte formado por vehículos de cero emisiones y con alimentación en red, entonces se está abriendo la puerta de la tercera revolución industrial.

La llegada de la tercera revolución industrial en el siglo XXI viene a resolver el problema de la pobreza que existe en muchos lugares del mundo, porque el primer pilar en que está sustentada la Tercera Revolución Industrial es la producción de energía renovable y si esta energía se democratiza y se universaliza de forma tal, que todas las personas del mundo tengan acceso a ella, entonces se habrá llegado al punto de partida indispensable para mejorar la vida de las poblaciones más pobres del mundo, ya que ningún desarrollo económico es posible sin el acceso a la electricidad, por lo tanto, la aplicación de la tercera revolución industrial es sumamente importante para los países más pobres del mundo y que se encuentran en vía de desarrollo.

En la práctica la tercera revolución industrial ha demostrado que ha llegado para quedarse y transformar todos los estamentos de la sociedad que están sustentados sobre la base de los combustibles fósiles y la segunda revolución industrial. Por ejemplo, la tercera revolución industrial, provocará que en esta nueva era los mercados competitivos irán cediendo cada vez más su lugar a las redes colaborativas y transformará el capitalismo vertical y descendiente en una nueva forma de capitalismo distribuido y esta revolución industrial de carácter más distribuido y colaborativo, conduce invariablemente a un reparto mucho más equitativo de la riqueza que produce.

En esta nueva revolución industrial la forma de producir bienes y servicios será totalmente diferente a como lo hacían en la primera revolución industrial y como lo hacen en la segunda revolución industrial, porque mientras la primera revolución industrial se basaba en la agricultura, la segunda revolución industrial está basada en la producción a través de las grandes fábricas centralizadas, bien capitalizadas y sobre todo muy bien equipada, donde organizan los trabajadores manuales en cadenas de montajes en las cuales producen productos en masas.

En esta nueva etapa las personas fabricaran los productos y los artículos en su propias casas o en sus negocios, por ejemplo, en esta nueva era todos podemos ser los fabricantes de nuestros propios insumos, así como también podemos ser los productores de nuestra propia electricidad. Este proceso que se usa en esta nueva era para producir cosas se denomina impresión o producción en tercera dimensión o 3D.

Con este nuevo método de producir se están imprimiendo, en la actualidad toda clase de productos, que van desde joyas, teléfonos móviles, componentes de automóviles y de aviación, además, implantes médicos y baterías y todo se logra gracias al proceso que se llama fabricación aditiva, por lo tanto, todas las personas que tengan los equipos necesarios, podrán descargar productos fabricados y personalizados digitalmente y lo imprimirán en su trabajo o en su propia casa.

La nueva forma de producir bienes que presenta la tercera revolución industrial, trae consigo, grandes beneficios para la humanidad, ya que de la misma forma que el internet redujo drásticamente los cotes de entrada para la generación y la difusión de la información, de esa misma forma, la fabricación aditiva rebajará el coste de la producción de bienes, dándole la oportunidad a las pequeñas y medianas empresas a presentar sus productos a un precio más bajo, lo que sería recibido por la sociedad con mucha alegría.

La tercera revolución industrial es una manera de enfocar con mucho sentido común la transición hacía una era pos carbónica. En la actualidad podemos observar cómo convergen el nuevo régimen de los medios de comunicación y el de la energía para crear empresas y negocios en diversos campos, tales como, el de las energías limpias, el de las construcciones verdes, en la telecomunicación; en la informática en red de carácter distributivo, en los medios de transporte impulsado por motores eléctricos o con pilas de combustible, en química sostenible, en la nanotecnología; en la logística y la gestión de la cadena de suministro libre de monóxido de carbono, por lo que se están desarrollando toda una serie de nuevas tecnologías, productos y servicios, gracias a la llegada de la tercera revolución industrial.

En el futuro inmediato la tercera revolución industrial hará que el capitalismo, tal y como lo conocemos, que nace con la llegada de la primera revolución industrial y se fortalece en la segunda revolución industrial y que tiene como su base al capital financiero. El capitalismo que se fundó sobre la idea de que la acumulación de riqueza individual, podía aprovecharse en forma de capital financiero para obtener más riqueza, mediante el control de los medios técnicos que genera esa riqueza y la forma en que se distribuye, logrando que la producción esté subordinada al capital.

Debido a que, en la tercera revolución industrial los nuevos espacios distribuidos y colaborativos de la comunicación y la energía renovable harán que la acumulación de capital social adquiera una importancia y un valor tan grande como lo es el capital financiero para el capitalismo en la segunda revolución industrial.

En la medida que la tercera revolución industrial, siga desarrollándose, en esa misma medida el capitalismo de la segunda revolución industrial, irá perdiendo espacio, porque la producción de propiedad con el objetivo de intercambiarla comercialmente, resultará cada vez menos rentable. En una economía inteligente en que los costes de intercambios se abaratan tanto, que muchas veces, pueden llegar hacer virtualmente nulo.

Un buen ejemplo, se puede observar en lo que está sucediendo en el área de las comunicaciones, donde la disminución de los costes de transacción en el negocio de la música y las editoras, y que gracias a la aparición de las descargas en líneas, los libros electrónicos y los blogs de noticias, podemos tener música, libros y noticias gratis o casi gratis. Entonces, visualice cómo serán las cosas en la tercera revolución industrial, cuando a todo esto que está sucediendo, se le agregue la energía verde, la fabricación en 3D y otros cambios novedosos.

En la tercera revolución industrial se cambia el escenario de compradores y vendedores a otro de proveedores y usuarios y de un contexto de intercambio de propiedad en los mercados a otro de acceso a servicios por segmentos temporales en redes, lo que a su vez, está cambiando la forma de concebir la teoría y la práctica económica, porque en esta nueva era el tener acceso a las cosas que se producen, ha empezado a eclipsar en importancia a ser el dueño de las cosas que se producen, ya que lo producido permanece en la mano del productor, que es quien la presta a los usuarios por segmentos de tiempo en forma de arrendamiento. Sin embargo, todo esto es muy lógico, y viene a facilitarles mucho más la vida a las personas, ya que nadie querrá ser dueño de algo en un mundo donde las actualizaciones son continuas y en la que nuevas líneas de productos invaden el Mercado para luego desaparecer en poco tiempo.

La tercera revolución industrial ha llegado para hacer de este mundo un mundo más seguro, un mundo mucho más feliz, un mundo con una buena calidad de vida para todo y un mundo donde se viva mucho mejor, debido a que al pasar de la productividad a la generatividad y de la eficiencia a la sostenibilidad. Sitúa a nuestra especie devuelta en el acompañamiento de los ritmos y los periodos de la comunidad de la biosfera de la que formamos parte de una forma intrínseca e indivisible, que es realmente el verdadero sentido de ser de la tercera revolución industrial.

Capítulo IX

La Educacion En La Tercera Revolucion Industrial

LA EDUCACION EN LA TERCERA REVOLUCION INDUSTRIAL

En ésta etapa de la vida en que estamos viviendo, podemos observar cómo se va pasando de la segunda revolución industrial, la cual está basada en la producción de energías eléctrica usando como fuente el petróleo y los combustibles fósiles, y que es un sistema centralizado, a una tercera revolución industrial que está basada en la producción de energías eléctrica usando los recursos renovables de carácter lateral, por lo que, se hace necesario una renovación del sistema educativo que sirve a la segunda revolución industrial para que se adapte a los cambios que se presentan en la tercera revolución industrial, de forma tal, que los estudiantes puedan aprender a vivir en una economía distributiva y colaborativa.

Para poder lograr este propósito, entonces deben replantearse los conceptos que rigen la segunda revolución industrial así como también, la pedagogía que le acompaña, pero sobre todo hay que actualizar a los profesores para que puedan enseñar para la tercera revolución industrial. Los planes de estudios y los currículos de universidades y escuela tienen que estar dirigidos a la formación de una población que vive y vivirás activamente en la tercera revolución industrial, por lo tanto, los currículos y los planes de estudios tendrán que estar cada vez más centrados en las tecnologías avanzadas de la información, de las nanotecnologías y las biotecnologías, así como en la geología, la ecología y en la teoría de sistemas, pero también, en las habilidades profesionales, tales como, las relacionadas con la fabricación y comercialización de tecnologías de energías renovables, que permitan la transformación de edificios y casa en minis centrales eléctricas.

Además, la instalación de tecnologías de almacenaje como el hidrogeno, el despliegue de redes inteligentes de servicios y suministros, también la fabricación de medios de transportes de motor eléctricos con alimentación en redes y con pilas de combustibles más el establecimiento de redes logísticas verdes. Entonces, para todo esto y mucho más es que debemos empezar a educar a nuestros jóvenes para que sean ellos los protagonistas y actores de esta vida que le ha tocado vivir.

En la nueva era de la conexión global de la tercera revolución industrial, la misión principal de la educación consiste en preparar al alumno para que piense y actúe como parte que es de una biosfera compartida. Esto significa que hay que preparar a los niños y niñas para que piensen como entes ecológicos, que tengan conciencia biosfera, ya que éste es el punto que marca la prueba de fuego que enfrenta esta era, debido a que podría determinar si los seres humanos serán capaces de crear una relación nueva y sostenibles con la tierra que permita impedir nuestra propia destrucción.

El nuevo enfoque sobre el proceso educativo rompe radicalmente con los modelos educativos aplicados en la primera y la segunda revolución industrial, porque mientras en la primera y la segunda revolución industrial se educaba para crear seres humanos competitivos y autónomos de una manera vertical y descendente, en la tercera revolución industrial se educará para crear seres humanos de corte distribuido y colaborativo con el objetivo fundamental de inculcar el principio de la naturaleza social del conocimiento y el trabajo.

Además, la educación distributiva y colaborativa preparará a la población del siglo XXI para una economía de la tercera revolución industrial que funcionará conforme a esos mismo principios, y mucho más importante es el hecho de que aprendiendo a pensar y a actuar de forma distributiva y colaborativa los estudiantes pasan a verse a sí mismo como seres empáticos, inmersos en redes de relaciones compartidas, en comunidades inclusivas que acaban por hacerse extensivas a la totalidad de la biosfera donde los estudiantes se aplican y se implican en comunidades de aprendizaje distributiva y colaborativa, tanto en el espacio virtual como en el espacio físico.

Capítulo X

El Aprendizaje Acelerado

GEORGI K. LOZANOV

Georgi K. Lozanov nace en Sofía, Bulgaria, el 22 de julio de 1926. Lozanov fue doctor en medicina, neuropsiquiatra y psicoterapeuta y es el creador de la sugestología, que es la ciencia de la sugestión y la sugestopedia.

Georgi K. Lozanov es el creador del método de aprendizaje acelerado, el cual era llamado por él sugestopedia, y se basaba en la premisa de que la capacidad de aprender y recordar que posee el ser humano es prácticamente Ilimitada, ya que se aprovechan las reservas de la mente. Lozanov afirmaba al inicio de *sus* estudios, que la supermemoria es una facultad humana natural y que no solamente podía desarrollarla cualquier persona, sino que podía lograrse con facilidad.

Georgi Lozanov, había estudiado a muchas personas con capacidades mentales extraordinarias, entre los que se encuentra Mijail

Keuni, artista ruso, con capacidad para hacer cálculos matemáticos complejos mentalmente en forma instantánea. Así como Keuni, Lozanov observó que los yoguis se consagraban a memorizar los textos sagrados por si ocurría un desastre y resultaban destruidos sus libros de tradiciones e historia; ya que, con que viviese un solo yogui, siempre podría restaurar de memoria todo el conocimiento perdido.

El propio Lozanov había practicado raja-yoga durante veinte años. Raja significa regio o rector, y el raja-yoga trata del control o gobierno de la mente, se considera como la conciencia de la concentración" y cuenta con técnicas para alterar los estados de conciencia, métodos de adiestramiento en visualización, ejercicios prácticos de concentración y ejercicios respiratorios especiales.

El sistema acelera el aprendizaje de cinco a cincuenta veces, aumenta la retención, no exige prácticamente esfuerzo alguno al estudiante, se utiliza tanto en el estudiante atrasado como en el brillante, en el niño como en el viejo. Lozanov llamó, como mencionamos previamente a este sistema sugestopedia, siendo ésta una de las ramas de estudio de la sugestología en su Instituto, el Instituto de sugestología de Sofía, en Bulgaria. La sugestología es una ciencia holística que utiliza una serie de técnicas que ayudan a llegar a las reservas de la mente y del cuerpo.

La sugestología pretende poner en funcionamiento las facultades del cuerpo, las del hemisferio izquierdo y las del hemisferio derecho de forma conjunta, para que el individuo pueda hacer mucho mejor todo aquello que se proponga. En sus orígenes, la sugestología se utilizaba para curar enfermedades y para dominar el dolor; en psicoterapia, sin embargo, Lozanov inició su aplicación en los procesos de aprendizaje con extraordinarios resultados.

Esta metodología pretende ayudar a eliminar el miedo, la autocensura, las valoraciones pobres sobre uno mismo y las sugestiones negativas, respecto a la limitada capacidad que poseemos. Pretende desatar los nudos con los que nos atamos y liberar la personalidad. El aprendizaje da la posibilidad de utilizar lo que ya tenemos dentro de nuestro cuerpo y nuestra mente, nos enseña a crecer y al crecer vivir plenamente ya que el crecimiento es vida. El súper-aprendizaje depende del coeficiente potencial del individuo, no de su coeficiente intelectual.

Para Lozanov, la educación es lo más importante del mundo ya que la vida entera es aprendizaje. Una de sus publicaciones en donde explica con mayor claridad y detalle el método de la sugestopedia es la que se titula sugestología y Principios de sugestopedia. La sugestopedia se basa en encontrar el estado de serenidad adecuado en la persona que aprende a través de la sincronía entre la mente y el cuerpo. Al utilizar tonalidades diferentes de voz o música, se induce al cerebro a este estado.

Lozanov afirma que tenemos ya supermemoria, el problema es que no podemos recordar lo que almacenamos en la mente. Georgi cree, que el cerebro, libre de toda distracción que dificulte su funcionamiento, es como una esponja capaz de absorber conocimientos e información de toda clase. Un apoyo importante en el proceso de aprendizaje es, el estado de relajación adecuado y profundo que permite liberar tensiones. La utilización de técnicas de respiración y relajación para lograr aumentar la precisión auditiva y estimular la concentración, además, la visualización y música adecuada permiten lograr éste objetivo.

Un buen método pedagógico debe inducir un medio ambiente propio, con atmósfera positiva y estimulante. El maestro o instructor induce con lenguaje no verbal el incremento en el interés y la autoconfianza y favorece la creación de esta atmósfera positiva. Estas técnicas de aprendizaje acelerado, amplían la conciencia y permiten abrir en la mente nuevos circuitos secundarios que incrementan un sinnúmero de capacidades humanas.

El Aprendizaje Acelerado es el conjunto de investigaciones, técnicas, métodos, recursos y teorías aplicadas para elevar, facilitar y acelerar la capacidad de aprender, aprovechando todos los recursos del cuerpo y del entorno de manera natural y amigable, para desarrollar el enorme potencial del cerebro, que lleva al ser humano a aprender a aprender y a aprender a pensar.

EL APRENDIZAJE ACELERADO

Aprendizaje acelerado

El aprendizaje acelerado es un método que se aplica en el proceso de enseñanza-aprendizaje con el propósito de acelerar éste proceso, tanto en la calidad como en la rapidez de lo que se aprende para lograr una mejor educación. Este método se puede aplicar perfectamente en el sistema educativo tradicional, porque no interfiere con los planes planteados en dicho sistema educativo, muy al contrario ayuda bastante a obtener los objetivos planteados en él, con mayor eficacia y en menor tiempo.

El aprendizaje acelerado, es el resultado de décadas de trabajos investigativos, realizado por el siquiatra educativo de origen búlgaro Dr. Georgi Lozanov quien es el padre de aprendizaje acelerado, además, de los trabajos realizados por el educador Dr. Howard

Gardner, además de los estudios realizados por los premios Nobeles el neurólogo Roger Sperry y el neurobiológico Gerald Edelman y también de las experiencias prácticas de muchos maestros de escuela, profesores universitarios, formadores y empresarios que han sabido adecuarse a los cambios que ha traído el siglo XXI.

El objetivo fundamental del aprendizaje acelerado es el de enseñar a los estudiantes a aprender a aprender y a aprender a pensar, y para lograrlo ha integrado todas las aportaciones hechas por estas personalidades para crear un plan práctico y que sea fácil de seguir. Todo esto es para hacer que las personas aprendan más rápido y sus pensamientos sean mucho más claros, porque estas dos habilidades que tienen los seres humanos son clave para enfrentar los cambios vertiginosos que se producen en el siglo XXI. Aprender a aprender es vital para el desarrollo personal de los seres humanos, porque cuando una persona aprende a aprender, su autoestima y su confianza en sí misma crece. Cuando una persona aprende a aprender adquiere las habilidades básicas para convertirse en un aprendiz auto dirigido y para lograr su crecimiento personal.

Además, deja de ser un consumidor pasivo de la educación para ser un controlador activo de su aprendizaje, elevando la confianza en sí mismo y la confianza en sí mismo es la capacidad que uno tiene de dirigir su propio proceso de aprendizaje desde el principio, de organizar un extenso volumen de información y de valorar su verdadero significado para utilizarla y desarrollar productos creativos y soluciones novedosas a los problemas de hoy. Por lo tanto, las habilidades de aprender más rápido y de pensar más claro deberían enseñarse en todas las familias, en todas las escuelas y en todas las organizaciones que existen en el mundo.

El órgano fundamental para aprender es el cerebro y cada persona tiene uno, por lo que, en un estado saludable, todos tenemos la misma oportunidad para aprender, sobre lo que sea que se quiera aprender, solo basta que nos enseñen de la forma que nosotros sabemos aprender y el aprendizaje acelerado ha reunido todas las investigaciones que han realizado los especialistas sobre el cerebro para poder acelerar el aprendizaje de cualquier persona. Por tal razón, es sumamente importante, fortalecerlo y conocer el modo en que funciona la mente para comprender el proceso de aprendizaje.

Todos los seres humanos tienen tres cerebros en uno solo, porque en la medida que el hombre fue evolucionando, también su cerebro atravesó muchas etapas evolutivas, hasta llegar a lo que el Dr. Paul Maclean, ex-director del laboratorio del cerebro y conducta del instituto de salud mental de Los Estados Unidos, ha bautizado como "Cerebro tripartito" de forma tal, que el cerebro está dividido en tres partes que son:

1) La primera parte el tronco cerebral o cerebro reptil y se encuentra en la base del cráneo y en contacto con la columna vertebral.

2) La segunda parte se encuentra el sistema límbico o cerebro mamífero que es la parte central del cerebro y este sistema está rodeado por el tronco cerebral como un collar.

3) La tercera parte se encuentra el neocórtex, que es el cerebro pensante, este tercer cerebro es realmente extraordinario y es aquí donde reside la inteligencia de los seres humanos.

El cerebro humano puede considerarse como si estuviera dividido en dos partes a las que se le llaman hemisferios o cerebro izquierdo y cerebro derecho. Estos dos hemisferios en lo que está dividido el cerebro tienen funciones específicas para que una persona pueda aprender, porque según los estudios realizados por el profesor Roger Sperry de la universidad de california, sobre el cerebro humano, se acepta que, en general el lado del cerebro izquierdo está especializado en procesar la información que corresponde a la parte académica del aprendizaje, o sea el lenguaje, las matemáticas y las ciencias, que son las asignaturas que llevan un tipo de pensamiento lógico, secuencial y analítico. Mientras, el cerebro derecho se encarga de procesar la información que corresponden a las partes creativas, donde se encuentran la música, las rimas, los ritmos, la pintura y las impresiones visuales. Además, los investigadores le asignan al cerebro derecho la capacidad de tratar con cierto tipo de pensamientos conceptuales como el amor, la belleza o la lealtad.

Otros de los aspectos que toma muy en cuenta el método de aprendizaje acelerado es el de las múltiples inteligencias desarrolladas por Howard Gardner, y es que él dice que todos los seres humanos tenemos un conjuntos de habilidades para enfrentar distintos tipos de problemas, y define la inteligencia, como la capacidad que tiene una persona para solucionar un problema o crear un producto valorado positivamente en la sociedad. La teoría sobre las múltiples inteligencias elaboradas por Howard Gardner fueron hechas incorporando ideas procedentes de la neurobiología, las cuales complementó con los conocimientos de otros campos como la antropología, la psicología, la filosofía y la historia. Además, de analizar estudios realizados a niños prodigio, a personas de grandes talentos, a pacientes con lecciones cerebrales, a idiotas, a sabios, a niños normales, a adultos normales, y a personas de distintas culturas.

Todos estos estudios realizados por Gardner dan como resultado una nueva visión alternativa sobre lo que es la inteligencia humana y enseguida identifica ocho inteligencias distintas, que son:
1) La inteligencia lingüística
2) La inteligencia lógico- matemáticos
3) La inteligencia viso-espacial
4) La inteligencia musical
5) La inteligencia interpersonal
6) La inteligencia corporal kinestésico
7) La inteligencia intrapersonal
8) La inteligencia naturalista

Los aportes hechos por Howard Gardner han sido aprovechados al máximo por el método de aprendizaje acelerado para brindarle a los estudiantes la posibilidad de desarrollar cualquiera de las múltiples inteligencias que ellos poseen, ya que en la escuela de hoy solo utilizan dos tipos de las inteligencias para enseñar las asignaturas académicas y esas inteligencias son:
1) La inteligencia lingüística
2) La inteligencia lógico-matemáticos

Estas a la vez son medidas por el coeficiente intelectual (CI) que mide principalmente la capacidad verbal y numérica de los estudiantes, por lo tanto, los alumnos que están dotados de la inteligencia lingüística y matemáticas obtendrán buenos resultados en el test, por esta razón, el coeficiente intelectual (CI) es un buen indicador del éxito académico, porque la forma que existe para enseñar y los materiales que usamos dependen de esta dos formas de inteligencias. Sin embargo, para los estudiantes cuyas facultades están ligadas a las otras seis inteligencias identificadas por Howard Gardner, entonces para ellos estudiar en un sistema donde solo tomen en cuenta las inteligencias lingüística y matemáticas, puede ser un gran problema para esos estudiantes adaptarse a este sistema tradicional, porque no se le enseña del modo en que ellos puedan aprender con mayor facilidad y rendimiento.

Para lograr un ambiente favorable es que el aprendizaje-acelerado toma la teoría de Howard Gardner sobre las múltiples inteligencias para enseñarle a todos los estudiantes a aprender de la forma que mejor se ajuste a su mezcla particular y exclusiva de las inteligencias que ellos tengan. Realmente, lo que hace el aprendizaje acelerado es implicar activamente al cerebro emocional para facilitar de este modo los procesos de memorización, sincronizando siempre las actividades del cerebro izquierdo y el cerebro derecho para lograr un aprendizaje más rápido. Además, de utilizar las ocho inteligencias para que el aprendizaje sea accesible a todo el mundo. También, introduce momentos de relajación para que puedan tener lugar los procesos de consolidación del aprendizaje y estos puedan almacenarse con mayor facilidad en la memoria.

El aprendizaje acelerado le devuelve en grado sumo la diversión al proceso enseñanza aprendizaje, porque considera que las condiciones para que el aprendizaje sea efectivo incluye un ambiente de apoyo y festivo, convirtiendo la educación en la fiesta nacional del aprendizaje y para lograr que el aprendizaje sea eficaz y divertido, comienza creando un ambiente que sea relajante, donde no haya estrés, un ambiente donde el estudiante no tema equivocarse y en el que la autoestima y la expectativa de éxito sean muy altas. Además, asegurándose de que las materias que se imparten sean pertinentes, porque un estudiante puede aprender mucho más cuando le ve sentido a lo que aprende. También asegurándose de que el aprendizaje sea emocionalmente positivo y éste suele serlo cuando se trabaja en equipo, haciendo uso del humor y el apoyo entusiasta a cada estudiante.

Otro elemento muy importante en el proceso de aprendizaje es la implicación de todos los sentidos en el mismo, más la participación unificada del hemisferio izquierdo y el hemisferio derecho en dicho proceso para que el cerebro piense y explore sobre lo que está aprendiendo, con tantas inteligencias como sea posible y así darle un sentido personal a lo que se está aprendiendo. Ahora bien, el aprendizaje acelerado tiene una estructura que consiste en seis pasos básicos que pueden recordarse muy fácilmente, mediante el acrónimo MASTER, donde la (M) representa la motivación de la mente, la (A) representa adquisición de la información, la (S) representa descubrir el significado, la (T) representa trabajar la memoria, la (E) representa la exposición de lo que se aprende y la (R) representa la reflexión de cómo se ha aprendido. Con la aplicación de estos seis pasos en el proceso enseñanza-aprendizaje aplicará la esencia de lo que es el aprendizaje acelerado y descubrirá un método hecho a la medida de cada persona, porque es que al combinar las inteligencias personales que una persona posee con la preferencia que tiene esa persona para aprender, entonces el potencial de aprendizaje se expande completamente y se pondrá en condiciones de aprender lo que ella quiera aprender y saber.

Como afirma Brian Tracy "Las técnicas de aprendizaje acelerado son como un sistema operativo de un ordenador, no son un programa propiamente dicho, pero con ellos se pueden ejecutar todos los demás programas. Son las herramientas que usted puede utilizar para alcanzar sus metas con más rapidez y garantía de éxitos"

La Mente

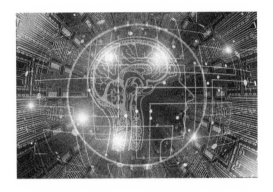

La mente es el punto exacto del cerebro donde se producen los procesos del pensamiento, de la conciencia, de la memoria y de la percepción que tiene el ser humano de una realidad determinada, por lo tanto, la mente viene a ser la potencia intelectual del alma del ser humano, lo que aplicado al proceso enseñanza-aprendizaje, nos indica que es en este punto del cerebro donde se inicia el aprendizaje y que para que se produzca el aprendizaje, la mente debe estar en un estado relajado, por lo que, el proceso de aprendizaje debe desarrollarse en un ambiente positivo, entonces, la persona que dirija éste proceso tiene que hacerlo con una actitud mental positiva para lograr los objetivos que se ha propuesto, por lo tanto, quien dirija el proceso de aprendizaje tiene que buscar el árbol de los problemas para dejar colgado en ese árbol todos sus problemas antes de entrar a una aula de clase y así pueda entrar con una actitud bonita, agradable y positiva.

El aprendizaje acelerado aplica perfectamente los conocimientos sobre el cerebro para crear un ambiente cargado de actitudes positivas, porque es importante enfocar el proceso de aprendizaje de una forma relajante y para lograrlo el aprendizaje acelerado plantea que antes de iniciar cada sección de clase inspire profundamente para llenar los pulmones de aire y a continuación espire intensamente dilatando los músculos del estómago y que a la vez relaje los músculos del cuello y la mandíbula, pero además, plantea que todos estos ejercicios deben hacerse bajo un fondo de música suave con el objetivo de poner la mente en las condiciones adecuadas para aprender.

Así es qué, el aprendizaje acelerado inicia una sección de clase para enseñar a las personas a aprender a aprender y a aprender a pensar, porque aprender es una habilidad con la que podrás contar durante toda tu vida, además debe recordar que lo que aprende hoy puede quedar desfasado mañana, pero como aprender es algo que se queda para siempre, entonces la persona que aprendió a aprender y aprendió a pensar, no tendrás ningún problema para adaptarse a esos cambios. También la persona que aprendió a aprender y aprendió a pensar, sacará mejores notas en la escuela y aumentará su rendimiento en el trabajo, por lo tanto, mientras más aprenda la persona más prosperará ella y podrás enriquecer su vida familiar y sus relaciones personales.

Adquirir La Informacion

La información es la base fundamental de la educación, porque para que una persona pueda aprender sobre algo, primero debe existir la información de lo que se desea aprender para luego adquirirla del modo que mejor se ajuste a las preferencias sensoriales de aprendizaje que tenga la persona que desea aprender. Esto es debido, a que hay personas que necesitan ver lo que están aprendiendo o necesitan escuchar sobre lo que están aprendiendo, pero sobre todo necesitan aplicarse físicamente para poder aprender y si la persona que quiere aprender puede identificar sus formas preferidas de aprender, ya sea visual, auditiva o debe tocar las cosas sobre las que está aprendiendo, entonces podrá utilizar varias estrategias para convertir el proceso de adquisición de la información en un proceso más sencillo.

Todas las personas tienen diferentes formas para aprender, sin embargo, lo esencial es que las personas deben asegurarse de adquirir la información de la manera que le resulte más cómoda para que esa información sea procesada de las formas preferidas que tenga cada persona. Algunas de las estrategias que se pueden usar para adquirir la información son:

1) La de hacerse una idea general del proyecto que se va a estudiar y buscar las informaciones precisas que les permitan tener una idea global del tema, pero siempre adaptando esas informaciones a las formas preferidas que tenga cada persona que desea aprender.

2) La identificación de cuales informaciones necesitan las personas como prerrequisitos para poder entender y trabajar con las nuevas informaciones que desean aprender.

3) La de hacerse todas las preguntas posibles sobre el temas que se aprende.

La adquisición de la información es la puerta que abre la entrada a la educación y al aprendizaje, por lo tanto, la forma en que una persona adquiere la información que desea aprender será determinante en su aprendizaje y su educación.

Distintos Estilo

Cada persona, cada estudiante, cada ser humano tiene su forma preferida de aprender y su forma preferida para adquirir la información de lo que él quiere aprender. Por ejemplo, hay personas que aprenden mejor cuando se les deja que resuelvan ella misma, mientras a otros le resulta estimulante la posibilidad de interactuar con otros compañeros, pero hay otros que consideran muy importante que haya una figura de autoridad dirigiendo la clase, a algunos de los estudiantes le gusta que haya música de fondo y a otros les encanta el silencio. También hay personas que prefieren sentarse cómodamente en una silla, mientras otros necesitan pasear para pensar en la respuesta.

Sin embargo, los buenos estudiantes pueden aprender de muchas formas diferentes, pero todos los buenos estudiantes tienen algo en común, que es, que todos tienen un enfoque positivo del proceso de aprendizaje. Ellos siempre están formulándose preguntas y haciendo cosas para asegurarse de que asimilan la información de la manera que mejor se ajusta a sus preferencias sensoriales. En una extensa investigación realizada por los profesores Ken y Rita Duun de la universidad ST. John, en Jamaica y New York y por Richar Budler, John Grinder y Michael Grinder, expertos en programación neurolingüística (PLN) identificaron tres estilos comunicativos y de aprendizaje que son:

1) Visual
2) Auditivo
3) Kinetésico

Lo que indica esta investigación es que todas las personas utilizan en alguna medida todos los sentidos para aprender, pero que la mayoría de la gente presenta alguna preferencia por alguno de estos tres estilos o vías.

1) El estilo visual los usan aquellas personas que aprenden mejor cuando pueden ver sobre lo que están aprendiendo.

2) El estilo auditivo los usan aquellas personas que aprenden mejor cuando pueden escuchar sobre lo que están aprendiendo.

3) El estilo kinestésico los usan aquellas personas que aprenden mejor cuando pueden tocar sobre lo que están aprendiendo.

Sin embargo, existen algunos esquemas que pueden mostrarnos las formas preferidas que tiene una persona para aprender y tiene que ver con la forma de reaccionar de la persona a la hora de aprender. Por ejemplo, una persona que reacciona de la siguiente manera cuando está aprendiendo algo, entonces es un estudiante visual.

1) Ya veo a lo que te refiere
2) Me estoy imaginando la escena
3) No veo muy claro lo que dice

Mientras que una persona que reacciona de la siguiente manera a la hora de aprender algo, entonces es un estudiante auditivo.

1) No me suena nada mal
2) Soy todo oído

3) Eso me suena a música agradable

Si una persona reacciona de la siguiente manera a la hora de aprender, entonces es un estudiante kinéstesico
1) Me siento bien
2) Ha dado justo en el clavo
3) Se me está escapando de las manos

La importancia de esta investigación radica en que le brinda la oportunidad a quien dirige el proceso enseñanza-aprendizaje de identificar la forma preferida que tiene cada estudiante para aprender, entonces de esta forma puede planificar con mayor eficacia la clase que quiere enseñar para que se adapte a la forma preferida que tiene cada estudiante para aprender y así el estudiante podrás adquirir la información que se le presenta de una manera más rápida y fácil.

Las distintas maneras que tenemos los seres humanos de aprender son de las siguientes formas.
1) Unos aprendemos mejor cuando vemos imágenes o diagramas, entonces somos estudiantes Visuales.
2) Otros aprenden mejor cuando escuchan lo que aprenden, entonces son estudiantes Auditivos.
3) Otros aprenden mejor cuando pueden tocar sobre lo que aprenden, entonces son estudiantes Táctiles.
4) Algunos aprenden mejor cuando pueden leer sobre lo que aprenden, entonces estos son estudiantes Impresos.
5) Otros aprenden mejor cuando pueden interactuar con los demás o sea en grupos.

Para determinar cuál es la mejor forma que tiene un estudiante para aprender, un facilitador puede someter el siguiente cuestionario. Escoja la opción con la que se sienta más identificado.
1) Cuando le presentan a una persona.
a) Es suficiente con verla para saber cómo es esa persona.
b) Necesita tener unos minutos de conversación con esa persona para saber cómo es.

c) Basta con estrecharle la mano para saber con qué tipo de persona está tratando.

2) Recuerda más a las personas por.
a) Su apariencia
b) Su nombre o su voz
c) Su trato, calidez, frialdad o amabilidad.

3) Si almuerza en restaurante, lo que más le importa es.
a) La presentación del plato
b) Lo que le dicen y le recomiendan de la comida o de cada plato.
c) Los sabrosos o los olores de los platos

4) Para vivir o para trabajar prefiere.
a) Lugares luminosos y con buena vista.
b) Lugares silenciosos y con música.
c) Lugares confortables

5) Cuándo usted trabaja prefiere que.
a) Que le den instrucciones por escrito por que le queda más claro.
b) Le digan lo que desean
c) Lo hagan tomar asiento y ponerse cómodo antes de decir nada.

6) Cuándo sale de compra.
a) Observa los productos
b) Escucha al vendedor.
c) Prueba antes de comprar.

7) Si tiene que ir por primera vez a un lugar y alguien le explica cómo llegar.
a) Anota las indicaciones que le dan
b) Escucha con atención y repite para confirmar
c) Siente que ya sabe cómo ir.

8) Aprende más fácilmente.
a) Leyendo, haciendo cuadros, dibujos o gráficos.
b) Escuchando a un compañero, un CD o un casett.
c) Caminando, escribiendo o experimentando.

9) Cuándo habla lo hace.
a) Rápido y manejas muchas ideas al mismo tiempo.
b) Más pausado y secuencialmente de una idea a la vez.
c) Tiene que estar en constante movimiento.

10) Si aprende a usar un aparato, electrodoméstico, un nuevo programa para la computadora le resultaría más fácil sí.
a) Le muestran cómo se usa.
b) Recibe indicaciones verbales.
c) Aprende en la medida que lo usa.

Entonces, finalizado el cuestionario, tenemos que sumar todas las respuestas de cada tipo para determinar la principal característica que muestra el estudiante para aprender.
1) El mayor porcentaje en las respuestas (a) corresponde a la preferencia visual que muestra el estudiante para aprender, o sea, qué estamos frente a un estudiante que prefiere el estilo visual para aprender.
2) El mayor porcentaje en las respuestas (b) corresponde a la preferencia auditiva que muestra el estudiante para aprender, o sea, qué estamos frente a un estudiante que prefiere el estilo auditivo para aprender.
3) El mayor porcentaje en las respuestas (c) corresponde a la preferencia kinestésica que muestra el estudiante para aprender, o sea, qué estamos frente a un estudiante que prefiere el estilo kinestésico para aprender.

EL SIGNIFICADO

Descubrir el significado de lo que se está aprendiendo es una condición necesaria para que el aprendizaje sea efectivo, ya que, hay que dominar el concepto o la definición de lo que se va a aprender, por lo tanto, la persona que planifique una unidad de clase, debe hacerlo tomando en cuenta la teoría de Howard Gardner sobre las múltiples inteligencias para poder brindarle a cada estudiante la oportunidad de comprender el significado de lo que está aprendiendo, de la manera que más le guste al estudiante, porque si el estudiante utiliza la mayor cantidad de las inteligencias que él posee, entonces le ayudará a pensar de forma diferente y quien planifique esa clase obtendrás como resultado la transformación del estudiante en una persona más creativa.

La persona que dirija el proceso enseñanza-aprendizaje debe de tener las herramientas necesarias para identificar el estilo preferido de aprendizaje de cada uno de sus estudiantes para que así pueda plantear una variedad de actividades que incorporen tantas inteligencias como sea posible, porque de este modo llegaría a toda la clase y de esta forma se estará enseñando con una mayor amplitud y con una mayor profundidad, debido a que, cada alumno tendría a su disposición varias formas para captar lo que se le está enseñando.

Sin embargo, el objetivo global consiste en incluir la información en la vida diaria y convertirla en algo fácil de recordar para lograr que el alumno sea capaz de interpretar los hechos y de transformar el conocimiento superficial en conocimiento profundo, relacionando lo nuevo con lo que ya sabe, comparando y extrayendo conclusiones que le permita identificar lo que es verdaderamente importante y convertir esta experiencia en algo útil y lleno de significado personal, porque todo esto es lo que constituye el verdadero aprendizaje.

La Memoria

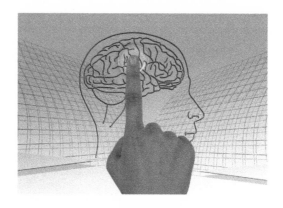

Una de las definiciones más comunes que hay sobre el saber es que:" Saber es recordar a tiempo", y es muy cierto, porque si no se ha trabajado la memoria para que guarde bien lo que se ha aprendido, de forma tal, que podamos usar esa información cuando la necesitemos, entonces, si cuando vamos a usar esa información no podemos recordarla damos muestra de que no hemos aprendido nada. Sin embargo, existen muchas estrategias que podemos aplicar para ayudar a la memoria a largo plazo a almacenar todo lo que estamos aprendiendo, entre estas estrategias podemos citar.

1) Que si la persona se encuentra en un estado mental adecuado y relajado, con una actitud positiva hacia el aprendizaje, entonces las partes del cerebro que pueden generar recuerdos trabajaran mucho mejor.

2) Que si la persona adquiere nueva información de la manera que se ajuste a la forma que ella tiene para procesar la información, entonces las cosas le resultaran inmediatamente más fáciles de recordar.

3) Que si la persona descubre el significado de la materia de varias formas, entonces entenderá lo que está estudiando, porque recordamos lo que tiene sentido y olvidamos las cosas que carecen de él.

Pero, para que la memoria pueda guardar la información de manera tal, que pueda estar disponible para cuando la necesite, entonces, esa información debe ser presentada en forma organizada, porque organizar el material de aprendizaje, en grupos o categorías ayuda a la memoria a recordar lo aprendido más rápidamente. También, si se presentan las cosas reales como son, pueden ser recordadas con mayor facilidad que aquellas ideas abstractas, porque puede verla con los ojos de la mente, por esa razón, recordamos mucho mejor las imágenes que las palabras, por lo tanto, quien dirija el proceso enseñanza-aprendizaje, debe encontrar la forma de transformar en imágenes lo que está enseñando, ya que la memoria visual es muy resistente. Además, recuerde el viejo refrán que dice "Qué una imagen vale más que mil palabras"

Otras de las estrategias para trabajar la memoria son:

4) La persona tiene el poder de decidir cuál hecho quiere recordar, porque si quiere aprender algo debe elegir hacerlo.

5) La persona debe hacer pausa a menudo en cada sección de aprendizaje, esta pausa le permitirá desconectarse por un momento de lo que está aprendiendo, por un periodo relativamente corto, porque está demostrado que la secciones larga de trabajo no aumentan el rendimiento del trabajo.

6) La persona debe repasar, durante, y después de la sección de aprendizaje, o sea, que tiene que pensar y repetir sobre lo que ha aprendido, porque el repaso y la repetición son dos pasos para crear recuerdos a largo plazo.

7) La persona debe crear recuerdos multisensoriales, o sea, que tiene que utilizar la parte visual, auditivo y kinestésico a la hora de aprender, porque se aprende mucho más cuando la persona puede ver, escuchar y hacer con lo que se aprende.

EXPONER LO QUE UNO SABE

Exponer lo que una persona sabe es una parte muy importante del proceso de aprendizaje, porque puede ir poniendo en práctica todo lo que ha ido aprendiendo y así reforzar tu aprendizaje. Además puede descubrir si se ha aplicado con éxito los primeros cuatro pasos del método del aprendizaje acelerado, el cual plantea que para que se produzca el aprendizaje de una manera más eficaz, la persona que va a aprender debe conseguir un estado mental adecuado, relajado, confiado, que lo ponga listo para asimilar el aprendizaje. También, que la persona debe adquirir la información de la forma que mejor se ajuste a su estilo de aprendizaje y que ella debe descubrir el significado de las implicaciones y el sentido personal de lo que se aprende, pero que sobre todo, debe trabajar la memoria para poder recordar a tiempo lo que ha aprendido.

Ahora bien, todo esto significa que la persona debe demostrarse a sí mismo que ha comprendido totalmente el material que necesitaba aprender y que puede ponerlo en práctica, ya sea ayudando a las demás personas a comprender el material que se desea aprender o aplicándolo en las soluciones de los problemas de la vida diaria. Otras formas de exponer lo que un estudiante sabe, es haciendo la representación de roles, ya sea a solas o con un compañero, también explicándole a la familia todo lo que ha ido aprendiendo sobre un tema en particular. Además, pueden crear círculos de estudio, donde participen grupos de estudiantes que tengan el mismo interés de aprender la misma asignatura y buscar un tutor que sea bien preparado en la materia que el estudiante quiera aprender, alguien que lo motive y le apoye y sobre todo que sea una fuente confiable de información.

Sin embargo, la forma más eficaz para que lo memorizado se convierta en conocimiento y luego en sabiduría es la discusión y el dialogo después de cada lección de clase, ya que, el que participa en ella aporta parte de lo aprendido y al final cuando se junten todas las piezas y se forme un todo con ellas, entonces se logrará el verdadero aprendizaje.

REFLEXIONAR

El maestro de maestro KUNG FU-TZU (Confucio) dice al referirse sobre lo que se aprende "Qué memorizar sin reflexionar es inútil y a su vez peligroso" y él continua diciendo "El estudiar sin reflexionar es inútil, pero que reflexionar y no estudiar es peligroso". El acto de reflexionar es como si diéramos una mirada retrospectiva en nuestra mente sobre lo aprendido para reforzar el porqué de cada cosa que aprendemos. Cuando aprendemos estas estrategias descubrimos la capacidad que tenemos de pensar sobre lo que pensamos, de ser conscientes de los pasos y de las estrategias que adoptamos cuando estudiamos o resolvemos un problema, y además de mejorar constantemente esos pasos y esas estrategias.

Realizar la práctica de la reflexión, no le quitará mucho tiempo, sin embargo, los beneficios que usted obtendrá le compensará con creses el tiempo invertido. Además si le damos la importancia que amerita la parte reflexiva del aprendizaje, podemos mejorar sustancialmente nuestra inteligencia.

La Musica

Lo primero que hacia el maestro de maestro "Kung Fu Tzu" Confucio, antes de iniciar una sección de clase era tocar con su alud una linda melodía, con el objetivo de lograr una atmósfera de armonía, de paz y de tranquilidad en sus alumnos. En la medida que el maestro hacia vibrar las cuerdas del instrumento, en esa misma medida vibraban los corazones de sus alumnos, quienes lograban relajarse y ponerse listos para aprender todo lo que era posible aprender, porque al maestro les abría la puerta del entendimiento, los alumnos podían asimilar, pensar y razonar mejor sobre lo aprendido, de manera tal, que se transforma en la semilla que florece con la acción de la sabiduría o el conocimiento.

Mientras, Platón describía la música como "La herencia educativa más potente de todas" él creía que los niños debían recibir una formación musical antes que cualquier otra cosa, porque aprendiendo a prestar atención a sus sutiles ritmo y armonía, ellos podían conseguir poner en orden toda su conciencia. Sin embargo, fue el Dr. Giorgi Lozanov quien ilustró convincentemente el efecto estimulante que ejercía la música en el cerebro. Lozanov descubrió que la música barroca, rítmica y pausada ejerce un impacto sobre nuestra capacidad para absolver y retener información, porque el tiempo regular y estático de la música barroca se mueve a unos sesenta compases por minutos, por lo que, guarda una notable similitud con la longitud de onda que emite el cerebro cuando se encuentra en un estado de vigilia relajada, que es el patrón de las ondas alfa.

Giorgi Lozanov dice que el estado de vigilia relajada es el estado más adecuado y perfecto para que se produzca el aprendizaje. Además, la música ejerce un efecto importante sobre los centros emocionales del sistema límbico, que también es una puerta para llegar a la memoria a largo plazo. Realmente, la música logra que nuestro cuerpo se relaje, llevándonos a un estado de tranquilidad, armonía y paz. Todo se debe a que la música prepara el cerebro para la forma más elevada de aprendizaje.

Capítulo XI

El Pensamiento Critico
O Analitico

EL PENSAMIENTO CRITICO O ANALITICO

Pensamiento Crítico

Todas las personas que se encuentren en buen estado de salud poseen la capacidad de pensar y el acto de pensar es lo que diferencia radicalmente a los seres humanos de los animales. Sin embargo, el pensamiento es algo que ocurre silenciosamente e invisiblemente en la cabeza de la persona que está pensando.

El acto de pensar puede diferenciar a una persona de otra, ya que el pensamiento puede ser natural, analítico, crítico o creativo. El pensamiento natural es aquel pensamiento que sucede de forma natural en los seres humanos, donde los sentidos observan una realidad y envían esa información al cerebro, el cerebro la procesa y la convierte en pensamiento, pero sin someterlo a ningún tipo de análisis, mientras que el pensamiento analítico o crítico, es aquel pensamiento que se produce mediante el proceso de examinar, analizar, cuestionar y desafiar situaciones, asuntos e informaciones de cualquier tipo para poder descubrir la verdad de lo que ha sucedido y la veracidad de la información que se nos ha presentado, pero, para lograr llegar a la verdad del asunto debemos hacer muchas preguntas que nos ayuden a llegar al fondo del caso o tema que se trata, y éstas preguntas pueden ser, tales como, ¿Por qué?, ¿Cómo fue?, ¿Dónde sucedió?, ¿Quién lo hizo?, ¿Cuánto? Ect.

El aprendizaje acelerado o significativo tiene como segundo objetivo educativo la de enseñar a cada estudiante a aprender a pensar, ya sea en forma analítica, critica o creativa, por lo que, el facilitador que dirija el proceso enseñanza-aprendizaje siempre enseñará a sus estudiantes a aprender a pensar a plenitud para que puedan encontrar la verdad que buscan, y lo hacen utilizando todos los recursos pertinentes para lograr el objetivo de enseñar a cada estudiante a aprender a pensar. Cuando se les enseña a las personas a utilizar el pensamiento analítico o crítico, entonces podrán tomar mejores decisiones a la hora de resolver un problema, por lo que, el facilitador se empeñará a fonda para enseñarle a cada estudiante a pensar, a argumentar, a investigar y a recabar información sobre los temas que se debaten, porque es fundamental para su vida adulta que aprendan a cuestionar las cosas, a no dar por sentado un hecho ni creerse cualquier cosas que oigan, lean o vean en un video, sin antes someterlo a un análisis.

Ahora bien, para potencializar el pensamiento analítico o crítico en los estudiantes, el facilitador del proceso enseñanza aprendizaje hace hincapié en que los estudiantes aprendan a utilizar:

1) La capacidad de reflexionar, es decir, que esa persona es capaz de asociar la información que le llega con su significado, tanto a un nivel superficial como profundo, así como analizar las implicaciones que la información tiene con respecto al resto de la realidad que se vive en un momento determinado.

2) La flexibilidad, es decir, que esa persona tenga la capacidad de entender, que existe la posibilidad de otras alternativas diferentes de las que se han propuestos, debido a que es necesario tener cierta flexibilidad mental, que nos permita visualizar que otras perspectivas diferentes, pueden ser objetivas y producir los resultados deseados.

3) La lógica, es decir, que esa persona tenga la capacidad de aplicar la lógica para analizar el problema planteado, ya que la lógica nos permite visualizar los posibles fallos y errores que hay en las afirmaciones y pensamientos que tenemos sobre lo que analizamos.

4) La mente abierta, es decir, que esa persona tenga la capacidad de entender, que es necesario tener en cuenta que todas las afirmaciones y opiniones que se emiten, son elaboradas por seres humanos que presentan sus opiniones en base a lo que ellos consideran correctos, de forma tal, que la información que nos presentan puede estar sesgada o manipulada, incluso a propósito para influenciarnos en la toma de nuestra decisión.

5) La duda, es decir, que esa persona tenga la capacidad de entender, que es necesario dudar de cualquier información que le presenten, ya que no se debe aceptar un hecho como bueno y válido o cualquier explicación sin antes ser capaz de cuestionar la veracidad de información que nos dan, pero siempre manteniendo las dudas dentro de un parámetro razonable.

Además, como el pensamiento analítico o crítico es una capacidad de gran utilidad y valor, hoy en día y muy solicitada tanto a nivel laboral como en las relaciones humanas, entonces, el facilitador también enseña a los estudiantes a:

1) Mirar con los ojos de la menta, ya que, todos tenemos nuestras propias opiniones sobre la realidad que nos rodeas y va a depender de la capacidad que tenga cada persona para ver lo que no se ve a simple vista en esa realidad, además, para pensar de forma analítica o crítica es necesario tener

en cuenta que nuestras opiniones o las explicaciones que se ofrecen en la sociedad, puede ser que no sean las únicas, ni las más correctas, por lo que, pueden haber muchos puntos de vistas sobre un mismo tema, por lo tanto, hay que tener una mentalidad abierta para ver las cosas que no se ven a simple vista en un problema, porque las cosas que no se ven a simple vista en un problema determinan las cosas que están a la vista en el problema.

2) Aplicar la empatía, ya que estamos aplicando la regla de oro del arte del buen vivir en sociedad, porque no debemos hacerle a otra persona lo que no te gusta que te hagan a ti, debido a que hay que ponerse en el lugar de la otra persona para entender cómo han llegado a las conclusiones a las que han llegado.

3) Practicar el debate, ya que para debatir un tema hay que estar bien preparado para salir airoso del debate, por lo que, hay que leer mucho y participar en foros, conferencias y debates que resultan de mucha utilidad para la persona que quiera practicar la retórica.

4) El análisis de textos y videos, ya que el análisis de diferentes fuentes nos ayuda a mejorar la capacidad de pensar analíticamente o críticamente, pero siembre observando los posibles objetivos o los motivos que ha tenido la persona para crear esa fuente de información.

5) Cuestionar los estereotipos, ya que la sociedad genera constante estereotipos respectos a una gran cantidad de temas.

6) Evitar los efectos sumatorios, ya que muchas personas se suman a una opinión debido a que es bien apoyada por la mayoría, por lo que, es necesario que nuestros pensamientos no se vean influenciados por el hecho de que otros presten más o menos aceptación al hecho o información en cuestión.

7) Comparar elementos contradictorios, ya que hay temas que son muy controversiales, sobre los cuales no hay un consenso general claro ni cierto, por lo que, hay que buscar opiniones enfrentadas para analizarlas de forma detallada a cada una

de ella. Esto nos permitirá determinar cuáles son los puntos débiles que tienen dichas argumentaciones.

8) Investigar y formarte, ya que solo el que investiga tiene derecho a la palabra y para hablar o debatir sobre un tema, entonces tenemos que saber de lo que estamos hablando, por lo que, estar informado de los acontecimientos que suceden en el mundo nos va a permitir poner en perspectiva las informaciones que recibimos.

9) Aprender a controlar las emociones, ya que las emociones nos ayudan a dar un significado a lo que nos sucede y si no las controlamos, entonces, pueden influir directamente en las tomas de nuestras decisiones sobre un tema determinado.

10) Utilizar la intuición, ya que la intuición actúa como un sexto sentido que nos permite actuar de una forma concreta, a la hora de tomar una decisión, que luego no podemos explicar de una manera racional, debido a que procesamos de una manera inconsciente la información que nos han transmitidos.

Entonces, cuando se les enseña a los estudiantes que el pensamiento analítico o crítico es el pensamiento que nos permite someter una situación, un problema, un tema, la toma de una decisión o de un examen a un análisis profundo para hallar la respuesta que mejor resuelva la situación, llevándolo paso a paso, comparando las informaciones y las pruebas con los datos objetivos que tenemos. Pero también, nos permite ir más allá de la parte superficial que presenta la situación que enfrentamos y así poder llegar al fondo de las cosas para determinar las causas que la produjeron y las consecuencias que pueden derivar de esa situación en particular.

Por lo tanto, cuando los estudiantes intenten descubrir la verdad de algo que les han dicho, entonces deben aplicar el pensamiento analítico o crítico para desnudar la realidad de lo que les dicen y los tienen que hacer a partir del análisis y de los razonamientos empleados para dar una explicación lógica. Este tipo de pensamiento vinculado a la duda, ayuda al ser humano a crear su propia identidad, lo que le permitirá ser capaz de elaborar su propio punto de vista, en base a la comparación y comprobación de datos para evitar así que le metan gatos por liebres. Con la aplicación del pensamiento analítico o crítico podemos eliminar las mentiras que comprometen la objetividad de los datos investigados, por lo que, debe ser una de las principales metas de la escuela la de enseñar a cada estudiante a pensar de una forma disciplinada en todas la materias que imparten, ya que la calidad de la vida de cada persona depende en gran medida de la calidad de sus pensamientos. Todo esto implica que la estructura del pensamiento analítico o crítico debe ser comprendida y practicada por todos los facilitadores y contemplada implícita y explícitamente en todas las clases que se impartan en cualquier lugar del mundo.

Pensar analítica o críticamente implica, ser capaz de no absolver ninguna información ni ningún hecho como verdadero, sin antes someterlo a pruebas y evidencias respecto a lo que se dice o se hace para saber si es verdad, ya que debe basarse en la búsqueda de la objetividad, dejando a un lado los elementos subjetivos y manipulativos que otras personas o incluso uno mismo puede introducir en el análisis de la información que manejamos hoy. Hay que reconocer que el pensamiento analítico o crítico está muy relacionado con otras capacidades de las que posee el ser humano, tales como, la creatividad, la lógica y la intuición, lo que nos permite elaborar nuevas estrategias para ver y percibir las cosas, por lo tanto, tener una buena dosis de pensamiento analítico o crítico nos ayuda a ver el mundo de un modo diferente, pero mejor.

Capítulo XII

El Pensamiento Creativo

EL PENSAMIENTO CREATIVO

El pensamiento creativo es aquel pensamiento que se produce mediante el proceso de desarrollo de nuevas ideas y conceptos, por lo que, se trata de la habilidad que tienen los seres humanos para formar nuevas combinaciones de ideas para poder satisfacer las necesidades que presenta la humanidad, pero también, el pensamiento creativo nos permite pensar para desarrollar nuevos productos y cuando pensamos creativamente podemos percibir cualquier patrón o relación novedosa que haya entre varías cosas que estemos observando, además, podemos encontrar nuevas formas de expresar las cosas y de combinar ideas ya existentes con el objetivo de crear otra nueva y mejor propuesta.

El aprendizaje acelerado o significativo, también, tiene como segundo objetivo educativo, la de enseñar a cada estudiante a aprender a pensar en forma creativa, por lo que, el facilitador que dirija el proceso enseñanza- aprendizaje siempre enseñará a sus estudiantes a aprender a pensar a plenitud para que puedan crear nuevas ideas y combinarlas con otras ya existente, y lo hacen utilizando todos los recursos pertinentes para lograr el objetivo de enseñar a cada estudiante a aprender a pensar creativamente, ya que cuando se les enseña a las personas a utilizar el pensamiento creativo, entonces podrán utilizar su imaginación para crear nuevas cosas y mejorar otras, por lo que, el facilitador se empeñará a fonda para enseñarle a cada estudiante a pensar, a soñar, a imaginar y a visualizar para que pueda aumentar la capacidad de crear nuevas ideas. Además, el facilitador motivará a los estudiantes a ser creativos para que trasciendan más allá de lo ordinario, a ser originales, a innovar, a tener un pensamiento flexible para que puedan conectar cosas que no se relacionan entre sí con la intención de crear algo nuevo.

Ahora bien, para potencializar el pensamiento creativo en los estudiantes, el facilitador del proceso enseñanza -aprendizaje hará hincapié en que los estudiantes aprendan a utilizar:

1) El pensamiento asociativo, que es la capacidad de reconocer las cosas comunes que existen entre las ideas.

2) El pensamiento metafórico, que es la capacidad de identificar similitud entre dos cosas que aparentemente no se relacionan entre sí.

3) La elaboración y modificación, que es la capacidad de trabajar con los detalles y proponer alternativas.

4) El pensamiento imaginativo, que es la capacidad de ver imágenes en la mente e imaginar las cosas tal y como te gustarían que se vieran.

5) La receptividad, que es la capacidad de estar abierto a diferentes formas de pensamientos o criterios y a las críticas.

6) El coraje, que es la capacidad de romper el miedo que no nos permites tomar el riesgo para llegar a la creatividad.

7) La flexibilidad, que es la capacidad de aceptar todas las posibilidades que hay para crear o analizar algo.

8) Ver con los ojos de la mente, que es la capacidad deber las cosas que a simple vista no se ven, pero que determinan las cosas que se ven.

9) Las conexiones entres ideas, que es la capacidad de relacionar una idea con otra, aunque no estén relacionadas entre sí.

10) La lluvia de ideas, que es la capacidad de reunir varias ideas que permitan la creación de algo.

Otros elementos que el facilitador potencializará para que los estudiantes puedan aplicar el pensamiento creativo en su diario vivir.

1) Definir el problema, ya que al definirlo podrás ver cuáles son los elementos que lo forman y los recursos que hay disponibles para resolverlo.

2) Reunir todos los hechos, ya que al reunir todos los hechos nos permite tener una mayor visión de la solución del problema, porque mientras más hechos se conocen sobre el problema más fácil es resolverlo.

3) Romper el patrón, ya que para resolver un problema de forma creativa tienes que abrir nuevos caminos, encontrar nuevos puntos de vista, por lo que, tiene que romper el patrón ya establecido.

4) Salir de su propio entorno, ya que hay que salir del área de comodidad para entrar en otros lugares que nos permitan ampliar el abanico de ideas para resolver el problema.

5) Jugar con diferentes combinaciones de ideas, ya que al jugar con las ideas podemos crear muchas combinaciones con ellas, que nos permitan resolver el problema.

6) Utilizar todos los sentidos, ya que al utilizar todos los sentidos nos permite sensibilizarnos más para resolver un problema.

7) Relajarse a la hora de crear algo, ya que entrar en un estado relajado a la hora de crear algo, nos permitirá lograr que fluyan las ideas para solucionar el problema.

8) Utilizar la música y la naturaleza para relajarse, ya que cuando se escucha música relajante o se visita un lugar al aire libre, se estimula el nacimiento de buenas ideas que nos permiten resolver un problema.

9) Soñar con la idea, ya que al soñar con la idea le está mandando un mensaje al subconsciente para que trabaje sobre ella y encuentre la solución del problema.

10) celebrar lo hallado, ya que cuando se está buscando la solución de un problema y de repente aparece en el momento que menos se esperaba, entonces es motivo para celebrar ese momento con ¡Eureka!, lo encontré.

Además, como el pensamiento creativo es una capacidad de gran utilidad y valor hoy en día y muy solicitada tanto a nivel laboral como en las relaciones humanas, entonces, el facilitador también enseña a los estudiantes a:

1) Adaptar, que es la capacidad de agregar o quitar algo en una idea para que funciones mejor.

2) Modificar, que es la capacidad de transformar una idea para que se adapte y funcione mejor.

3) Maximizar, que es la capacidad de ampliar una idea para llevarla a su máxima expresión y que funciones.

4) Minimizar, que es capacidad de reducir una idea para llevarla a su mínima expresión y que funcione.

5) Sustituir, que es la capacidad de eliminar una idea para sustituirla par otra que funcione mejor.

6) Reorganizar, que es la capacidad de cambiar de lugar cosas dentro de una idea para que funcione mejor.

7) Invertir, que es la capacidad de cambiar de posición una idea para que funcione mejor.

Cuando hablamos sobre el acto de pensar, entonces debemos entender que los pensamientos creativos y analíticos, no son pensamientos que se oponen entre sí, muy por el contrario se ayudan mutuamente, porque una persona necesita pensar creativamente para solucionar un problema y necesita pensar analíticamente para decidir cuál de las posibles opciones será la mejor, por lo tanto, las personas necesitan dominar las dos formas de pensar que tienen los seres humanos.

El proceso creativo es un método de solución de problemas, ya que cuando surgen nuevos o viejos problemas que no podemos resolver con las respuestas conocidas, se pone de manifiesto la necesidad de pensar de una manera distinta, de reinventar, de redefinir, de crear soluciones novedosas y originales.

La creatividad es una capacidad universal e innata del hombre, que todo poseemos en diferentes grados. Es una cualidad necesaria en el desarrollo de cualquier actividad artística o científica. Por lo tanto, cuando se habla del pensamiento creativo se está hablando del mundo de las ideas, del progreso y del futuro. El pensamiento creativo puede llegar a la mente del ser humano en forma de fantasía, cuando la persona está soñando despierto, mientras la persona está durmiendo o mediante la intuición y los juegos. En estos estados es que la persona puede encontrar con mayor facilidad la chispa que encienda su genialidad. Por ejemplo, Albert Einstein creía que se puede estimular el pensamiento ingenioso dejando que la imaginación fluya libremente, sin que las inhibiciones convencionales puedan detenerla y atribuyó su teoría de la relatividad a su tendencia de "Soñar despierto".

Mientras que, Isaac Newton habló de este modo sobre el trabajo de toda su vida "No sé qué debo parecer a los ojos de los demás, pero a los míos no he sido un niño que juega a la orilla del mar y se divierte cuando encuentra una piedrecita o una concha fuera de lo común, sabiendo que el gran océano de la verdad yace impenetrable a su pies". Pero una gran cantidad de creadores como Gaus, Darwin, Hemigwey y Nevelso preferían crear muy temprano en la mañana, inmediatamente después de despertarse, sin embargo, Thomas Edison dormía en su laboratorio y a veces lo hacía sobre la mesa para empezar a trabajar en seguida que despertara y realmente todo lo que hacían ellos era aprovecharse de que el cerebro trabajaba mientras dormían.

Capítulo XIII

La Fusion Educativa
Para El Siglo XXI

LA FUSION EDUCATIVA
PARA EL SIGLO XXI

La historia de la educación muestra el camino recorrido por ésta a lo largo de los siglos, presentando las diferentes etapas por la que ha tenido que pasar la educación y los diferentes movimientos que han surgidos para ayudar a la educación a adaptarse a los distintos cambios que han traído esas etapas, Pero además, muestra a las principales personas que son los responsables de realizar los cambios que ha necesitado hacer la educación en algunos momentos determinados. La historia de la educación tradicional está enmarcada dentro del contexto de la historia de la educación en sentido general y así en su tiempo la educación que hoy conocemos como tradicional, ayer fue una educación moderna y revolucionaria.

Sin embargo, en los últimos siglos el XIX y el XX la educación tradicional tenía que darle respuestas a las necesidades que en término educativo presentaba la era industrial. Por tal razón, la educación tradicional solo toma en cuenta dos de las múltiples inteligencias que posee el ser humano, como son la inteligencia lingüística y la inteligencia lógica-matemáticas, porque las industrias podían absolver como trabajadores a todas aquellas personas que no lograban aprender en la escuela tradicional.

Pero las cosas han cambiado, hemos entrados al siglo XXI y que ha traído grandes y vertiginosos cambios incluyendo un cambio de era, porque de la era industrial que prevalecía en el siglo XX, hemos pasado a la era de la información y el conocimiento en el siglo XXI. Sin embargo, a pesar del cambio de era que ha traído el siglo XXI, no ha sucedido así con la educación, ya que, en pleno siglo XXI y bajo las influencias de la era de la información y el conocimiento, donde todo corre más rápido, seguimos educandos como si estuviéramos en la era industrial del siglo XX. Por lo tanto, es hora ya de romper los límites que nos impuso el siglo XX y la era industrial para empezar a educar a las personas en función de los cambios que ha traído el siglo XXI y la era de la información y el conocimiento.

Para lograr éste cambio, la clave está en decidir qué deberían aprender los estudiantes en las escuelas y sobre qué deberían pensar, por lo tanto, la prioridad de la educación debe ser la de enseñar a los estudiantes a aprender a aprender y a aprender a pensar, pero aprender a aprender significa que debemos aprender cómo trabaja el cerebro, cómo trabaja la memoria, cómo se puede almacenar información, recordarla, relacionarla con otros conceptos y cómo buscar nuevo conocimientos cuando sea necesario e instantáneamente y es en este punto donde se inicia la fusión entre el aprendizaje acelerado y la educación tradicional, porque es en este punto exacto que el aprendizaje acelerado le tiende la mano a la educación tradicional para darle el impulso que ella necesita para adaptarse a los cambios que ha traído el siglo XXI y a la era de la información y el conocimiento.

Además, para darle respuestas a las tres preguntas esenciales que se hacen en la educación tradicional que son:

1) ¿Qué enseñar?
2) ¿Cómo enseñar?
3) ¿Para qué enseñar?

La fusión educativa para el siglo XXI toma las herramientas de aprender a aprender y de aprender a pensar como el punto de partida para ayudar a la educación tradicional a adaptarse al siglo XXI y a la era de la información y el conocimiento, porque son con estas habilidades con las cuales las personas podrán enfrentar los retos y los cambios que ha traído el siglo XXI. Ya qué el mundo cambia a un ritmo cada vez más acelerado y la vida, la sociedad y la economía son cada vez más complejas, además, la forma de trabajar se está modificando de manera radical y los puestos de trabajo desaparecen como por arte de magia, entonces ante esta situación el aprendizaje acelerado proporciona a la educación tradicional las herramientas esenciales y necesarias para que fundido en un solo proyecto educativo puedan ayudar a las personas a aprender con mayor rapidez y a pensar de una forma más clara.

Los pueblos del mundo necesitan urgentemente que todos sus habitantes tengan un elevado nivel de formación, porque es la única garantía que tienen los pueblos en vía de desarrollo para desarrollarse o los pueblos desarrollados para seguir su proceso de avance, ya que la riqueza de los pueblos está en la suma de las mentes de sus habitantes, de su creatividad y sus habilidades, debido a que la mejor arma que puede tener un pueblo es la capacidad colectiva de aprender deprisa y de adaptarse a todas aquellas situaciones que no se pueden predecir y la fusión educativa para el siglo XXI pone a la disposición de todos los pueblos del mundo los elementos necesarios para aprender más rápido y pensar con mayor claridad y eficacia.

El aprender, debe ser una actividad que dure toda la vida y tiene que empezar mucho antes del primer día de ir a la escuela, y también, debe continuar después de la jubilación, porque nunca debemos dejar de aprender y siempre debemos poner en práctica lo aprendido, ya que el futuro dependerá de la capacidad que las personas tengan para comprender nuevos conceptos y de continuar aprendiendo durante el resto de su vida. Por tal razón, la fusión educativa para el siglo XXI toma los seis pasos fundamentales del aprendizaje acelerado para aplicarlo en la escuela tradicional con el objetivo de impulsarla a que enseñe a los estudiantes a aprender a aprender y a aprender a pensar. Estos seis pasos se plantean en el acrónimo denominado M. A. S. T. E.R, donde las mayúsculas significan: Mente, Adquirir, Significado, Trabajar (la memoria), Exponer y Reflexionar.

¿Qué Enseñar?

La Fusión Educativa para el siglo XXI, plantea que lo primero que debe enseñarse en la escuela a cada estudiante es a aprender a prender y aprender a pensar, ya que entramos en una nueva era, en la era de la energía renovable, la sociedad de la información, la sociedad del conocimiento y la sociedad del aprendizaje, por lo que, la nueva era requiere de una escuela que responda a las exigencias que hace ésta nueva era para que la gente pueda adaptarse a estos nuevos tiempos. Además, la escuela de hoy debe potencializar y enseñar sobre el manejo de las nuevas tecnologías, el trabajo en equipo, la flexibilidad, el orden y la responsabilidad.

La escuela en la actualidad se ha quedado anclada en la edad moderna, sin darse cuenta que hace tiempo que esa etapa de la humanidad ha quedado atrás y que en su lugar ha surgido otra etapa denominada la postmodernidad con una proyección muy acelerada hacia la ultra modernidad, por lo tanto, la escuela de hoy tiene que buscar la forma de cómo adaptarse a esos cambios que la sociedad de la información, la sociedad del conocimiento, la sociedad del aprendizaje y la globalización están demandando en estos momentos, debido a que, el mundo postmoderno necesita un tipo de escuela diferente, que vaya acorde con la estructura cambiante de la economía y la sociedad, pero sobre todo, un tipo de escuela que lleve a la gente a la vida económica, política y organizativa de un mundo postmoderno, un mundo que corre mucho muy rápido hacia la ultra modernidad.

Sin embargo, para que la escuela actual logre ajustarse a la nueva era, tiene que empezar a dar los pasos de lugar que la lleven a cambiar su misión, centrando su foco de acción en la persona que aprende. Una escuela que entienda la importancia de individualizar y personalizar la enseñanza, ya que ni todas las personas tienen los mismos intereses y las mismas habilidades, ni aprenden de la misma manera, o sea, que tiene que ser una escuela que vaya de la enseñanza al aprendizaje, aplicando una didáctica que se centre en el aprendizaje y en la construcción del conocimiento, poniendo a interactuar de una forma recíproca al sujeto-objeto para que se produzca el aprendizaje.

Entendiendo que enseñar consiste en guiar el aprendizaje, ajustarlo a las necesidades instructivas y presentarle la ayuda que necesite para facilitar el desarrollo autónomo del aprendiz, que lo lleve a aprender a aprender y a aprender a pensar, ya que es una metodología que facilita la autonomía del sujeto. Además, en el mundo en que estamos viviendo, es un mundo que evoluciona constantemente y la información fluye cada vez con mayor fuerza, por lo tanto, se necesita que el estudiante aprenda a investigar, a dominar las distintas formas de acceso a la información, a desarrollar la capacidad crítica para evaluar los hechos y a reunir y organizar las informaciones más relevantes, esto solo se logra cuando el estudiante aprende a aprender y aprende a pensar.

Enseñar a aprender a aprender y a aprender a pensar a cada estudiante en la escuela, encaja perfectamente en los planes de la educación tradicional, debido a que, la educación tradicional tiene la estructura organizativa para poner en marcha estos principios metodológicos, ya que utiliza dos de las teorías pedagógicas para desarrollar sus planes de estudios, las cuales pueden servir de base para aplicar esta nueva forma de aprender, y estas teorías pedagógicas son:

1) El esencialismo pedagógico: que es una corriente pedagógica fundada por el gran filósofo griego Platón, quien planteo un programa de estudio que giraba alrededor de siete materias básicas que debían enseñarse en la escuela, y la educación tradicional toma éste programa de estudio para organizar sus planes y determinar las asignaturas que se deben enseñar en las escuelas de hoy y como el programa de estudio planteado por Platón no es un programa rígido, sino que es un programa que le permite al que organiza los planes de estudio, organizarlos de la manera que mejor le convenga a la educación, entonces, no existe razón alguna para cambiar esta forma de organizar las asignaturas que se deben impartir en esta nueva etapa de la educación.

2) El enciclopedismo pedagógico: que es una corriente pedagógica que tiene como objetivo principal el concentrar todo el conocimiento humano en libros de textos e ilustrados, con los cuales ayuda a la educación en la tarea de la formación del hombre, y la educación tradicional toma los libros de textos para organizar los contenidos de las clases que se deben impartir durante un periodo determinado de tiempo y lo hacen para cada uno de los diferentes niveles educativo que ofrecen. El responsable de introducir los libros de textos como guía de lo que se debía enseñar en la escuela fue el padre de la pedagogía moderna Juan Amos Comenio.

Sin embargo, cuando se aplica el aprendizaje acelerado en la educación tradicional, se acelera sustancialmente el proceso enseñanza aprendizaje, de forma tal, que el contenido presentado en los libros de textos para el periodo de un nivel puede ser abarcado completamente en un tiempo menor al que se ha planteado, ya que, el estudiante tiene acceso a una cantidad mayor de información en menor tiempo y sobre todo porque el estudiante se mantiene permanentemente en acción, trabajando en el material que está aprendiendo. Todo esto le brinda la oportunidad al estudiante de tener acceso a informaciones del próximo nivel, aun estando en un nivel inferior, llegando hasta la posibilidad de hacer dos niveles en un mismo periodo.

Además, todo esto se puede lograr con suma facilidad y sin dejar lagunas en el aprendizaje de cada estudiante, porque solo hay que hacer lo que planteó el padre de la pedagogía moderna Juan Amos Comenio, quien dijo "que solo debía enseñarse una sola cosa a la vez y que el próximo tema que se vaya a enseñar tenía que ser una secuencia del tema anterior", pero que si además, planificamos cada tema, de manera tal, que los estudiantes que tengan la habilidad puedan pasar de un tema a otro sin la necesidad de la explicación de quien dirige el proceso enseñanza- aprendizaje, y que aquel estudiante que no posee esta habilidad pueda ser asistido por uno de su mismo compañeros para ayudarle a entender el tema en cuestión ,entonces, estaremos convirtiendo a los estudiantes en los profesores de su propia clase.

Este nuevo formato le da la oportunidad al profesor de solo dirigir el proceso enseñanza-aprendizaje y de ayudar a todos los estudiantes que necesiten ayuda, pero muy en especial a aquellos estudiantes que presentan alguna deficiencia en su forma de aprender o que no tengan la base suficiente para entender el tema que se esté enseñando.

¿Como Enseñar?

El mayor problema que presenta la educación tradicional, es el de cómo enseñar en las clases, el contenido de los programas educativos que tiene, y es aquí donde la fusión educativa para el siglo XXI tiende un puente entre el aprendizaje acelerado y la educación tradicional con el objetivo de que ésta pueda adaptarse a los nuevos tiempos y pueda darle respuesta a los millones de personas que quieren aprender más rápido y con mayor eficacia. Por tal razón, la fusión educativa para el siglo XXI ha propuesto una alianza entre el aprendizaje acelerado y la educación tradicional para hacer los cambios que sean necesarios en la educación tradicional, mientras el aprendizaje acelerado se adapta a ella.

En esta parte debemos recordar que la educación de los pueblos está determinada por la forma de producción que tengan esos pueblos. Por tal razón, la era industrial determinaba la forma en que se debía educar en el siglo XX, pero la educación de éste tiempo está sustentada sobre la base de las distintas corrientes pedagógicas que existen, las cuales plantean que la educación debe girar alrededor del maestro, siendo éste el centro de atención de todo el proceso educativo, porque es el maestro quien posee los conocimientos que se desean aprender.

Pero, hemos entrado al siglo XXI y a una nueva era de producción, sin embargo, seguimos educando como si estuviéramos en el siglo XX y en la era industrial, donde el maestro sigue impartiendo clases de la misma forma que hace cincuenta años, mientras los alumnos están pasivamente escuchándolo y copiando lecciones, que luego, no la usan para nada y esto sigue siendo tan normal hoy en día como lo era hace medio siglo atrás. Ahora, en la etapa en que estamos nos encontramos que lo único que se mantiene constante es el cambio, porque todo va cambiando rápidamente, menos la educación tradicional que se ha quedado anclada en el pasado, específicamente estancada en el siglo XX, enseñando para la era industrial.

Entonces, el primer cambio que plantea la fusión educativa para el siglo XXI es la del maestro, porque en esta nueva etapa de la educación el maestro no debe seguir siendo el centro de atención en el salón de clase, ya que, quienes tienen que estar en el centro de atención del salón de clase son los estudiantes, porque todo lo concerniente al proceso educativo debe girar alrededor de ellos, convirtiéndolos en protagonistas de su propia película y no en simple espectadores. Por lo tanto, se plantea que el maestro se transforme en un facilitador del proceso educativo, teniendo como función principal la de dirigir ese proceso, pero sin derecho a jugar en él.

Cuando un profesor deja de ser un proveedor de información en el proceso enseñanza-aprendizaje y se convierte en un facilitador de dicho proceso, entonces inmediatamente se inicia el proceso de fusión entre el aprendizaje acelerado y la educación tradicional, donde el estudiante juega el papel más importante en el proceso de aprendizaje. Un facilitador del proceso de fusión entre el aprendizaje acelerado y la educación tradicional estaría capacitado para trabajar con una cantidad mayor de alumnos, porque él aplicaría métodos que le ayudarían a determinar cuáles son las diferentes formas que tienen los estudiantes para aprender. Esto es debido a que cada ser humano tiene su propia forma de aprender, pensar y trabajar, entonces cuando el facilitador identifica cual es la forma de aprender de un alumno puede ayudarlo con mayor facilidad. Además, puede clasificar los estudiantes por su manera de aprender y agruparlo en función de esta clasificación.

EL FACILITADOR

Un facilitador es una persona que dirige el proceso enseñanza-aprendizaje con una visión totalmente diferente a la tradicional, porque él pone un interés especial para que todos los estudiantes tengan la misma oportunidad de aprender lo que quieran aprender y de la forma en que ellos saben aprender. Un facilitador del proceso enseñanza-aprendizaje, además, de dominar la asignatura que imparte, tiene que tener conocimientos fundamentales sobre varios aspectos para poder dirigir con eficacia el proceso enseñanza-aprendizaje, entre estos aspectos fundamentales que debe conocer el facilitador se encuentran:

1) El conocimiento de las múltiples inteligencias propuestas en la teoría de Howard Gardner.
2) El conocimiento sobre cómo funciona el cerebro para poder enseñar a aprender a aprender y a aprender a pensar

3) El conocimiento de los diferentes estilos de aprendizaje que poseen los seres humanos para poder enseñarles en la forma en que ellos saben aprender.

4) El conocimiento de cómo funcionan los dos hemisferios que posee el cerebro para poder planificar las clases, de manera tal, que los dos hemisferios puedan trabajar unidos.

5) El conocimiento de cómo crear un estado de bienvenida para que los estudiantes sientan que han llegado a la fiesta del aprendizaje.

6) El conocimiento de cómo planificar las clases utilizando la técnica de la micro enseñanza para que los estudiantes puedan aprender un tema tras de otro, sin la necesidad de la intervención de quien dirige el proceso.

7) El conocimiento de cómo funciona la memoria para lograr que los estudiantes puedan guardar la información adquirida, de forma tal, que la puedan usar en el momento preciso que la necesiten.

8) El conocimiento de cuales alimentos necesita el cerebro para que pueda funcionar a plenitud.

9) El conocimiento de las diferentes ondas en que transmite el cerebro para sintonizar con la mejor frecuencia en que se pueda aprender.

10) El conocimiento sobre los efectos relajantes que posee la música para usarla en las clases y mantener relajados a los estudiantes.

LAS MULTIPLES
INTELIGENCIAS

En la educación tradicional solo se toman en cuentas dos inteligencias para enseñar a las personas, y estas inteligencias son, la inteligencia lingüística y la inteligencia lógica matemática, lo que reduce significativamente la posibilidad de aprender de los seres humanos. Sin embargo, el profesor de la Universidad de Harvard, Howard Gardner, dice que cada uno de nosotros tiene diferentes tipos de inteligencias, además de las dos conocidas y que usa la educación tradicional para evaluar a los estudiantes, estas inteligencias son:

1) La inteligencia lingüística, que está altamente desarrollada en escritores, poetas y oradores.

2) La inteligencia lógica - matemática que está desarrollada en científicos, matemáticos, abogados, detectives y jueces.

Las demás inteligencias que señala el profesor Gardner son:

1) La inteligencia musical, que está desarrollada en compositores, directores musicales y músicos.

2) La inteligencia espacial y visual, que está desarrollada en arquitectos, escultores, pintores, marineros y pilotos.

3) La inteligencia kinestésica o física, que está desarrollada en atletas, bailarines, gimnastas y cirujanos.

4) La inteligencia interpersonal, es la habilidad de relacionarse con los demás y está desarrollada en vendedores, motivadores y negociantes.

5) La inteligencia intrapersonal, que es la habilidad de conocerse a uno mismo y de verse a uno mismo.

6) La inteligencia naturalista, que es la habilidad de trabajar y armonizar con la naturaleza.

El profesor Howard Gardner, ha pasado muchos años analizando el cerebro humano y el impacto que tiene en la educación. Él dice "que la cirugía del cerebro humano ha demostrado que estas inteligencias se encuentran en partes específicas del cerebro y que si una de esta parte se atrofia severamente es muy posible que se pierda ese tipo de inteligencia". El estudio del profesor Gardner, demuestra que la educación sería más completa, si se tomaran en cuenta todos los tipos de inteligencias que tiene el estudiante para integrarlo en el proceso enseñanza aprendizaje del ser humano.

Afirma el profesor Gardner, que el maestro que dirija este proceso debe tener conocimiento básico de cómo funciona el cerebro, porque cada uno de los órganos que hacen funcionar el cuerpo humano tienen funciones específicas dentro de este sistema, y el mágico cerebro tiene una función fundamental en el proceso enseñanza aprendizaje, por lo tanto, hay que aprender, sobre cómo funciona y como está formado el maravilloso órgano llamado cerebro. Pero hay que recordar que todos los órganos del cuerpo se usan a toda capacidad, menos el cerebro, del cual solo se usa una pequeña parte de él.

EL CEREBRO

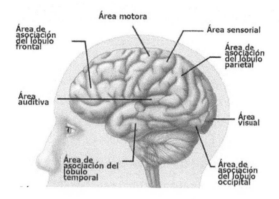

Área motora
Área de asociación del lóbulo frontal
Área sensorial
Área de asociación del lóbulo parietal
Área auditiva
Área visual
Área de asociación del lóbulo temporal
Área de asociación del lóbulo occipital

El facilitador que dirija el proceso enseñanza aprendizaje debe de tener conocimientos básicos de cómo funciona el cerebro, porque el cerebro es el órgano que usa el ser humano para aprender y pensar, por lo tanto, quien quiera dedicarse a enseñar, debe saber cómo funciona y cómo está constituida la computadora más grande y maravillosa que ha existido en la historia de la humanidad y que para la bendición de cada persona se le otorgó una como un regalo divino y que está ubicada sobre los hombros de su cuerpo. El psicólogo y experto Tony Buzan dice, que "Tu cerebro está compuesto por un billón de células y que cada célula cerebral es parecida al más pequeño, complejo y fenomenal pulpo. Tiene un centro, tiene muchas ramas y cada rama tiene muchos puntos de conexión. Cada uno de los miles de millones de células cerebrales es muchas veces más potentes y sofisticados que las mayorías de las computadoras que hay en el planeta hoy en día."

Todos los seres humanos tienen cuatro cerebros en uno solo, distribuidos en tres niveles diferentes. Partiendo de la parte superior hacia el tallo cerebral y el cuarto cerebro se encuentra en la parte posterior de la cabeza. El cerebro tiene dos hemisferios y cada uno controla diferentes funciones y procesa la información de distinta manera. Estos hemisferios están unidos por un sistema de respaldo eléctrico y químico que en sí mismo tienen 300 millones de células nerviosas en acción, que son las células que se encargan de transmitir la información en el cerebro instantáneamente. También, se creé que cada individuo tiene muchos centros de inteligencias diferentes en el cerebro y que el cerebro trabaja en cuatro longitudes de ondas eléctricas. Además cada persona tiene un cerebro consciente y un cerebro subconsciente, y que mucho del conocimiento que obtiene el ser humano lo aprende a través del subconsciente.

El tallo cerebral controla muchas de las actividades instintivas de las personas, como la respiración y los latidos del Corazón y la parte central del cerebro controla las emociones, además, la parte superior del cerebro le permite hablar, pensar, razonar y crear, pero alojado en la parte posterior está el cerebelo que desempeña un papel vital en el almacenamiento de la memoria muscular. Las personas utilizan muchas partes diferentes del cerebro al mismo tiempo para almacenar, recordar y buscar información y cada uno de estos factores tienen unas influencias directas en cuanto se utiliza el poder que cada persona lleva por dentro y que supera por mucho el poder de cualquier computadora.

LOS HEMISFERIOS

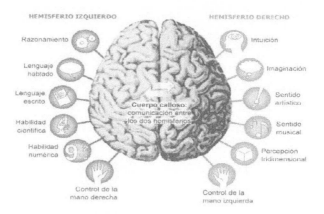

Los dos hemisferios que tiene el cerebro procesan distintos tipos de información y nosotros absorbemos esas informaciones a través de los cinco sentidos por medio de los cuales vemos, hablamos, tocamos, olemos y gustamos. Cuando los dos hemisferios del cerebro trabajan unidos en el proceso enseñanza-aprendizaje, se obtiene un mejor resultado, por ejemplo, si escuchamos una canción el lado izquierdo del cerebro estaría procesando las palabras y el lado derecho del cerebro estaría procesando la música, por esta razón, es que nos aprendemos las letras de las canciones populares con mucha facilidad. Las personas aprenden rápidamente, porque los dos hemisferios del cerebro están trabajando unidos y también lo está el centro emocional del cerebro que se encuentra en el sistema límbico. Este centro emocional está relacionado con la memoria a largo plazo, con la cual podemos recordar con facilidad cualquier información que tenga un alto contenido emocional.

Si los seres humanos aprendemos con mucha más facilidad, cuando los dos hemisferios del cerebro trabajan unidos, entonces los que dirigen el proceso-enseñanza aprendizaje deberían buscar la forma de que los dos hemisferios del cerebro siempre trabajen juntos y darle un toque emocional al proceso para que el estudiante pueda recordar a largo plazo lo aprendido.

El método de aprendizaje acelerado aplica perfectamente la unificación del trabajo de los dos hemisferios del cerebro, cuando al planificar las clases se toma en cuenta cuál es la función del lado izquierdo del cerebro y cómo este procesa la información de una forma académica y que esa misma información se la presenta el lado derecho de una forma creativa.

Por ejemplo: para presentar un tema específico tenemos que dar la información teórica del tema, que es lo que usualmente se hace en la educación tradicional, donde solo interviene el hemisferio izquierdo del cerebro para procesar la información , lo que hace más difícil el aprendizaje de lo que se quiere enseñar , sin embargo , cuando esa misma información la presentamos en una forma de rima , ritmo , canciones , versos o dramas ; la unidad de los dos hemisferios del cerebro se manifiesta de forma tal, que la información que se presenta es absorbida con mayor facilidad por el estudiante y es mucho más fácil aprender lo que se le enseña.

Además, si a esto se le agrega la decoración del área donde se desarrolla el proceso enseñanza-aprendizaje y también los ambientamos con música suave, entonces el estudiante se sentirá más cómodo y relajado para aprender lo que se le enseña. Pero también, si se le presenta toda la información escrita usando la técnica de micro enseñanza, entonces el éxito del proceso enseñanza-aprendizaje estaría garantizado en un menor tiempo. El descubrir cómo el cerebro procesa la información de este tipo es vital para un aprendizaje más efectivo. Todos aprendemos mejor y más rápido cuando relacionamos muchas de las habilidades que tiene nuestro cerebro. De esos atributos existen tres que son sumamente importantes para el aprendizaje, que son:

1) La forma cómo el estudiante almacena y recupera la información rápida y eficientemente.
2) La forma cómo el estudiante utiliza la información para resolver problemas.
3) La forma cómo el estudiante utiliza la información para crear nuevas ideas.

El facilitador siempre debe tomar en cuenta las distintas formas que tiene el estudiante para aprender. Recordar que los estudiantes pueden ser estudiantes kinestésicos-táctiles que son aquellos estudiantes que aprenden mejor cuando están involucrados en lo que aprenden o cuando pueden moverse y experimentar en el proceso de lo que aprenden. También, están los estudiantes visuales, que son aquellos estudiantes que aprenden mejor cuando pueden ver imágenes o leer sobre lo que aprenden y están los estudiantes Auditivos, que son aquellos estudiantes que aprenden mejor cuando escuchan sobre lo que están aprendiendo y puede ser a través de la música y el habla rimada o no.

El cerebro puede almacenar información a través de patrones asociando cosas, y es capaz de almacenar cualquier cantidad de información que reciba. Esto es así, porque el cerebro puede relacionar las cosas que se parecen entre sí a partir de distintos bancos de memorias. De forma tal, que si queremos enseñar cualquier cosa, debemos seguir una secuencia de asociaciones del tema que estamos enseñando para que el estudiante pueda aprenderlo mejor y recordarlo en el momento en que lo necesite.

LAS ONDAS CEREBRALES

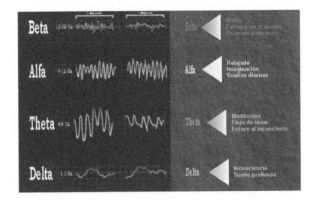

Los estudios sobre el cerebro han demostrado que hay una longitud de onda cerebral que es la frecuencia más eficiente para un aprendizaje fácil y efectivo, y a este estado de longitud de onda cerebral se le llama estado alfa. Para que el estudiante logre sintonizar en esta longitud de onda, entonces debemos agregarle la música al proceso de aprendizaje, que será la vía para llegar al estado alfa y así obtener un aprendizaje más fácil, porque la música reduce el estrés, quita la ansiedad, aumenta la energía y mejora la memoria. La música hace que la gente sea más inteligente y feliz.

El psiquiatra y educador búlgaro Georgi Lazanov, hizo algunas investigaciones sobre el por qué algunas personas tienen una supermemoria y luego de muchas investigaciones concluyó que cada uno de nosotros tenemos un estado óptimo de aprendizaje y esto ocurre, dice él, "cuando los latidos del corazón, la frecuencia respiratoria y las ondas cerebrales están suavemente sincronizadas y el cuerpo esta relajado, entonces, la mente está concentrada y lista para recibir nuevas informaciones". Lazanov, encontró que la música suave armoniza el cuerpo y el cerebro, que abre la puerta emocional para tener una supermemoria, la cual se encuentra en el sistema límbico del cerebro. Este sistema no solo procesa las emociones, sino que también es el lazo entre el cerebro consciente y el subconsciente.

Hay que romper con las barreras que obstruyen el desarrollo de un buen aprendizaje. Lazanov, dice que existen tres barreras principales que bloquean el aprendizaje de cualquier persona que son:

1) La barrera critica lógica, la cual señala que la escuela no es fácil, entonces el trabajo del que dirige ese proceso es romper esas barreras y hacer que el aprendizaje sea fácil y divertido en la escuela.

2) La barrera intuitiva emocional, que es donde uno mismo dice, yo soy tonto, sé que no seré capaz de hacerlo, entonces, esa parte es donde el que dirige el proceso debe derribar esa barrera y devolverle la confianza a esa persona y hacerle ver que cualquier cosa que él se proponga hacer con esfuerzo, sacrificio, atención y práctica, él lo puede lograr.

3) La barrera critica moral, la cual señala que el estudio es un trabajo arduo, así que es mejor que el estudiante se mantenga apegado a los libros, entonces, el que dirige el proceso debe romper esas barreras haciendo de su clase una clase divertida y fácil que se vea como un juego no como un trabajo, un lugar donde el aprendizaje se adquiera como si no se estuviera aprendiendo, sino como jugando.

Los buenos facilitadores estimulan a sus estudiantes a que establezcan sus propias metas y a planificar su propio futuro, porque así ellos saben hacia donde van, entonces, se mantendrán concentrado en el camino correcto y de esta forma seguro obtendrán los objetivos que se han planteado. Pero existen dos forma para hacer que los estudiantes alcancen sus metas, la primera es, motivarlo a visualizar como le gustaría usar en el futuro el conocimiento recién adquirido y la segunda forma es, plantar un pensamiento positivo que lo impulse a buscar en los libros de estudios las repuestas específicas que puedan ser utilizada en el futuro, porque de lo contrario no sabrían donde utilizar lo aprendido.

Alimentos Para El Cerebro

Ahora bien, para que un estudiante tenga un desarrollo efectivo en el proceso enseñanza aprendizaje, debe tener una buena alimentación, así mantendrá en buen estado su cuerpo y mucho más podrá mantener en óptimas condiciones su cerebro que a pesar de que solo tiene el 2% del peso de cada persona consume el 20% de la energía que acumula el cuerpo humano. Además, es el órgano que se encarga del aprendizaje de cada persona. Realmente, en la práctica somos lo que comemos y el funcionamiento de él cerebro depende mucho de lo que come la persona en el desayuno, porque para obtener energía el cerebro necesita mucha glucosa, por esta razón, es que las frutas y las verduras frescas son tan importante en la alimentación de los seres humanos porque son ricas en glucosas.

El cerebro también tiene una manera particular de transmitir mensajes alrededor de sus miles de millones de células y al resto del cuerpo. Cada mensaje fluye por el cuerpo eléctricamente y químicamente y todo el tiempo cambia de un modo a otro. Esa electricidad proviene de una buena alimentación combinada con oxígeno Y una persona obtiene oxígeno a través de la respiración, por esta razón, es que la respiración profunda y el ejercicio son recomendados antes de iniciar un proceso de aprendizaje. En los alimentos para el cerebro no deben faltar aquellos que sean ricos en hierro, porque es fundamental para tener un buen rendimiento mental Y es que la falta de hierro en la alimentación de una persona puede disminuir el periodo de atención, retrasar el desarrollo del poder de comprensión y de razonamiento, además afecta el aprendizaje y la memoria. Por lo que, generalmente interfiere en el desempeño del niño en la escuela.

El cerebro necesita una cantidad constante de otros nutrientes, entre los cuales se encuentran el sodio y el potasio Y que afortunadamente, también se encuentran en las frutas y los vegetales. Las frutas son ricas en potasio especialmente los plátanos, las naranjas, los mangos, los aguacates y los melones. De la misma manera lo son las papas, los tomates y las calabazas. Pero si realmente, una persona quiere que su cerebro trabaje eficientemente en todas las formas de aprendizaje, debe hacer lo siguiente.

1) Desayunar bien cada mañana y que su desayuno contenga grandes cantidades de frutas frescas.

2) Debe tener un buen almuerzo que incluya una ensalada de verduras frescas.

3) Que el pescado, las nueces y las grasas vegetales sean parte de su dieta.

4) Debe hacer ejercicios de manera permanente para oxigenar la sangre.

5) Tomar mucha agua para purificar su cuerpo de las toxinas.

CREAR EL ESTADO
DE BIENVENIDA

El proceso enseñanza-aprendizaje en cualquier parte del mundo, debe tomar en cuenta los tres elementos que son esenciales para iniciar dicho proceso, como son:

1) La creación del estado de bienvenida
2) La presentación del tema que se desea enseñar
3) La presentación del contenido que tiene el tema que desea enseñar

Pero, la educación tradicional ignora totalmente la importancia que tiene la creación de un estado de bienvenida para iniciar el proceso de enseñanza-aprendizaje y decide pasar directamente a la presentación del tema que se desea enseñar y luego a la presentación del contenido del tema que se desea enseñar, y en muchos casos pasan directamente a presentar el contenido del tema que desean enseñar.

Sin embargo, la fusión entre el aprendizaje acelerado y la educación tradicional plantea que donde quiera que se inicie un proceso de enseñanza-aprendizaje, debe iniciarse con la creación de un estado de bienvenida y de disfrute que garantice que la semilla del conocimiento que se vaya a sembrar en la mente de las personas encuentre un terreno fértil para que la semilla pueda germinar.

La fusión educativa para el siglo XXI muestra el camino que deben seguir los profesores y facilitadores para enfrentar los desafíos del siglo XXI al plantear la aplicación del aprendizaje acelerado en la educación tradicional y lo hace combinando los tres elementos fundamentales que se deben integral para aprender cualquier cosa que se quiera conocer, como son:

1) La diversión en el proceso del aprendizaje
2) La rapidez del aprendizaje.
3) L a satisfacción del aprendizaje o el goce de aprender

Esta fusión entre el aprendizaje acelerado y la educación tradicional incluye la relajación, la acción, la dramatización, la emoción y la diversión para lograr sus objetivos en el proceso enseñanza-aprendizaje, por ejemplo, en el desarrollo del proceso del aprendizaje podemos utilizar los crucigramas de colores y juegos para enseñar matemáticas básicas. Todo es porque para aprender cualquier cosa que queramos aprender o saber rápida y efectivamente la tiene que ver, escuchar y sentir, o sea, que deben participar todos los sentidos que tiene un ser humano.

Sin embargo, para que todos los programas educativos cumplan a plenitud con sus objetivos en el proceso enseñanza-aprendizaje, deben aplicar los seis principios fundamentales para aprender más rápido y fácilmente. Estos seis principios para aprender más rápido y fácilmente son:

1) Crear el mejor estado de ánimo para aprender.

2) Un formato de presentación que involucre todos los sentidos y que sea tanto relajante como divertido, también que tenga un ritmo rápido y que sea estimulante.

3) Pensamiento creativo y crítico para ayudar el proceso interno del estudiante.

4) Actividades para acceder al material con juegos, bromas, obras de teatros y una gran cantidad de práctica.

5) La transportación a las aplicaciones y las conexiones con la vida diaria.

6) Secciones regulares de revisión y evaluación, pero además, junto a todo esto, oportunidades para celebrar el aprendizaje.

Cada uno de estos principios funciona igual para los adultos que para los niños, porque cuando el aprendizaje se desarrolla rápida y fácilmente a través de la exploración y la diversión, entonces los estudiantes se mantienen en el salón de clases aprendiendo y divirtiéndose. Un niño no podrá aprender jamás sentado y muy tranquilo todo el día en un salón de clase, porque el niño solo será capaz de aprender cuando esté haciendo, probando, tocando, oliendo; columpiándose, hablando, preguntando y experimentando. De esta forma los niños absorben las informaciones de todo lo que ocurre alrededor del ambiente en que se encuentran.

La verdad es, que desde que los niños dejan la escuelita donde cantaban y jugaban, ya la escuela no es la misma, porque con mucha frecuencia comienza a volverse aburrida, debido a que la diversión en el proceso de aprendizaje desaparece, porque el niño entra a formar parte de la escuela tradicional, donde les dicen a los niños que se sienten y que se estén tranquilo, que escuchen lo que habla o la conferencia del maestro y que no exploren, que no discutan, que no cuestionen y que no participen, entonces con una actitud así cómo puede un niño o una persona aprender.

Los buenos maestros o facilitadores saben, que esta no es la mejor manera para dirigir el proceso enseñanza-aprendizaje, así que ellos planifican una organización del salón de clase que facilite el aprendizaje fluidamente , utilizando flores fresca para enseñarle los colores y los olores a los niños y cubren las paredes con carteles de colores y resaltan con palabras e imágenes los puntos principales sobre lo que se quiere enseñar, porque la mayor parte del aprendizaje se logra de manera subconsciente y los alumnos absorben el contenido de la lección casi sin pensar conscientemente en él.

El ambiente que rodea el inicio del aprendizaje no debe ser un ambiente amenazante, muy al contrario debe ser un ambiente donde se le dé la bienvenida a los alumnos de una manera positiva, de forma tal, que cuando ellos lleguen a clase se encuentren con todo un escenario preparado para una gran fiesta, como lo es la fiesta del aprendizaje, done halla música, globos y un ambiente agradable para que el estudiante se sienta bienvenido de verdad. Además, si en las paredes de los salones de clases pegamos los poster antes de comenzar la sección de aprendizaje para estimular y ayudar a imprimir su contenido en la memoria de los estudiantes, aun cuando ellos no tengan conciencia de esto, porque las láminas crean imágenes en la memoria que pueden ser recordadas cuando sea necesario, aunque nunca se hayan aprendido de manera consciente.

El crear un clima de disfrute en el salón de clases es sumamente fácil y sobre todo que no cuesta mucho dinero, porque el facilitador lo primero que tiene que hacer es, llegar por lo menos diez minutos antes al salón de clase para darle la bienvenida a los estudiantes y lo espera con una música suave, por ejemplo, con un tema de Kenny G, Richard Clayderman o Raul Di Blasio, pero además, puede esperarlo con baladas románticas o con la música nacional del país donde se desarrolle el proceso enseñanza-aprendizaje, luego dejar volar su imaginación para crear variedad en el proceso de aprendizaje con los muchos o pocos recursos que tenga, agregándole los desafíos positivos al proceso para crear ese disfrute del aprendizaje. Cuando se crea un clima de disfrute en un salón de clase difícilmente este salón de clase estará en completo silencio, porque la interacción y el espíritu de compartir son los componentes vitales de un clima de disfrute total del aprendizaje.

Observe, que si ese clima de disfrute total envuelve al estudiante cuando entra a un salón de clase, ese es el primer paso que se da para establecer el ambiente correcto para un aprendizaje más efectivo y con un escenario preparado de esta forma los estudiantes quedaran estimulados para regresar a su clase el día siguiente con mucho más entusiasmo.

La ambientación del salón de clase con la música, las láminas y el colorido de su entorno empezará a estimular a aquellos estudiantes que son visuales o auditivos y la actividad inicial hace que los estudiantes táctiles se sientan inmediatamente cómodos. Es que combinar los tres estilos de aprendizaje asegura que se activen los tres niveles del cerebro que son:

1) Nuestro cerebro pensante.
2) Nuestro cerebro emocional.
3) Nuestro cerebro de acción.

Los tres elementos principales para un buen aprendizaje son:

1) El estado de alegría, que es el que crea el ambiente para que el aprendizaje sea efectivo.
2) Las estrategias, que son los distintos estilos o métodos de presentación del aprendizaje.
3) El contenido, que es donde está el tema que se va a tratar en la lección del aprendizaje.

En toda buena lección estos tres elementos deben estar presentes, sin embargo, muchos sistemas escolares tradicionales ignoran el estado de bienvenida, siendo éste el más importante de los tres elementos que deben estar presentes en un aprendizaje, porque la puerta debe estar abierta antes de que ocurra el aprendizaje. Esa puerta es un puente emocional y es la que garantiza un aprendizaje mucho más efectivo. Pero para lograr un aprendizaje más fácilmente, debemos tomar en cuenta uno de los principales factores para lograrlo, como es el factor de hacer que todos los estudiantes trabajen en la longitud de onda correcta, porque el cerebro funciona en distintos tipos de ondas, donde hay una longitud de onda del cerebro más eficiente para el sueño, otra lo es para aprender, y otra que es la que mantiene en un estado consciente a las personas, o sea, es el estado de alerta que tiene la vida.

Ahora bien, la creación de un estado de bienvenida no es realmente una novedad para la educación, porque en la antigüedad el maestro de maestro Confucio iniciaba cada sección de clase creando un lindo estado de bienvenida, cuando con su alud interpretaba una linda melodía con el objetivo de que el espíritu y la mente de cada estudiante estuviera relajado y sintonizado en la onda cerebral correcta para que todos sus alumnos estuvieran listo para aprender. Entonces la fusión entre el aprendizaje acelerado y la educación tradicional toman de nuevo este principio para crear un estado de bienvenida y de disfrute cada vez que se vaya a iniciar un proceso de enseñanza y aprendizaje.

LOS DIFERENTES ESTILOS
DE APRENDIZAJE

Uno de los problemas mayores, que tiene el ser humano es el miedo al cambio, pero en la parte educativa es urgente que el que dirige el proceso de aprendizaje debe de cambiar para abarcar todos los estilos de aprendizaje que hay, y dejar atrás las conferencias en el proceso enseñanza aprendizaje, porque los mejores maestros son activadores, facilitadores, motivadores u orquestadores del proceso enseñanza aprendizaje, para garantizar que todos los estudiantes sean incluido en el aprendizaje y así tener una mayor eficacia en el proceso.

Sin embargo, si los que dirigen el proceso de aprendizaje cambian ganamos todos, porque gana el sistema educativo al poder presentar alumnos con mayor nivel académico, gana el profesor que pasa a ser un facilitador del aprendizaje, quien trabajará menos pero con mayor eficacia y ganarán los estudiantes, porque podrán aprender muchos más cosas en menor tiempo y no tendrán lagunas en su aprendizaje. Por lo que, un niño que sepa leer, escribir y resolver las operaciones básicas y que tenga un facilitador del aprendizaje como profesor, entonces podrás hacer dos cursos en un solo año. Solo basta con que los profesores dejen de dar conferencias en las clases y que dejen que los alumnos tengan una mayor participación en el desarrollo de ella.

Es que un facilitador del aprendizaje está en capacidad de presentar un estado de fiesta de bienvenida a los estudiantes para que se sientan a gusto, al iniciar la fiesta del aprendizaje, para lograr este objetivo el facilitador del aprendizaje siempre estará diez minutos antes en el salón de clase para darle la bienvenida a sus estudiantes y ellos hacen una presentación perfecta del tema que se trata en el salón de clase. Una de las principales técnicas que usa un facilitador del aprendizaje es mostrar una imagen global sobre el tema que se va aprender para proporcionar un panorama general del tema, por ejemplo, si el tema que va a tratar el facilitador del aprendizaje es sobre las áreas de las figuras geométricas, el facilitador usará el salón de clase para mostrar todas las figuras geométricas que la forman y presentar un panorama general de las figuras geométricas y enseñar la importancia que tienen y donde se usan.

También, el facilitador del aprendizaje usa las láminas y otros recursos audios visuales que muy bien pueden presentar las imágenes generales de los temas que se tratan para que siempre estén ahí como punto de concentración del proceso. Además, usa la salida al campo y cuenta historia para presentar el panorama general del tema que se trate en el salón de clase. Los facilitadores del aprendizaje saben muy bien que todas las buenas presentaciones abarcan todos los estilos individuales del aprendizaje y que todas las buenas experiencias de aprendizaje tienen mucha estimulación verbal, mucha música y mucho apoyo visual, pero ellos saben, sobre todo, que tienen que tener mucha acción, mucha participación y mucho movimiento en el aprendizaje, porque aunque los estudiantes sean visuales, auditivos o táctiles, todos graban las informaciones que les den a través de la acción.

Los facilitadores del aprendizaje siempre viven cambiando los estados para que los estudiantes vayan del canto a la acción, de hablar a ver, de la rima a las discusiones en grupos, y el material de trabajo que se les entregan a los estudiantes están redactados aplicando la técnica de la micro-enseñanza, y esto tiene un doble propósito, porque refuerzan las informaciones en todos los estilos de aprendizaje y divide la lección en partes para que el aprendizaje sea más fácil, siempre involucrando todos los sentidos en el proceso. Esto les permite a los estudiantes tener una mayor participación en el aprendizaje, convirtiéndolos a ellos mismos en sus propios maestros.

La educación no solo consiste en absorber nuevas informaciones, porque también, implica el pensar en esas informaciones para almacenarla a largo plazo. Aprender a pensar debe ser una parte importante de todos los programas educativos y los facilitadores del aprendizaje utilizan juegos de pensamientos y juegos mentales como parte de hacer una síntesis de esas informaciones. Ahora bien, almacenar las informaciones es solo una parte del proceso de aprendizaje, porque las informaciones también tienen que ser guardadas y activadas para completar el proceso de aprendizaje. Aquí se pueden utilizar los juegos, las discusiones, las obras de teatros para activar los bancos de memorias y para reforzar las trayectorias del aprendizaje.

Los beneficios que pueden obtenerse con la fusión del aprendizaje acelerado y la educación tradicional serán tan sorprendentes, que podría decirse, sin temor a equivocarse, que la aceleración del proceso de aprendizaje será mucho mayor con la aplicación de esta fusión que solo con la aplicación de los métodos tradicionales. Pero no se trata solamente de la aceleración del aprendizaje, sino que se trata también de la calidad del aprendizaje, porque cuando se aplica aunque sea inconscientemente o en parte el método de aprendizaje acelerado en la educación tradicional se obtiene de inmediato una participación total de los estudiantes, las ausencias y las deserciones escolares disminuyen y los resultados académicos aumentan, porque el facilitador del aprendizaje tiene más tiempo para dedicarle al que lo necesita y muchos de los estudiantes pueden ayudar a otros en los grupos de discusiones.

Otro de los puntos a considerar con la aplicación del aprendizaje acelerado en la educación tradicional, es que el facilitador puede fácilmente darle seguimiento aquellos estudiantes que llevan un ritmo mayor en el aprendizaje para que sigan avanzando y no dejarlo en el grupo que van aprendiendo de forma normal, pero también pueden ayudar a aquellos estudiantes que presentan algunas deficiencias en algunos temas para ponerlo a tono con los demás estudiantes. La aplicación de éste formato, por ejemplo, hace que muchos estudiantes deseen quedarse en el salón de clases después de terminada las clases, discutiendo con sus compañeros sobre el tema tratado o regresar más temprano el día siguiente para hacer algunas preguntas sobre el tema que se trató el día anterior.

La mejor manera para lograr un avance significativo en los estudiantes es cuando un facilitador logra convertir a sus estudiantes en sus propios maestros, dejándolos que trabajen en grupos, en parejas o que los estudiantes que tienen mayor nivel ayuden con sus explicaciones a otros estudiantes y así los dos se benefician. Durante todo el proceso de aprendizaje hay que revisar, evaluar y celebrar lo aprendido, porque incluyendo los estudiantes que tienen un buen nivel académico no siempre están conscientes de que saben lo que saben y por esta razón hay que buscar la forma de reforzar lo aprendido y evaluarlo cada vez, pero no con exámenes escritos sobre lo aprendido, sino con la verdadera prueba del aprendizaje que consiste en aplicar lo aprendido en la vida real.

Por ejemplo: La verdadera prueba de un curso de inglés es verificar que también usted puedes hablar inglés, porque usted aprende a manejar, manejando y aprende a hablar inglés hablando inglés. Sin embargo, la mejor forma de evaluación es la que puede hacerse uno mismo sobre lo aprendido, porque cuando uno busca en su interior para descubrir todo lo aprendido y reflexionar, analizar y hacer síntesis de lo aprendido para luego aplicar lo aprendido en la resolución de problemas de la vida diaria, y como punto final del proceso de aprendizaje es, que hay que celebrar cada tema aprendido como si fuera un campeonato deportivo que se ha ganado.

Para saber cómo funciona en la práctica toda la teoría sobre la fusión del aprendizaje acelerado y la educación tradicional, entonces, hay que ponerla en práctica y si usted es un profesor de algebra, conviértase en un facilitador de algebra y comience a hacer lo que hace un facilitador de álgebra. Primero prepare el estado de bienvenida para la fiesta del álgebra, busque los poster donde muestre lo que es la recta numérica, los cuadrantes, lo que es un término algebraico y los monomios, polinomios y trinomios, más la planificación de los temas de álgebra con la técnica de la micro enseñanza y si le agrega una música suave, entonces usted verá el cambio radical que darán sus estudiantes, para bien de ellos, de usted como facilitador, del sistema educativo y de la sociedad

La Micro Enseñanza

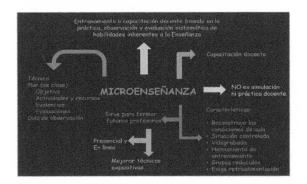

La micro enseñanza nace en la Universidad de Stanford, en el año de 1963 y fue creada por un grupo de investigadores de la educación y un grupo de educadores de maestros y este método consiste en simplificar las condiciones de un salón de clases, permitiendo que un profesor instruya durante corto tiempo a un reducido grupo de alumnos, tratando de practicar una habilidad especifica al enseñar. Sin embargo, esa clase es grabada en video. Este proyecto se creó con el objetivo de eliminar muchas de las deficiencias de los programas tradicionales de la educación de maestros y para aumentar el entendimiento del proceso que se establece entre el profesor y la enseñanza, donde se fingían situaciones típicas de la enseñanza, ante las cuales se debía enfrentar el futuro profesor.

La técnica de micro enseñanza se caracteriza por:
1) Motivar a los estudiantes al máximo.
2) Mantener buena comunicación con los estudiantes.

3) Por usar todos los recursos didácticos disponibles.
4) Formular preguntas a los estudiantes.
5) Controlar la disciplina de los estudiantes.
6) Organizar perfectamente la clase.
7) Integrar completamente a los estudiantes.

Los elementos fundamentales de micro enseñanza son:
1) Es una enseñanza aunque la situación sea creada.
2) Disminuye las complejidades de la enseñanza normal en una clase.
3) Se concentran en el entrenamiento para lograr fines específicos.
4) Permite una situación controlada.
5) Amplia extraordinariamente el conocimiento normal de los resultados y la dimensión de la retroalimentación de la enseñanza.

Con la aplicación de la técnica de micro enseñanza podemos planificar cualquier unidad de clase para facilitar el proceso enseñanza aprendizaje, con el objetivo de lograr que los estudiantes aprendan mucho más rápido y para planificar una unidad de clase, el facilitador puede usar una computadora o una máquina de escribir para redactar esa unidad de clase, para luego sacar copias de ella y entregársela a cada estudiantes. Al entregársele una copia de la unidad de clase a cada estudiante, entonces se gana mucho tiempo, porque el facilitador no tiene necesidad de dictar la clase, ni de escribirla en la pizarra y solo tiene que dedicarse a cumplir con los tres elementos básicos para dirigir una buena clase que son:
1) Crear el estado de bienvenida.
2) Presentar el tema.
3) Explicar el contenido.

Por lo tanto, hay tiempo más que suficiente para realizar la práctica de cada tema en el aula y esto evita tener que a signarle tantas tareas a los estudiantes, ya que todas las prácticas se resuelven dentro del aula y bajo la supervisión del facilitador y al final de cada unidad de clase se plantea una práctica general.

Sin embargo, cuando vamos a planificar una unidad de clase aplicando la técnica de micro enseñanza, debemos plantear primero:
1) Cuál es nuestro objetivo general.
2) Cuáles son nuestros objetivos específicos.
3) Cuáles son nuestras metas.

Por ejemplo, al planificar una unidad de clase de gramática sobre la acentuación de las palabras, entonces tenemos que definir cuáles son nuestros objetivos y nuestras metas.

Objetivo general: al finalizar esta unidad de clase el estudiante estará capacitado para acentuar cada palabra en función de su clasificación.

Objetivos específicos:
1) Definir:
1) Los acentos ortográficos son: aquellos que se marcan con la tilde en las palabras que los llevan.
   Completa los espacios en blanco:
   Los acentos ortográficos son: _____que se _____con la _____en las _____que los llevan.
2) Los acentos prosódicos son: aquellos que no se marcan con la tilde, pero que se pronuncian en la palabra al hablar.
   Completa los espacios en blanco:
   Los acentos prosódicos son: _____que no se _____con la_____, pero que se _____en la palabra.

2) Clasificación de los acentos: según los acentos, las palabras pueden ser:
1) Agudas.
2) Llanas o graves.
3) Esdrújulas.
4) Sobresdrújulas.
5) El diptongo.

3) Definir:

1) Las palabras agudas: son aquellas palabras que tienen la mayor fuerza de voz o acento en la última silaba, pero solamente llevan tilde aquellas palabras que terminan en (n, s, o vocal). Además, el pasado y el futro de los verbos, por lo general, llevan tilde en la última silaba.

Ejemplo:

1) corazón

2) maíz

3) llamó.

Completa los espacios en blanco:

Las palabras agudas: son _____que tienen la mayor fuerza de _____ o acento en la _____silaba, pero solamente llevan _____ aquellas palabras que _____ en (n, s, o vocal). Además, el _____ y el _____de los verbos, por lo general, llevan tilde en la_____ silaba.

2) Las palabras llanas o graves: son aquellas palabras que tienen la mayor fuerza de voz o acento en la penúltima silaba, pero solamente llevan tilde aquellas palabras que terminan en consonantes que no sean ni (n) ni (s).

Ejemplo:

1) útil

2) fácil

3) árbol

4) Vélez.

Completa los espacios en blanco:

Las palabras llanas o graves: son _____que tienen la mayor fuerza de _____o acento en la _____silaba, pero solamente llevan _____aquellas palabras que _____en_____ que no sean ni (n) ni (s).

3) Las palabras esdrújulas: son aquellas palabras que llevan la tilde en la penúltima silaba, pero solamente llevan tilde aquellas palabras que terminan en (n, s, o vocal)

Ejemplo:

1) éxito
2) árboles
3) matemáticas.
4) teléfono
5) técnica

Completa los espacios en blanco:

Las palabras esdrújulas: son _____que llevan la _____en la _____silaba, pero solamente llevan_____ aquellas palabras que _____en (n, s, o vocal).

4) Las palabras sobresdrújulas: son aquellas palabras que llevan la tilde en la silaba anterior a la antepenúltima y todas llevan la tilde.

Ejemplo:

1) cómpramela
2) Tráemelo
3) cuéntamelo
4) pásamelo

Completa los espacios en blanco:

Las palabras sobresdrújulas: son _____que llevan la _____en la silaba _____a la_____ y todas llevan la tilde.

5) El diptongo es la unión de dos vocales en una misma silaba, donde una de las vocales es fuerte y la otra es débil. Las vocales fuertes son: (a, e, o) y las vocales débiles son (I, u). Sin embargo, el diptongo deja de ser diptongo, si la vocal débil se acentúa, ya que esa vocal acentuada se separa de la otra vocal.

Ejemplo:

1) había

2) continúa
3) maría.

Además, se acentúan las siguientes palabras.
1) dé, que viene del verbo dar.
2) él, que viene del pronombre personal.
3) ó, cuando está entre números.
4) sé, cuándo viene del verbo saber.
5) sí, cuando es afirmación o es pronombre.
6) té, que viene de la bebida.
7) tú, que viene del pronombre personal.

También, se escriben con acento estas palabras cuando van dentro de los signos de interrogación y exclamación.
1) ¿qué?
2) ¿cuál?
3) ¿quién?
4) ¿cuánto?
5) ¿cómo?
6) ¿dónde?
7) ¿cuándo?

Ejercicios:
Corrige las faltas ortográficas en el uso de los acentos que encuentre en las siguientes oraciones.
1) El mes próximo comienzan las pruebas finales.
2) Cuando te llamen por telefono debes contestar con buenas maneras.
3) Nicolas no viene a la clase porque debe trabajar doble turno.
4) Un verdadero amigo debe estar disponible, tanto en las buenas como en las malas.
5) Al cabo de dos meses de tratamiento, el medico dijo que estaba completamente curada de su enfermedad.
6) Cuando la persona llamo a los bomberos, ya era demasiado tarde.
7) La decima parte de la herencia es para el niño mas pequeño.

8) ¿Que fue lo que paso anoche en la escuela?

9) El te verde es bueno para la salud.

10) La maquina industrial destruye el metal.

Ejercicios:

En el siguiente texto, escribe los signos de puntuación, las mayúsculas y los acentos que sean necesarios.

el viaje alrededor del mundo duro cinco años durante el mismo Darwin acumulo una enorme coleccion de observaciones botanicas zoologicas y geologicas que constituyeron la base de sus trabajos posteriors en 1859 aparecio su obra mas importante el origen de la especieque apesar de las polemicas promovio y obtuvo un exito resonante modificando la biologia e influyendo en el pensamiento teologico antropologico y social de su tiempo.

De ésta misma forma, se puede planificar cualquier unidad de clase, sin importar la asignatura que sea. Pero además, con la aplicación de la técnica de micro-enseñanza en la planificación de una unidad de clase, se pueden eliminar fácilmente las odiosas tareas, ya que todos los ejercicios se realizan en el aula de clase, mientras el tiempo que se usaba para las tareas, se utiliza para proyectos de investigaciones y para estimular el hábito de la lectura.

¿Para Que Enseñar? La Aplicación Del Programa Master

Se enseña para que los estudiantes puedan aplicar los conocimientos adquiridos en la solución de los problemas de la vida diaria y para que puedan producir nuevas ideas y combinarlas con otras ideas para crear nuevos productos que beneficien a la humanidad, con los cuales puedan garantizar un trabajo digno, ya sea, cuando terminen la universidad o cualquier curso técnico y dejen así de andar mendigando un trabajo después de haber terminado una carrera, porque ya han creado algo que se puede mercadear, lo que le abre con mucho más facilidad la puerta del mercado laboral.

Sin embargo, en la escuela tradicional éste objetivo se logra muy por debajo de la media establecida, por lo que, la fusión educativa para el siglo XXI se integra en la educación tradicional para ayudarla a que los estudiantes puedan aplicar con mayor eficacia lo que se le enseña, en las soluciones de los problemas de la vida diaria y en la creación de nuevas ideas y lo hace a través del programa de los seis pasos para que a cada estudiante se le enseñe, primero que todo, a aprender a aprender y a aprender a pensar, ya que, cuando un estudiante aprenda a aprender y aprende a pensar, entonces, le ve mucho más significado a lo que se le está enseñando, por lo que, podrá aprender todo lo que él quiera aprender y aplicará con mayor eficacia lo aprendido.

Además, se enseña para que los estudiantes siempre tengan una actitud mental positiva y el programa de seis pasos planteado en el aprendizaje acelerado se introduce en la educación tradicional a través de la fusión educativa para el siglo XXI, con el objetivo de fortalecer el propósito de aprender a aprender y de aprender a pensar, señalado como punto de partida de la fusión entre el aprendizaje acelerado y la educación tradicional, porque cada persona que inicie un proceso de aprendizaje debe tener como objetivo general, el aprender a aprender y aprender a pensar y para lograrlo necesita encontrarse en un estado de plenitud, lo que significa que esta persona tiene que estar relajada, seguro de sí mismo, confiado y sobre todo lo suficientemente motivado para poder llegar a la meta que se ha propuesto, ya que, una persona que se sienta estresado que no tenga confianza en el mismo o que no le vea ningún sentido a lo que tiene que aprender, entonces será una persona que se le hará más difícil aprender bien lo que tiene que aprender.

No obstante, si esa misma persona tiene una actitud positiva hacia lo que desea aprender y si además sabe para qué lo necesita aprender, entonces lo aprenderá con mayor facilidad, porque es una condición necesaria tener una actitud mental positiva hacia todo lo que se quiere aprender. La persona debe sentir el deseo de querer aprender los nuevos conocimientos o habilidades, pero además debe tener plena confianza en ella misma de que es capaz de aprender y que la información que va aprender le ayudará a resolver problemas de la vida diaria, o sea, que la persona que va a aprender algo, necesita ver el beneficio personal y la aplicación real que tiene lo que está aprendiendo para avanzar en la vida. Pero para que tenga lugar cualquier tipo de aprendizaje, la persona debe estar motivada e interesada en lo que va a prender, además tiene que trabajar activamente en proyectos relacionados con sus valores y con sus metas.

EL ESTADO MENTAL POSITIVO

La creación de un estado mental positivo y relajado es fundamental para la persona que vaya a iniciar un proceso de aprendizaje, porque le ayudará a que su mente esté lista para recibir el aprendizaje, pero para lograr un estado mental positivo, por ejemplo, debemos motivar la mente haciendo un ejercicio de respiración antes de cada sección de clases, el cual consiste en realizar una inspiración profunda de aire, de manera tal, que se llene de oxigeno el cerebro y luego espire intensamente el aire que había absorbido y repita este ejercicio tres o cuatro veces en cada sección de clases, este ejercicio debe realizarse cada vez que se inicie una clase hasta convertirlo en un ritual.

Además, se debe colocar una música suave para ayudar al cerebro a sintonizar en la onda cerebral más adecuada para el aprendizaje y agregar un florero con flores frescas o una planta ornamental para darle un toque de naturaleza al lugar donde se desarrolla el proceso de aprendizaje, de modo que, el ambiente sea agradable e invite a la mente a entrar a un estado de ánimo o emocional de paz y tranquilidad, ya que, nuestro cerebro no funciona muy bien cuando está estresado y el miedo y la tensión pueden hacer que la mente se quede literalmente en blanco.

Ahora bien, cuando se encuentre en un estado relajado dedique unos minutos a visualizar cómo serán las cosas cuando haya aprendido a aprender, véase emprendiendo una nueva tarea de aprendizaje con total confianza en sí mismo, luego experimente un sentimiento de orgullo al saber que domina por completo la asignatura, y no se sorprenda, si escucha algunos comentarios de elogios que hará la gente sobre sus capacidades recién adquirida, todo esto es planteado porque la persona que quiere aprender tiene que saber qué es lo que quiere aprender y cómo lo va a aprender, por tal razón, tiene que tener una visión clara de que es lo que quiere aprender y sobre todo tener confianza en que lo puede aprender.

La unidad entre la visión clara de lo que una persona quiere lograr y la confianza en su capacidad de que lo puede lograr es lo que da como resultado la fuerza de voluntad. Por lo tanto, lo primero que una persona debe tener es una visión clara de lo que quiere aprender, y tener confianza en sí mismo, porque si una persona no sabe lo que quiere aprender y no tiene confianza en sí mismo, entonces, difícilmente tendrá fuerza de voluntad para lograrlo y esa persona puede desilusionarse fácilmente y abandonar el proyecto educativo que inició.

Adquirir La Informacion

Se enseña para que el estudiante domine perfectamente la manera de adquirir la información que necesita aprender y así pueda captar con mayor facilidad la parte básica de la materia que quiere aprender, del modo que mejor se ajuste a sus preferencias sensoriales de aprendizaje, ya que, el estudiante puede necesitar ver, escuchar o aplicarse físicamente para poder aprender, si el estudiante que quiere aprender puede identificar sus aptitudes visuales, auditivas o kinestésicas, entonces podrás utilizar varias estrategias y convertir el proceso de adquisición de información en algo mucho más sencillo.

Todos los estudiantes tienen diferentes formas para aprender, pero lo esencial es asegurarse de que adquieran la información de la manera que le resulte más cómoda a ellos y que esa información sea procesada de la forma que mejor se ajuste a sus preferencias sensoriales. Una de la manera para poder adquirir la información es hacerse una idea completa del proyecto que se va a estudiar y buscar la información precisa que le permita tener una idea global del tema, luego debe enfocarse en identificar cuál es la idea central sobre la cual se desarrolla el tema y una vez entendida la idea central todo lo demás adquiere sentido y permite comprender mejor el contenido del tema que se está aprendiendo.

Otra manera para poder adquirir la información es, identificar cuáles informaciones necesitas saber el estudiante como pre-requisito para poder entender y trabajar con la nueva información que busca aprender, porque el hecho de contar con algún conocimiento básico del tema, le permitirá identificar si tiene alguna laguna en la base que necesita saber para iniciar el aprendizaje de un nuevo tema, de esta manera podrá estar en alerta para no perderse alguna información que le permita superar esas lagunas. Pero la información que adquiera el estudiante debe dividirse en segmentos para que el estudiante vaya aprendiendo paso a paso, devorando la información pedacito a pedacito y así poder disfrutar de una linda sensación, porque está teniendo éxito en su aprendizaje. Por ejemplo, si está aprendiendo la acentuación de las palabras, entonces debe aprender cómo se acentúa un tipo de palabra a la vez y así paso a paso el estudiante logrará dominar la acentuación de todas las palabras.

En la medida en que se adquiere la información, en esa misma medida hay que hacer preguntas sobre el tema que se aprende, tales como ¿Qué?, ¿Por qué?, ¿Para qué?, ¿Dónde?, ¿Cuál?, ¿Cuándo?, ¿Quién?. Pero también el estudiante debe de identificar y comprender todas las ramificaciones de su estilo de aprendizaje y observar cuales son los diferentes estilos de aprendizaje que tienen los demás estudiantes que interactúan con él, porque esto le permitirá mejorar su rendimiento y tener experiencia enriquecedora en todas las facetas de su vida.

Cuando un estudiante logra identificar sus diferentes estilos de aprendizaje y la de los demás estudiantes, entonces será capaz de absolver la información de una forma más fácil y rápida, también podrá identificar y apreciar el modo en que perciben la información los estudiantes que se encuentran a su alrededor y se comunicará mucho mejor con ellos, mientras sus relaciones saldrán beneficiadas. Además, podrá sintonizar con estudiante que nunca supo entenderse en el pasado y con otros estudiantes que nunca supieron entenderle a usted.

Debemos reconocer que hacer esto requiere mucha práctica, perseverancia y tiempo. Por lo tanto, para ponerlo en práctica, entonces tiene que empezar a observar cosas que nunca había visto, escuchar cosas que nunca había escuchado, experimentar cosas que nunca había experimentado y hacer preguntas que nunca había hecho.

Por lo tanto, tendrá que ser capaz de adecuar su mensaje al modo en que funcione la mente del estudiante con quien desea comunicarse. Todo esto indica, que si el estudiante utiliza las técnicas que mejor se ajusten a sus preferencias sensoriales asimilará la información con mayor eficacia, por lo que, si el estudiante domina las técnicas para asimilar la información de la forma que mejor se ajuste a su manera preferida de procesar esa información, entonces el estudiante aprenderá muy bien.

Las principales técnicas de aprendizaje tienen que ver con lo visual, lo auditivo y lo kinestésicos, pero el estudiante puede hacer una combinación de varias técnicas, ya que, almacenamos mejor los recuerdos que son visuales, auditivos y kinestésicos.

Sin embargo, el estudiante puede utilizar varias estrategias para poder adquirir la información, entre esas estrategias se encuentra la creación de mapas y diagramas de aprendizajes con el propósito de plasmar de una forma dinámica los puntos de información más importantes y para hacerlo se utiliza un formato global, lo que permitirá que la información se presente de la misma forma en que funciona el cerebro, ya que, el pensamiento es una compleja combinación de palabras, de imágenes, de lugares, de colores e incluso de sonidos y música. Por lo tanto, el proceso de presentación y el procesamiento de los contenidos de una lección mediantes mapas de aprendizaje, se pareces considerablemente a la operación natural del pensamiento y para construir un mapa de aprendizaje hay que aplicar plenamente los estilos de procesamiento de ambos hemisferios del cerebro. La persona que creó la técnica de aprendizaje utilizando los mapas de aprendizajes fue Tony Buzan.

Cuando se inicia la construcción de un mapa de aprendizaje, se debe comenzar con el tema nuclear en el centro de la página, el cual representará la idea principal del tema que se desea aprender y que luego de ser identificado se convierte en el punto de partida para un aprendizaje eficaz, pero el tamaño del centro debe ser relativamente pequeño para que haya espacio para colocar los subtemas a su alrededor. Ejemplo, crear un mapa de aprendizaje:

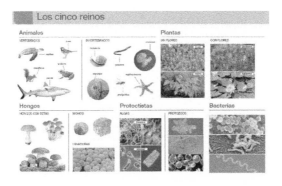

Además, los mapas de aprendizajes se hacen con el objetivo de plasmar solo los elementos esenciales del tema para que cuando se haga un repaso de la lección que se estudia, pueda ser recordada por completo, pero siempre hay que trabajar desde dentro del tema central hacia afuera, limitando el número de conexiones de la rama principal a un máximo de siete a ocho conexiones. También, puede usar las palabras o las frases en mayúsculas, utilizando la mínima cantidad de palabras y los símbolos que use tienen que ser fáciles de identificar, como cruces, signos de exclamación, de interrogación, además puede usar corazones, marcas, figuras humanas, triángulos y otras figuras y la última parte para la creación de un mapa de aprendizaje corresponde a la coloración del mapa para que tenga vistosidad. Ahora bien, si quiere lograrlo, entonces póngalo en práctica y vuelva a practicarlo, hasta que pueda construirlo bien y recuerde hacerlo siempre a su modo.

Los mapas y diagramas de aprendizaje le servirán para ganar tiempo en el aprendizaje, porque el estudiante solo anotará y después leerá y repasará las palabras claves en lugar de perderse en informaciones innecesarias, además, la naturaleza visual de los mapas facilita las tareas de absorción y retención de la información. Ahora bien, si el estudiante prefiere el estilo de aprendizaje auditivo, entonces las mejores estrategias que puede usar son la de dramatizar el fragmento que quiere aprender y leerlo en voz alta, ya que, éste tipo de estrategia auditiva le ayudará a fijar en su mente el material que quiere aprender. También, puede resumir en voz alta el fragmento que desea aprender, porque el sonido de su voz contribuye a que la información sea más fácil de recordar.

Pero, si el estudiante prefiere el estilo de aprendizaje kinestésico, entonces puede usar las siguientes estrategias: pasear mientras lee o escucha lo que quiere aprender, garabatear, subrayar, hacer anotaciones y construir mapas y diagramas de aprendizaje o un esquema, además, puede probar en qué medida necesita cada elemento físico para aprender, teniendo en cuenta la forma en que asimila la información, también puede aprender en grupo, sin embargo la mejor estrategia es la de encontrar una combinación de formas de aprendizaje.

EL SIGNIFICADO

Se enseña para que el estudiante pueda encontrar el significado a la información adquirida, o sea, que comprenda el concepto o definición de esa información que se quiere aprender, ya que, no basta con que el estudiante que esté aprendiendo adquiera la información sobre lo que está estudiando para luego repetirla como un papa gallo, sin antes descubrir el significado que tiene esa información, debido a que, descubrir el significado que tienen los hechos es el elemento central del proceso de aprendizaje, por lo tanto, para poder llevar a la memoria permanente todo lo que aprendemos es preciso descubrir el significado de lo que aprendemos y lo podemos hacer explorando detenidamente los contenidos de las asignaturas que estudiamos.

Cuando un estudiante ha aprendido algo, es porque ha encontrado el significado que tiene lo aprendido para él, sin sentir la necesidad de memorizarla para reproducir luego los hechos tal como le fueron narrados, por lo que, descubrir el significado, es lo que permite distinguir cuando un estudiante ha aprendido de forma superficial de otro estudiante que ha aprendido a profundidad. Para lograr determinar el significado que tiene la información adquirida, el estudiante debe aplicar la mayor cantidad de inteligencia de las múltiples inteligencias que él posee, porque es la forma más poderosa que tiene un estudiante para aprender de éste modo, el estudiante experimentará sobre lo que está aprendiendo de una forma mucho más completa.

Lo fundamental es, que el estudiante encuentre una combinación de exploraciones que se ajusten a su personalidad y que le permita utilizar la mayor gama de inteligencias de aprendizaje, esto traerá como resultado una experiencia de aprendizaje completa y equilibrada, pero además, hay que recordar que el objetivo global consiste en incluir la información en la vida diaria para convertirla en algo fácil de recordar y lograr interpretar los hechos para transformar el conocimiento superficial en comprensión profunda, relacionando lo nuevo con la que ya sabe. También, el estudiante debe comparar informaciones, extraer conclusiones de esas comparaciones y determinar cuáles son verdaderamente importantes para convertir esta experiencia en algo útil y lleno de significado personal, porque todo esto es lo que realmente constituye el aprendizaje.

Trabajar La Memoria

LA MEMORIA
EN EL
APRENDIZAJE
Estrategias de enseñanza para activar la memoria

— Contextos sociales y culturales del aprendizaje
— El sistema de memoria en el aprendizaje académico
— Aplicación práctica en el aula

Francis Bailey
Ken Pransky

trillas ◈

Se enseña para que el estudiante guarde en su memoria a largo plazo todo lo aprendido y pueda usar la información adquirida cuando la necesite para resolver cualquier problema, y de esta forma, romper con el formato de la educación tradicional donde es normal que un estudiante memorice durante todo el proceso de aprendizaje para luego repetir todo lo que ha aprendido con punto y coma, sin poder aplicar lo aprendido en la solución de los problemas de la vida diaria. Por ejemplo, es normal que un estudiante haya memorizado los conceptos sobre los que son las palabras agudas, graves, esdrújulas y sobre esdrújulas, pero a la hora de escribir un texto no pueda acentuar las palabras o que un estudiante de historia memorice todo un tema sobre un hecho particular para luego recitarlo en la clase, sin antes detenerse a analizar cuáles fueron las causas y cuáles son las consecuencias que produjeron esos hechos.

Por tal razón, es que la fusión educativa para el siglo XXI plantea la relación entre el aprendizaje acelerado y la educación tradicional para ayudar a los estudiantes a que tengan un aprendizaje más significativo, un aprendizaje a profundidad donde la memoria juega un papel determinante en el proceso de aprendizaje, porque es la memoria la responsable de guardar todo lo aprendido. Pero, de nada le vale al estudiante el haber adquirido la información y encontrar el significado de esa información, sino la puede llevar a la memoria a largo plazo, de manera tal, que pueda acceder a ella en el momento en que necesite esa información, por lo tanto, hay que asegurarse de que el tema aprendido ha quedado grabado en la memoria a largo plazo, porque será la garantía que muestre que el estudiante ha aprendido verdaderamente el tema estudiado.

El estudiante puede utilizar muchas estrategias para almacenar en su memoria a largo plazo todo lo que aprenda, dentro de estas estrategias él podrá encontrar la de crear un estado mental adecuado, porque para iniciar un proceso de aprendizaje el estudiante debe estar relajado y con una actitud positiva con respecto al aprendizaje, ya que, las partes del cerebro que pueden generar recuerdos trabajarán mucho mejor. Otra estrategia que puede utilizar el estudiante es la de adquirir la información de la manera que se ajuste a su forma de procesar la información, luego las cosas le resultarán inmediatamente más fáciles de recordar, además, si el estudiante descubre el significado del tema de varias formas, entonces entenderá lo que está estudiando, porque siempre recordamos con muchas más facilidad lo que tiene significado.

Pero también, si el estudiante quiere recordar bien lo que estudia, entonces debe asegurarse de tener muchos principios y finales en sus secciones de estudio, y para lograrlo él tiene que hacer pequeñas pausas cada treinta minutos de estudio, cuya pausa tiene una duración que va de un minuto a cinco minutos, esto le permitirá al estudiante recargar la batería para comenzar de nuevo, ya que, detenerse y hacer pequeñas pausas le ayudará a aumentar la capacidad de retener en su memoria el material que estudia.

Ahora bien, la información que mejor se recuerda es la que está organizada, por esta razón, es recomendable que para que el estudiante recuerde mejor el material que está aprendiendo, debe organizarlo en grupos o en categorías, porque de esta manera el estudiante establece asociaciones que tienen un claro sentido para él. Además, que si se imagina mentalmente lo que está aprendiendo lo recordará con mucho más facilidad, debido a que recordamos mucho mejor las imágenes que las palabras, por lo tanto, el estudiante debe encontrar la forma de transformar en imágenes lo que esté aprendiendo, ya sea literalmente o en su cabeza.

Dice un viejo refrán popular "que una imagen vale más que mil palabras", y tiene mucha razón, porque la memoria visual es muy resistente, por tal motivo, es que se recomienda hacer una imagen mental del material que se estudia y elaborar un diagrama y construir mapas de aprendizaje personalizado con el objetivo de poder ver la estructura que tiene la información que se va a adquirir. El hecho de establecer asociaciones es sumamente importante para garantizar que lo que se aprenda se archive en la memoria, porque le resultaría mucho más fácil al estudiante localizar la información que necesita cuando está organizada en forma de asociaciones, por lo tanto, el estudiante debe establecer conexiones y asociaciones que le permitan recordar bien lo aprendido.

También, el estudiante puede escribir una historia sobre el tema que estudia, porque al contar una historia se afianzan los recuerdos, ya que, una historias es siempre una buena ayuda para el recuerdo, debido a que, enlaza un conjunto de palabras que van en una misma secuencia, lo que permite construir una imagen mental de lo que representa la historia, y luego él puede narrar la historia en voz alta para que lo aprendido pueda guardarse con mayor facilidad en la memoria a largo plazo. Además, al hacer las asociaciones se crean los significados, porque el estudiante puede conectarlo o asociarlo con lo que ya sabe y él podrá recordar con mayor facilidad las cosas que tienen significados. Pero siempre que tenga que aprender algo, pregúntese a sí mismo que conexiones o asociaciones tiene lo que va a aprender con cosas que le resulten familiares, y recuerde que, cuando vaya a hacer las asociaciones o las conexiones siempre hágala a su modo, porque lo mejor que puede hacer un estudiante es idear y acomodar sus propias estrategias.

El estudiante debe asegurarse de registrar bien la información en su memoria para que luego la pueda recordar cuando la necesite, y para lograrlo él tiene que ver, escuchar, decir y hacer con el material que estudia. Así, le costará menos trabajo aprenderlo, ya que, se ha establecido que en promedio que podemos recordar el 20% de los que leemos, el 30% de lo que oímos, el 40% de lo que vemos, el 50% de lo que decimos, el 60% de lo que hacemos y el 90% de lo que vemos, escuchamos, decimos y hacemos.

EXPONER LO APRENDIDO

Se enseña para que el estudiante pueda exponer lo que ha aprendido, ya que, la mejor forma de que un estudiante sepa sí realmente aprendió el tema que estudiaba es cuando lo puede exponer frente a los demás estudiantes, porque así se dará cuenta si puede aplicar bien los conocimientos adquiridos y también se dará cuenta si domina los primeros cuatro pasos del aprendizaje acelerado, los cuales le ayudaran a aprender a aprender.

Los primeros cuatro pasos del aprendizaje acelerado que el estudiante debe realizar para aprender a aprender son:

1) El estudiante debe conseguir el estado adecuado, relajado y de confianza para estar listo para recibir el aprendizaje.

2) El estudiante debe adquirir la información en las formas que mejor se ajusten a sus características de aprendizaje.

3) El estudiante debe descubrir el significado, las implicaciones y el sentido personal y práctico que tiene la información adquirida.

4) El estudiante debe trabajar la memoria para poder guardar bien lo que aprende, de forma tal, que pueda recordar lo aprendido cuando lo necesite.

Todo esto es porque el estudiante tiene que demostrarse así mismo que ha comprendido totalmente el material que estudiaba y que él puede ponerlo en práctica. Por lo tanto, si un estudiante quiere saber si de verdad ha entendido el tema que estudió, entonces lo tiene que exponer compartiendo la información aprendida con sus compañeros y para hacerlo, solo tiene que preparar una exposición sobre el tema aprendido, el cual puede ser mentalmente o escrito y luego explicárselo a alguien, porque esta es una de las mejores maneras para que un estudiante se dé cuenta cuanto sabe sobre ese tema. Si ese estudiante puede enseñar a otro lo que ha aprendido, entonces está demostrando que realmente entiende y domina el tema que estudió.

En la medida que el estudiante exponga lo que sabe sobre un tema determinado, puede encontrarse con el hecho de haber cometidos errores y esto no debe preocuparlo a él, debido a que nadie puede aprender sin cometer errores muy al contrario con los errores cometidos el estudiante puede retroalimentar su aprendizaje, ya que, muestran el área donde él se encuentra más flojo y puede poner mayor atención y dedicarle más tiempo a esa parte con el objetivo de aprenderlo a profundidad, además, el estudiante debe estar abierto y dispuesto aprender de sus propios errores.

Sin embargo, en el aprendizaje formal siempre están listos para evaluar el aprendizaje del estudiante, y para hacerlo utilizan los exámenes, por esta razón, él tiene que evaluarse a sí mismo primero para saber cuánto sabe sobre los temas que lo evaluarán, y de este modo, prepararse mejor para evitar cometer los menos errores posibles en los exámenes. Pero, realmente la importancia de demostrar lo que uno sabe radica en que el estudiante puede fijar sus propios objetivos y evaluar sus ejecuciones, teniendo siempre en cuenta, esos objetivos. Un estudiante habrá aprendido algo realmente cuando sea capaz de utilizar lo aprendido de forma independiente y lejos del área de aprendizaje. Por lo que, demostrar lo que el estudiante ha aprendido es esencial en todo proceso de aprendizaje, ya que, dominar lo aprendido implica poder aplicar lo aprendido en la solución de problemas de la vida y hacerlo de múltiples formas, perfeccionando y mejorando cada vez más su aplicación. La importancia que tiene el exponer lo que se ha aprendido consiste en que el estudiante tiene que aprender primero para enseñar después lo que sabe, por lo que, él está obligado a organizar las ideas y preparar el proceso de aprendizaje y para lograrlo puede involucrar a su familia, de modo tal, que sea a ellos a quienes exponga lo que ha aprendido para que ellos escuchen sus explicaciones sobre el tema que está aprendiendo.

También, el estudiante puede buscar un compañero de clase que esté interesado en aprender el mismo tema, ya que, así podrán ofrecerse ayuda mutua en la medida que vayan estudiando la materia, además, pueden hacerse preguntas regularmente para ir evaluando el progreso que han ido teniendo y así podrán corregir los errores cometidos durante todo el proceso de aprendizaje hasta llegar a la presentación del tema, pero el aprendizaje es mucho más fácil cuando ambos estudiantes se alternan para representar los roles de presentador y de oyente.

Además, el estudiante puede crear círculos de estudio, los cuales estarán formados por estudiantes que compartan el mismo interés de aprender una misma materia y reunirse de manera informal con el objetivo de compartir sus experiencias, sus dudas y sus avances en los estudios. Otra forma que puede usar el estudiante es la de buscar un tutor que será alguien que esté muy bien preparado en la materia que se desea aprender, dicho tutor se convertirá en un guía durante todo el proceso de aprendizaje, él animará al estudiante y le apoyará, además será una fuente de información adicional.

REFLEXIONAR SOBRE LO APRENDIDO

Se enseña para que el estudiante pueda reflexionar sobre la forma en que ha aprendido el tema que estudió, ya que, luego de que un estudiante entiende que ha aprendido verdaderamente el tema que quería aprender, entonces necesita reflexionar sobre lo aprendido y para hacerlo debe hacer una mirada hacia atrás a todo el camino que ha recorrido para poder aprender lo que ya sabe sobre una asignatura, en esa misma mirada el estudiante tiene que ir analizando paso a paso todo lo que él hizo para aprender, y sobre todo como lo hizo. En esta parte el estudiante puede examinar su propio proceso de aprendizaje y llegar a conclusiones sobre qué técnica funcionan mejor para que él pueda aprender, esto le permitirá que gradualmente el estudiante irá desarrollando un sistema de aprendizaje exclusivamente para su cerebro, por lo que, se convertirá en un aprendiz auto dirigido.

Por lo tanto, la acción de reflexionar sobre cómo se ha aprendido es como hacer una parada en el proceso de aprendizaje para observar los avances que se han hecho y la forma en que se han hecho esos avances, porque el estudiante tiene que revisar y evaluar no solo lo que ha aprendido, sino sobre todo, cómo lo ha ido aprendiendo, ya que, esa es la base para que un estudiante llegue a convertirse en un estudiante de éxito, autosuficiente e independiente. Cuando el estudiante logra desarrollar el hábito de reflexionar automáticamente y de evaluar cómo él aprende y cómo piensa, entonces controlará mejor su vida y siempre buscará la información que necesite para seguir avanzando. Ahora bien, el estudiante tiene que entender que la autoevaluación, auto supervisión y la introspección continúa son los rasgos claves para que un estudiante se convierta en un estudiante auto dirigido. Estos puntos le permitirán al estudiante reconocer cuáles son sus puntos fuertes y sus puntos débiles para poder actuar en consecuencia.

Sin embargo, cuando un estudiante logra hablar con él mismo, muestra la capacidad que tiene para saber lo que sabe y lo que no sabe, de pensar cómo piensa, de ser consciente de los pasos y de las estrategias que adopta cuando estudia o cuando resuelve un problema y así él puede mejorar constantemente estos pasos y estrategias. A éste proceso donde el estudiante puede hablar con él mismo es lo que se conoce como introspección. Ahora bien, los estudiantes deberán dedicar parte de su tiempo a reflexionar sobre sus experiencias de aprendizaje, porque le servirá para mejorar su futuro y no tendrán que dedicar mucho tiempo, ya que, el proceso de auto análisis se puede realizar rápidamente, pero eso sí, requiere pensar con fundamento de causa y efecto. El acto de reflexionar representa la mayor esperanza para mejorar en todos los aspectos la conducta inteligente de las personas, por lo tanto, los estudiantes que apliquen el acto de reflexionar sobre lo aprendido terminarán desarrollando muchas estrategias personales para seguir aprendiendo.

Siempre, los estudiantes auto dirigido deben hacerse estas tres preguntas que son muy importantes para su desarrollo, y son:
1) ¿Qué hice bien?
2) ¿Qué podría hacer mejor?
3) ¿Cómo podría hacerlo mejor la próxima vez?

Si los estudiantes continúan haciéndose estas preguntas durante todo el proceso de aprendizaje, entonces conseguirán dominar la esencia de la autoevaluación.

Todo lo que hemos expuestos aquí en término filosófico, sobre la reflexión estás basado en que el proceso de aprendizaje y el pensamiento analítico y creativo no son actividades excluyente que solo dominan algunas personas, sino que en cualquier caso las estrategias que se usan para alcanzar el éxito se pueden identificar, escribirse, aprenderse y aplicarse, por lo tanto, cualquiera persona que se dedique a aprender puede llegar a dominarla, pero la última parte del aprendizaje consiste en revisar y reflexionar sobre la experiencia que ha tenido el estudiante en su aprendizaje.

Cuando se aplica el programa MASTER en la educación tradicional el estudiante puede aprender fácilmente a aprender a aprender y a aprender a pensar, porque éste modelo de aprendizaje ha sido diseñado con el objetivo de que el estudiante aprenda cualquier cosa que quiera aprender, ya que, aprender a aprender y aprender a pensar son de las habilidades fundamentales para enfrentar los desafíos que ha traído el siglo XXI. Por tal razón, se enseña al el estudiante a aprender a aprender y a aprender a pensar, aplicando el programa MASTER para que el estudiante pueda aplicarlo cuando vaya a aprender algo y, luego, que el que ha aprendido a aprender lo primero que hace cuando va a iniciar un proceso de aprendizaje es:

1) Crear su propio estado mental adecuado con el objetivo de estar listo para recibir el aprendizaje.
2) Lo segundo que él hace es adquirir la información tomando en cuenta sus diferentes estilos de aprendizaje que posee.

3) En tercer lugar, él sabe que tiene que encontrar el significado de lo que aprende y que lo debe hacer con sus múltiples inteligencias.

4) El cuarto paso que el estudiante da, es el de trabajar la memoria, porque es aquí donde quedan grabadas todas las informaciones que se adquieren y los significados que le da a esas informaciones, pero para trabajar la memoria utiliza las estrategias que le sean más útiles.

5) En quinto lugar el estudiante expone ante los demás todo lo que ha aprendido y ayuda a otros estudiantes para que puedan aprender también.

6) En sexto lugar el estudiante echa una mirada reflexiva hacia atrás para reflexionar sobre todo la que ha aprendido y cómo lo ha aprendido.

La persona que aplique los seis pasos (MASTER) del aprendizaje acelerado, podrás deshacerse de ideas que no son muy buenas para aprender y probar con otras ideas nuevas. Podrás emprender su propio proceso de aprendizaje por ella misma y al final acabará descubriendo el método de aprendizaje que mejor se adapte a ella, además, desde que aprenda la combinación personal de sus inteligencias y sus preferencias de aprendizaje, entonces estará en condiciones de aprender lo que la persona quiera aprender y como ella quiera aprender.

Capítulo XIV

Una Enseñanza Acelerada

UNA ENSEÑANZA
ACELERADA

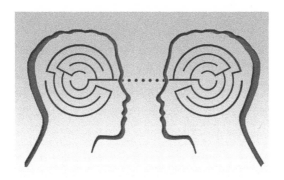

Para acelerar la enseñanza en cualquier parte del mundo, donde se inicie un proceso de aprendizaje, el que dirija ese proceso tiene que guiar a sus estudiantes planteándoles problemas que estén relacionados con la vida diaria y proponiéndoles experiencias que sirvan para potencializar sus pensamientos en vez de limitarse a explicarle la lección del día. Además, quien dirija el proceso de aprendizaje tiene que dedicar un tiempo sustancial para edificar una buena relación con los estudiantes, la cual servirá como garantía para que ellos estén receptivos, libres de estrés y con un estado mental positivo que permita abrir la puerta por donde va a entrar la información y el conocimiento al estudiante.

También, la persona que dirija el proceso de aprendizaje tiene que explicarles a sus estudiantes cómo funciona el cerebro y los distintos estilos de aprendizajes que ellos poseen, porque cuando un estudiante comprende sus potencialidades intelectuales se siente mucho más optimista, ya que, al explicarle que la clave para aprender está en encontrar y utilizar las técnicas de aprendizajes que mejor se ajusten a su estilo personal de aprendizaje, entonces ellos aprenderán mejor y con mucho mayor facilidad y terminarán entendiendo que todo el mundo puede aprender y que la única diferencia será que a algunos estudiante le tomará más tiempo que a otros.

Pero, siempre se debe despertar el interés en los estudiantes, porque el simple hecho de despertar el interés precede al aprendizaje, por esta razón es, que los estudiantes tienen que ver la utilidad de lo que están estudiando para poder aplicarse de lleno en lo que están aprendiendo. Por lo tanto, quien dirija el proceso de aprendizaje tiene que mostrarles a los estudiantes la importancia que tiene la asignatura que imparte y sus aplicaciones en la vida cotidiana para lograr que ellos mantengan un interés permanente en esa materia y que el curso que se desarrolle tenga éxito.

La enseñanza acelerada tiene como objetivo fundamental la creación de un estudiante independiente y seguro de sí mismo que puedan utilizar siempre el auto aprendizaje para seguir avanzando en la vida, pero para lograrlo el que dirija el proceso de aprendizaje tiene que transmitirles a sus estudiantes una sensación de control, dejándole a ellos que discutan las normas que quieran establecer para conseguir que la clase sea feliz y que el aprendizaje sea un aprendizaje eficaz. Ya que, cuando los estudiantes contribuyen a fijar las normas, trae como consecuencia una disminución en los problemas de disciplina, porque el control estás en sus propias normas.

Además, en sentido general, las personas se sienten mucho más comprometidas con una causa cuando han participado en la decisión de llevarla a cabo, por lo tanto, si una clase se identifica con un lema, entonces éste lema debe ser creado por los propios estudiantes para darle a la clase un sentido de grupo. Ahora bien, la clase debe de desarrollarse en un ambiente agradable, lleno de luz, de paz y de armonía y para crear éste ambiente se debe utilizar música suave, flores y láminas para decorar el salón de clase y así crear un estado mental positivo, un lugar donde los estudiantes se sientan a gusto y se diviertan.

Sin embargo, para lograr realmente que la enseñanza sea eficaz hay que implicar a los padres en la educación de sus hijos, informándoles sobre las actividades, los proyectos y los libros que sus hijos deben leer, además, ofreciéndoles a los padres los programas de estudios para que ellos puedan participar activamente en la educación de sus hijos, ya que, el aprendizaje es mucho más eficaz cuando es el resultado de la integración de los estudiantes, de los profesores y de los padres. El hecho de implicar a los padres en la enseñanza de sus hijos eleva considerablemente la motivación para que un estudiante pueda aprender con mayor rapidez. Además, debemos enseñarles a los estudiantes el valor que tiene el lenguaje positivo interno del ser humano para que en cualquier tarea que desarrollen tengan éxito, porque utilizar afirmaciones positivas funciona realmente y ellos necesitan aprender esta habilidad para poder aprender a controlar sus motivaciones; debido a que en el lenguaje externo encontrarán muchas afirmaciones negativas, las cuales tienen que derrotar para tener éxito en la vida.

Pero, una cosa si hay que tomar muy en cuenta en el proceso de aprendizaje, y es, que éste proceso debe ser bien divertido para que la motivación del estudiante permanezca siempre alta. Por esta razón es, que resulta tan importante la creación de un ambiente de disfrute en cada inicio del proceso de aprendizaje.

En una clase que esté bien motivada, el que dirija la clase, siempre debe de mostrar un entusiasmo que contagie a todos los que estén recibiendo esa clase y también hay que poner a los estudiantes a trabajar en parejas o en grupos, porque trabajar solo es muy aburrido, pero hay que recordar que debemos hacer pequeñas pausas cada media hora para descansar, ya que, ese pequeño descanso ayuda a mantener la atención, la retención y levanta el ánimo.

Es sumamente importante dedicar tiempo para elevar el auto estima de los estudiantes, porque la construcción de la autoestima en ellos devuelve concretado en éxito académico el esfuerzo realizado para mantener arriba la autoestima de los estudiantes, también, es bueno recordar que los errores cometidos por ellos brindan la oportunidad para la retroalimentación del aprendizaje, ya que, nadie puede aprender sin cometer errores y los facilitadores animarán a los estudiantes a que analicen sus propios errores para determinar dónde es que han estado fallando para corregirlos.

La aplicación de una cultura del éxito es otro de los elementos que debe tomar en cuenta el facilitador del proceso de aprendizaje para explicarles a los estudiantes que el éxito atrae el éxito y enseñarles a la vez a animarse entre sí, sin menospreciar la capacidad de ningún estudiante, porque el estado mental de un estudiante es determinante para obtener el éxito y si el estudiante confía en sí mismo, está motivado y disfruta lo que hace, entonces el éxito estará totalmente asegurado como estudiante y como ente social.

Luego de que el facilitador del proceso de aprendizaje haya creado el estado de bienvenida, el siguiente paso será la de identificar la manera preferida que tiene cada estudiante de aprender ya sea visual, auditivo o kinestésicos para poder presentar la información de una forma que pueda ser adquirida por todos los estudiantes a la misma vez, ya que, el choque entre el estilo de enseñanza y el estilo de aprendizaje permite a los estudiantes aprender al ritmo que ellos saben aprender. Por tanto, el facilitador del proceso de aprendizaje debe presentar la información, de forma tal, que muestre la idea central del tema desde el principio, porque cuando el estudiante logra captar la idea principal del tema que se estudia, entonces todo lo demás empieza a tener sentido para él.

El facilitador del proceso de aprendizaje utiliza los mapas de aprendizaje, las láminas, los gráficos, los esquemas y los dibujos para estimular a los estudiantes visuales, mientras para estimular a los estudiantes auditivos él usa la música, la conversación en parejas o en grupos, ya que, al expresar sus ideas que tienen en común y decirla con sus propias palabras y en voz alta potencializa la memoria, pero para estimular a los estudiantes kinestésicos utiliza las analogías, la representación de roles y la libertad de movimiento para que el estudiante se sienta cómodo con su aprendizaje.

Otra, de las habilidades que el facilitador del proceso de aprendizaje les enseña a sus estudiantes es la habilidad de trabajar en equipo y le enseña a través del aprendizaje cooperativo, estructurando grupos pequeños de tres o cuatro estudiantes, donde cada estudiante es responsable de la tercera o cuarta parte del material que se desea aprender y cada estudiante tiene que aprender su parte, luego debe explicar la parte aprendida a sus compañeros, lo que permitirá que el aprendizaje sea individual y cooperativo a la misma vez y después se puede organizar una actividad con todos los equipos para evaluar el nivel de comprensión de los estudiantes.

Además, con la habilidad de trabajar en grupos los estudiantes aprenderán en forma individual y en forma de cooperativa donde los estudiantes asumen responsabilidades individuales, interdependiente y de colaboración, durante éste proceso los estudiantes adquieren habilidades sociales, aprenden a trabajar por el bien común y entran en contacto con otros puntos de vistas, pero además, aprenden a presentar la información de forma que sea comprensible y aprenden a confiar en el trabajo de otro estudiante.

Realmente, todo lo expuesto, ayuda a los estudiantes a reflexionar y a discutir sobre la forma que el grupo puede trabajar mejor, porque las habilidades corporativas no la han aprendidos a través de las teorías, sino que las han aprendidos a través de su propias experiencias. El trabajar en conjunto es muy positivo, porque los estudiantes terminan entendiendo la importancia que tiene la confianza, la comunicación clara y el apoyo en un trabajo de equipo. Pero, para que se haya cumplido la primera fase del aprendizaje los estudiantes deben haber encontrado el significado personal del tema que estudian, por lo tanto, es responsabilidad exclusiva del facilitador del proceso de aprendizaje brindarles a ellos las herramientas necesarias para que lo puedan encontrar; también, el facilitador tiene que implicar todas las formas de inteligencias que posee el ser humano para que los estudiantes puedan captar el significado de la materia que están aprendiendo, para que la puedan explicar utilizando sus propias palabras.

El facilitador del proceso de aprendizaje, debe utilizar todas las estrategias que sean posibles para darles a los estudiantes la oportunidad de elegir entre distintas estrategias de aprendizaje e implicar todos los estilos de aprendizaje para que los estudiantes puedan hallar el significado de la manera que mejor se ajuste a ellos. Pero también, debe enseñarle a profundizar en la investigación del tema que están estudiando para que los estudiantes puedan pensar en el por qué surgió el problema antes de solucionarlo, porque así ellos empezaran a profundizar en los problemas planteados, observando la situación y el problema, no como un incidente aislado, sino como parte de un sistema global, o sea, que el estudiante debe concentrarse en la causa que produce el problema antes que en la consecuencia que trae ese problema.

Además, el facilitador tiene que formularles preguntas a los estudiantes que sean desafiantes, preguntas que los obliguen a investigar para poder contestarlas, ya que, un desafío se puede convertir en la clave del éxito académico y una forma para garantizar el interés de los estudiantes, pero luego de hacer la pregunta hay que tener paciencia, porque el tiempo para esperar la respuesta aumenta la calidad de los pensamientos de ellos.

Los buenos facilitadores del proceso de aprendizaje, siempre ayudaran a sus estudiantes a demostrar lo que saben, haciéndolos que ayuden a otros estudiantes que se hayan quedados atrasados en el aprendizaje, lo que le permitirá a ellos fortalecer su confianza en sí mismos, fortalecer el trabajo que realiza la memoria y de prepararse para cualquier evaluación o examen en el futuro. Sin embargo, la esencia del aprendizaje de una manera realmente independiente está en el intento constante por mejorar la calidad del propio aprendizaje y la única forma de hacerlo es reflexionando sobre él.

Capítulo XV

La Nueva Era Y La Educacion

La Nueva Era y La Educacion

La nueva era ha llegado y ha traído con ella una inmensidad de cambios que han afectados nuestras vidas y nuestro modo de vivir. Todo parece como si corriera más rápido y hasta el tiempo parece ir más deprisa, ahora todo es global, donde una persona puede comunicarse con otra instantáneamente, sin importar en qué lugar del mundo se encuentre esa otra persona y realizar negocios entre ellas. Cada día nos llegan nuevas informaciones sobre nuevos avances científicos y técnicos, mientras los conocimientos para iniciar investigaciones se duplican, por estas razones y muchas más. Es que la nueva era se conoce como la era de la información y el conocimiento.

Observe las siguientes informaciones con relación a lo que ha traído la era de la información y el conocimiento.

1) Hoy en día, un chip informático puede ejecutar doscientos billones de operaciones eléctricas por segundo.

2) Apretando un botón, en cuestión de segundos puede enviar un imail a cualquier parte del mundo.

3) Una sola fibra óptica puede transmitir la información que contiene la Enciclopedia Británica, los veinte y nueve tomos en menos de un segundo.

4) La tecnología vía satélite permite la comunicación visual al instante entre dos ciudades cualquieras del mundo y muchas veces miles de millones de personas pueden ver un mismo evento a través del televisor.

5) Los proyectos de investigación que requerían semanas de trabajo pueden plantearse en solo unos minutos.

6) Cualquier persona puede a través del internet acceder fácilmente a las principales bibliotecas, universidades, publicaciones científicas, periódicos, revistas y muchas otras fuentes de información.

7) En la actualidad hay más de doscientos millones de personas navegando en la red en unos 160 países que están conectados.

Sin embargo, a la mayoría de los países del mundo le ha tomado por sorpresa todos estos cambios que ha traído la nueva era y en especial a los países en vía de desarrollo, porque en término educativo no estaban preparado para darle respuestas a todos ellos. Estos cambios han llegado con tal fuerza que han hecho desaparecer una inmensidad de puesto de trabajo y con proyección de eliminar mucho más cada día, provocando inseguridad e incertidumbre en la población de esos países y peor aún, porque ya no se puede pretender comprar el éxito del futuro única y exclusivamente con lo que la persona sabe hoy en día, por lo tanto, si la persona quiere tener éxito permanente en su vida, entonces tiene que seguir aprendiendo constantemente.

La nueva era ha llegado, pero la mayoría de los países del mundo parece que no se han dado cuenta, porque siguen aplicando el mismo sistema de enseñanza con el cual no fueron capaces de hacer la transición hacia esos cambios y no prepararon a la mayoría de sus estudiantes a pensar de forma creativa y de forma crítica que es exactamente lo que se necesita hacer para darle respuestas a la situación a la que esos pueblos están enfrentado.

El sistema educativo actual está haciendo una buena labor educando a una minoría a un buen nivel, pero eso no es suficiente, porque se necesita mejorar notablemente el nivel educativo de la mayoría de los estudiantes en lo inmediato, ya que, los estudiantes salen muy mal preparado para integrarse a los trabajos del futuro que son trabajos que requieren un nivel bien alto de pensamiento analítico y crítico.

Por tal razón, es que la fusión educativa para el siglo XXI ha propuesto la integración entre el aprendizaje acelerado y la educación tradicional con el objetivo de elevar el nivel educativo de todo el mundo y para que las personas puedan aprender con mayor facilidad y con mayor rapidez, pero sobre todo, haciendo énfasis en el crecimiento personal más que en el progreso material que es un criterio fundamental para poder hacerle frente a los retos que han llegado con el siglo XXI.

Pero que sucede, que mientras la nueva era nos ha puesto a vivir en una sociedad llena de información donde el conocimiento acumulado por toda la humanidad está al alcance de nuestras manos y los estudiantes tienen que saber cómo acceder a esta información y cómo utilizarla creativamente, pero los que dirigen el sistema educativo tradicional quieren seguir enseñando como si la revolución de la información y el conocimiento no haya ocurrido.

De toda manera, el planteamiento de aplicar el aprendizaje acelerado en la educación tradicional es para mejorar la enseñanza, de forma tal, que los estudiantes tengan acceso a una cantidad mayor de información en un menor tiempo, por ejemplo, que los estudiantes puedan dominar el álgebra y la geometría al finalizar la escuela intermedia o que los estudiantes puedan tener acceso a los límites y derivadas en la escuela secundaria y cuando terminen sus estudios superiores puedan salir hablando otra lengua de las que se enseñan.

Entonces, el objetivo fundamental para acelerar la enseñanza en la escuela no es solamente para que los estudiantes aprendan a usar la tecnología, sino que es con el objetivo principal de que ellos puedan construir esa tecnología, o sea, que la aceleración de la enseñanza no es con el objetivo exclusivo de hacer un pueblo consumidor de tecnología, sino también, de convertir ese pueblo, en un pueblo productor de tecnología, que le permita adaptarse a los cambios que ha traído la nueva era.

Si los pueblos quieren saber si existe alguna posibilidad para lograr unirse a la nueva era y ser parte de su evolución y no quedarse atrás siendo un consumidor, entonces, tienen que echar un vistazo para ver qué fue lo que hicieron otros pueblos para lograr adaptarse a los cambios de la nueva era y de este modo convertirse en países desarrollado, como es el caso de Irlanda, Finlandia, Singapur, Taiwán y China y todos estos países tienen un denominador común en su desarrollo, que es la inversión que han hecho en la educación de su gente.

La nueva era es devastadora para los pueblos que no se hayan educado para recibirla, porque la nueva era ha convertido la sociedad en una sociedad de servicios, donde se produce muy poco utilizando la mano de obra, sino que se manufactura a través de información, utilizando computadoras las cuales automatizan la producción con el uso de robot en vez de trabajadores, por lo tanto, la fuerza laboral ofrecida por los hombres seguirás descendiendo. Sin embargo, todo esto implica que cada persona va a tener que convertirse en un forjador de su propio futuro, debido a que se le hará cada vez más difícil conseguir trabajo, ya que, las enormes empresas que existían en la era pasada, eran la que necesitaban una gran cantidad de mano de obra, pero ahora en la nueva era, todo es más pequeño y con mayor o igual productividad, por esta razón, es que las empresas grandes ahora son mucho más pequeña o se han fusionado con otra para ser mucho más eficientes.

La proyección que tiene el sector laboral es de un pronóstico reservado, porque se prevé que una minoría de los adultos que están en edad de trabajar tendrán empleo permanente de tiempo completo en las compañías que tienen un esquema tradicional y serán trabajadores altamente preparados y probablemente empiecen a trabajar después de haber cumplido los veinte y cinco años de edad y tendrán títulos universitarios de licenciaturas y de posgrados. Entonces, el resto de las personas trabajarán unos en grupos de proyectos personales, que harán proyectos específicos, los cuales desarrollarán, pero con un tiempo limitado y éste será, probablemente, el método de trabajo dominante en las próximas décadas y el que pague más.

Sin embargo, sus exigencias representarán el reto más grande para la educación, ya que, los estudiantes tendrán que salir de las aulas listos para desarrollar sus propios proyectos y las personas que formarán estos grupos para desarrollar estos proyectos, serán especialistas con una mentalidad abierta e iniciativa propia que colaborarán entre sí para producir nuevas soluciones a los problemas cotidianos con el objetivo de hacer la vida mucho más fácil.

Por lo tanto, las escuelas tienen que ser escuelas innovadoras, un lugar donde los estudios que se realicen se parezcan cada vez más a los trabajos que se van a realizar y que se basen siempre en problemas reales que tienen que resolverse, pero además, que presenten tareas reales que tienen que llevarse a cabo. Si se logra establecer una escuela que presente estas características, entonces, los estudiantes no solo aprenderán mucho más, porque estarán viendo el propósito para el que están estudiando, sino que le proporcionará una idea general del mundo al que van a entrar como protagonistas de sus propios proyectos.

Otro grupo de personas, solo podrán trabajar medio tiempo o ser trabajadores temporales, que son aquellas personas que trabajarán dos o tres días en la semana y lo harán en los supermercados, en la industria turísticas o trabajaran en lo que sea y estos trabajos serán de los pocos trabajos que aparecerán que requieren, por lo menos, un entrenamiento corto para realizarlo. También, esas personas podrán trabajar como cajeros o sirviendo comida en los establecimientos que venden comida rápida, pero con sueldo mínimo.

Además, existirá otro grupo de personas que trabajarán individualmente o en familia, haciendo lo que les gusta hacer, ya que, la nueva red de información mundial permite que las personas puedan vender bienes y servicios desde cualquier parte del mundo a otras personas y puedan usar las bases de datos para identificar esos clientes, pero también, esas familias podrán utilizar tales servicios para intercambiar cualquier cosa y acceder a las informaciones que nos presentan los mejores educadores para ilustrarnos y aprender cada vez más.

La educación es la clave que puede provocar a que exista un futuro alternativo para las personas, porque la nueva era ha llegado y en los próximos años la nueva tecnología de software más sofisticado llevarán a la sociedad a un mundo casi sin empleo, ya que, las máquinas están reemplazando el trabajo que realizan los seres humanos que no están académicamente preparados, esto quiere decir que la substitución masiva de los trabajadores por máquinas va a traer como consecuencia un nuevo planteamiento por parte de todos los países del mundo sobre el papel que jugaran los seres humanos en el proceso social productivo.

Por lo que, solo los países que hayan hecho una buena inversión en educación estarán en condiciones de brindarle un buen futuro a sus habitantes, ya que, un pueblo educado tiene la oportunidad de cambiar no solo el rostro de su gobierno o de las industrias, sino la naturaleza misma del mundo en que vive y la naturaleza misma del sistema educativo que lo seguirán preparando para el futuro, garantizando que cuando los estudiantes se gradúen tengan las habilidades necesarias para integrarse al proceso productivo de la nueva era.

Algo extraño sucede en la nueva era, y es que los estudiantes conocen más sobre la tecnología dominante que sus maestros y que los adultos, donde ellos dominan la combinación del internet, la world wide web y las computadoras y el dominio de esta combinación de tecnología es la responsable de la formación de las nuevas generaciones de personas que dirigirán el mundo.

Por lo tanto, si un pueblo quiere salir de la pobreza tiene que ofrecerles a los estudiantes todas las herramientas tecnológicas que ellos necesitan para poder avanzar en la educación, porque, serán los estudiantes de esos pueblos los responsable directo de mejorar sus escuelas y de enseñarles a sus maestros a usar la tecnología, ya que, resulta sumamente importante la evolución digital que proporciona la fuerza para ir reemplazando los métodos de la enseñanza y el aprendizaje que no funcionen, debido a que ahora es posible ofrecer a cualquier persona materiales de estudios a cualquier hora y en cualquier lugar, sin embargo, no utilizar al máximo las comunicaciones electrónicas instantáneas en la educación y bajo la supervisión de un facilitador del proceso de aprendizaje, sería una muestra palpable de que todavía estamos educando como si estuviéramos en la era pasada.

Pero, la nueva era está forzando a la educación a que se adapte al uso de la tecnología, debido a que ha logrado que la sociedad misma haya hecho suyo el proyecto de utilizar la tecnología en su diario vivir y es la misma sociedad la que le exige a la educación que tiene obligatoriamente que adaptarse al uso de la tecnología, si es que quiere seguir siendo la formadora de las generaciones del futuro, porque de lo contrario seguirá siendo la formadora de generaciones del pasado.

La inserción de la tecnología en el proceso educativo es indispensable para contribuir al mejoramiento de la calidad de la educación y para el desarrollo holístico de los alumnos y los maestros, ya que, los beneficios que brinda la tecnología son diversos y de distintas naturaleza, porque los efectos y las posibilidades que presta la tecnología al ser implementada adecuadamente en los centros educativos permite desarrollar nuevas metodologías educativas que vayan acordes con las necesidades que presente cada pueblo en el mundo y sus comunidades.

Además, el uso de la tecnología en el proceso de aprendizaje ayuda a los maestros a descubrir todo el potencial que hay en las distintas herramientas educativas que se pueden usar para crear y llevar a los estudiantes nuevos contenidos y nuevas actividades que se adapten al medio ambiente cultural y social en donde ellos viven. Sin embargo, el uso de la tecnología en el proceso de aprendizaje está sujeta a la profundización y el mejoramiento del proceso de aprendizaje, tomando en cuenta los conceptos claves que aceleren este proceso para obtener una buena enseñanza y que garantice la participación activa de los estudiantes durante todo el proceso de aprendizaje, además, que haya una interacción permanente entre los estudiantes y los maestros, de manera tal, que exista una participación y una colaboración en grupo de los estudiantes estimulada por los maestros, pero, sobre todo, que el proceso de aprendizaje tenga una conexión directa con el mundo real para que los estudiantes puedan aprender a aprender y aprender a pensar.

Por tales razones, si el proceso de aprendizaje está sustentado sobre la base de los conceptos claves para una buena educación, entonces la integración de la tecnología en el proceso educativo se logrará eficazmente y llegará a formar parte del desenvolvimiento normal de la clase, donde los estudiantes se sentirán bien cómodos usándola, y ella servirá para apoyar los referentes educativos del currículo.

EL CURRICULO

Cuando a un estudiante se le enseña a aprender a aprender y a aprender a pensar, entonces, la escuela en la que el estudiante aprende debe de tener un currículo abierto, que se corresponda con una educación que se desarrolle como un proceso, que gira en una constante evolución, de forma tal, que sea un currículo flexible, cuyo límites sean establecidos por las relaciones que se desarrollen entre los participantes, el proceso y el medio donde interactúan, pero sobre todo tiene que ser un currículo que le dé prioridad al dialogo, que sea rico en significado y rico en interpretación, un currículo que lleve a los estudiantes a una reflexión sobre la acción.

En la estructuración del currículo para la escuela de la nueva era, debe de tomarse muy en cuenta la teoría planteada por Howard Gardner sobre las múltiples inteligencias e incluyendo la inteligencia emocional para que los contenidos curriculares se adapten a los diferentes estilo de aprendizaje que posee cada estudiante. Además, el currículo que se aplique en la escuela de la nueva era, debe estimular la creatividad de sus estudiantes, planteando circunstancias que motive al estudiante a investigar para que pueda desarrollar su potencial, debido a que el proceso creativo puede hacer que el estudiante sea más soñador y así aumentar su capacidad innovadora, o sea, que la creatividad puede ayudar al estudiante a ser mucho más sensible a los problemas y carencias que padece la humanidad y ser capaz de hallar nuevas y mejores soluciones para resolver dichos problemas.

También, dentro del currículo de la escuela de la nueva era, tiene que haber un espacio súper especial para que la nueva tecnología pueda hacer su entrada triunfal a todas las escuelas del mundo, ya que los aportes positivos hechos por las tecnologías al mundo de hoy, son incuestionables. Los acontecimientos que vivimos en el mundo actual, nos muestran un mundo cada vez más cibernético e informático, lo cual ha provocado grandes transformaciones, no solo en los aspectos socioeconómicos y culturales, sino también, en la manera de pensar, conocer y captar la realidad de hoy día.

Además, podemos observar la forma en que hemos ido pasando de la cultura oral a la cultura escrita y de ésta a la cultura digital. Éste cambio en la forma de transmitir la cultura ha producido una explosión en la acumulación del saber, dándole un significativo cambio a la forma de concebirlo, analizarlo, registrarlo, almacenarlo y sobre todo transmitirlo. Por lo tanto, es aquí donde radica la importancia que tiene el currículo que se implante en la escuela de la nueva era, por lo menos, debe procurar alfabetizar a los alumnos en el uso de las nuevas tecnologías para que ellos sean capaces de utilizar los instrumentos y las nuevas formas que tiene el conocimiento de presentarse, a través de un lenguaje digital.

Otro aspecto que debe tomar muy en cuenta en el currículo que se aplique en la escuela de la nueva era, es el aspecto espiritual del ser humano, ya que al aplicar la teoría de las múltiples inteligencias en la escuela, nos encontramos con la aplicación de la inteligencia emocional, que está directamente relacionada con la parte espiritual. La espiritualidad es una celebración de la vida, que muestra un movimiento dialectico entre el interior y el exterior que envuelve a todos los seres humanos en sentido general. Un movimiento interior que se alimenta con los momentos de reflexión, contemplación, interiorización y visualización. Un movimiento exterior que nos pone en contacto con los demás seres humanos y con la naturaleza. Una espiritualidad que nos lleve a vivir en paz y en armonía. Una espiritualidad que nos lleve a ser seres empáticos.

UNA EDUCACION EMPATICA

Desde el fondo de los tiempos el hombre ha transitado por el camino de la vida en busca de un camino que lo lleve a ser un verdadero ser humano, por esa razón, pasó por el camino de la prehistoria, el cual estaba acompañado por una cultura oral, que a su vez creaba en el hombre una conciencia mitológica. Luego el hombre llegó al camino de la historia y lo hizo acompañado de una cultura escrita, la cual a su vez creaba en el hombre una conciencia teológica.

Después, el hombre llegó al escenario del renacimiento y lo hizo acompañado de la cultura de las bellas artes, lo que a su vez creaba en el hombre una conciencia humanística. Así el hombre sigue sus pasos por el mundo y llega al camino de la revolución francesa, entrando a ella acompañado de una cultura de igualdad y derechos entre los seres humanos, lo que a su vez creaba en el hombre una conciencia de respeto a los derechos de cada ser humano.

Luego, el hombre llegó al camino de la primera revolución industrial y llegó acompañado de una cultura impresa, la cual a su vez creaba en el hombre una conciencia ideológica. Siguiendo, en ese camino el hombre llegó a la segunda revolución industrial y lo hizo acompañado de una cultura de la tele comunicación, la cual a su vez creaba en el hombre una conciencia sicológica.

El hombre prosiguió su camino, y llegó a un punto donde se encuentra la transición de la segunda revolución industrial, y la tercera revolución industrial, y llega a éste punto acompañado de la cultura del internet, la que a su vez crea en el hombre una conciencia dramática. Continuando por el camino de la vida, en su transición hacia una verdadera humanidad, el hombre llega a la tercera revolución industrial, y lo hace acompañado de la cultura de la robótica o la inteligencia emocional, la cual crea la base en el hombre de una conciencia empática, que es el núcleo donde se encuentra la esencia de la verdadera humanidad del hombre.

La ciencia establece que el origen de la empatía se encuentra en las neuronas espejos, las cuales se activan en repuestas a los actos y emociones de los demás, en una especie de intento del cerebro por experimentar lo que la otra persona siente y que estas neuronas no son exclusivas de los seres humanos, ya que también las poseen los animales, especialmente los animales mamíferos. Las neuronas espejos permiten que los seres humanos capten la mente de otros como si la conducta y los pensamientos de esas otras personas fueran suyos. Las neuronas espejos fueron descubiertas por el neurobiólogo italiano Giacomo Rizzolatti, quien plantea que verdaderamente las neuronas espejos "nos permiten captar la mente de otros, pero no mediante el razonamiento conceptual, sino por medio de la simulación directa. Sintiendo, no pensando. Hoy en día, existe una generación nueva de sicólogos, biólogos, científicos cognitivos e investigadores en pediatrías que estudian las complejas vías del desarrollo humano, los cuales señalan el papel esencial que desempeña la expresión empática para que lleguemos a ser verdaderos seres humanos en su máxima expresión.

La empatía es la intención de comprender y compartir los sentimientos y emociones, intentando experimentar de forma objetiva y racional lo que siente otro individuo, donde existe una comprensión profunda, intelectual y emocional, de la situación vital del otro. La empatía permite experimentar de forma sincera los estados emocionales de otras personas y es crucial en muchas formas de interacción social. En verdad, la empatía es el punto de partida de las relaciones sociales positivas y aun del altruismo llevada a su máxima expresión por los seres humanos. La empatía hace que las personas se ayuden entre sí y es el núcleo donde se concentran todas las emociones positivas que posee el ser humano, ya sea el amor, la preocupación por los demás, la solidaridad, la compasión y todos los elementos que integran el arte del buen vivir en sociedad.

La capacidad de ponerse en el lugar del otro, que es un acto que se desarrolla a través de la empatía, ayuda a comprender el comportamiento en determinadas circunstancias y la forma como el otro toma las decisiones, ya que cuando un individuo siente el dolor o el sufrimiento de los demás poniéndose en su lugar, despierta el deseo de ayudar y actuar siguiendo los principios morales que se encuentran todos dentro de la empatía.

Además, dado que los sentimientos y emociones son a menudo un reflejo del pensamiento, también son capaces de deducir lo que esa persona puede estar pensando. Ahora bien, las personas con mayor capacidad de empatía son las que mejor saben entender a los demás y son capaces de captar una gran cantidad de información sobre la otra persona a partir de su lenguaje corporal, sus palabras, el tono de voz, su postura y su expresión facial y con esa información, pueden saber lo que está pasando dentro de esa persona, lo que está sintiendo para así prestarle la debida ayuda que necesita.

Sin embargo, para la sicología, la empatía es la capacidad sicológica o cognitiva de sentir lo que otra persona sentiría si estuviera en la misma situación vivida por esa persona, contemplando la empatía como una respuesta generosa al sufrimiento de la otra persona, pero la empatía es mucho más que eso, ya que combina sensaciones, sentimientos, emociones y la razón de una manera estructurada con el objetivo de entrar en comunión con los innumerables otros que se extiende más allá de nuestro ser físico, esto nos indica que si la empatía no existiera, entonces no podríamos saber por qué sentimos lo que sentimos, ni podríamos definir lo que es la emoción, ni podíamos pensar de una forma racional. Entere estos sicólogos se encuentran a Martin L. Hoffman, George Herbart Mead y el propio Jean Piaget.

Ahora bien, cuando aplicamos la empatía en la educación este proceso se enriquece de forma tal que cambia totalmente el ambiente donde se desarrolla el proceso enseñanza- aprendizaje, ya que, le permite al facilitador que dirige ese proceso, alejarse de su propio punto de vista y ver las cosas desde el punto de vista del estudiante para lograr una verdadera comprensión de su forma de pensar y actuar y así poder guiarlo de un modo más cercano y afectivo. Con el objetivo de que el estudiante se sienta atendido y comprendido para que su autoestima y su confianza sean fortalecidas y no se sienta juzgado, criticado o censurado. Pero, hay que recordar que los estudiantes aprenden más de lo que ven que de lo que escuchan, por lo tanto, el facilitador del proceso tiene que ser un ente empático a carta cabal para que los estudiantes puedan aprender de sus actos empáticos y así desarrollar su propia empatía, por lo que, cuando educamos a los estudiantes aplicando la empatía, entonces les estamos enseñando a los estudiantes el arte del buen vivir en sociedad.

La implementación de una pedagogía empática en las escuelas es urgente, debido a que el uso del internet en el proceso educativo ha cambiado radicalmente nuestras formas de comunicarnos y de relacionarnos, por ejemplo, la generación de estudiantes de esta época todo lo resuelven a través del internet, donde interactúan y aprenden en redes sociales abiertas. Entonces, para que las personas se relacionen mejor entre sí en esta época, es que la pedagogía empática llega para ayudar a transformar la educación con el propósito de fomentar unas mejores relaciones humanas en las escuelas.

Al aplicar una pedagogía empática en las escuelas de esta época, podemos obtener una sustancial mejoría en la conciencia, la capacidad de comunicarse personalmente y en la forma de pensar críticamente de los estudiantes, ya que la pedagogía empática hace énfasis en que los estudiantes sean introspectivos, que estén más atentos a las emociones y tengan mayor capacidad cognitiva para entender a los demás y así poder responder con inteligencia y compasión, porque la empatía hace hincapié en no juzgar a los demás y a ser tolerante con otros puntos de vista, que son las herramientas-fundamentales para el desarrollo de las relaciones personales.

Ahora bien, para potencializar la empatía en los estudiantes, el facilitador del proceso enseñanza aprendizaje hace hincapié en que los estudiantes aprendan a:

1) Amarse más ellos mismos, ya que el amor propio es la base para querer a los demás.

2) Amar a los demás, ya que cuando se amas a los demás la convivencia se hace más fácil.

3) Tener compasión, ya que cuando somos compasivos, podemos ayudar a los demás con mayor facilidad y eficacia.

4) 4Ser solidario, ya que cuando somos solidarios, podemos interesarnos más por los demás.

5) Ser amable, ya que cuando somos amables con los demás, podemos interactuar mejor.

6) Cuidar nuestras palabras, ya que cuando nuestras palabras son diáfanas y expresadas en un tono adecuado, podemos relacionarnos mejor.

7) Sentir que siempre hacemos lo máximo, ya que cuando sentimos que hacemos el máximo esfuerzo, entonces no nos sentimos responsables de los resultados obtenidos.

8) No suponer, ya que la mayoría de los problemas llegan cuando empezamos a suponer algo.

9) No tomarse nada personal, ya que cuando nos tomamos las cosas de una forma personal, entonces perdemos la objetividad del asunto que tratamos y daña nuestras relaciones.

10) Mantener la ética, ya que cuando actuamos éticamente nos sentimos bien y la sociedad se regocija.

También, los facilitadores del proceso enseñanza aprendizaje hacen un gran esfuerzo para que los estudiantes aprendan a utilizar los siguientes elementos que le permiten desarrollar su propia empatía y les enseñan a:

1) Entender que nuestro punto de vista no es el único válido y que no siempre tenemos la razón, ya que existen tantos puntos de vista como personas.

2) Mantener la calma y no enfadarse, ya que perder la calma o enfadarse lo que hace es empeorar las cosas.

3) Evitar la crítica, juzgar o etiquetar, ya que solo conseguirás alejar esa persona.

4) A ver qué entiende su punto de vista, ya que eso ayudará a entenderse mejor.

5) Escuchar con calma y no interrumpir, ya que eso ayudará a entender mejor lo que expresa.

6) Observar y preguntar, ya que eso ayudará a entender mejor el asunto que se trata.

7) Prestar atención y mostrar interés, ya que no es suficiente saber lo que otro siente, sino que tenemos que demostrarlo.

8) Reconocer y celebrar las cualidades y logros de los demás, ya que esto no solo ayuda a fomentar sus capacidades, sino que muestra realmente nuestro interés por ellos.

9) Respetar, ya que el respeto a los demás es fundamental para llevar una relación en paz.

10) Ser tolerante y paciente, ya que esto nos permite aceptar las diferencias.

La aplicación de una educación empática en cualquier centro educativo, lo ayudará a promover el desarrollo personal de los estudiantes, creando un ambiente de cordialidad y confianza para que el educando se sienta aceptado, valorado y seguro en el centro educativo. Además, reduce drásticamente la violencia y el acoso en las escuelas, ya que la educación empática juega un papel fundamental en proceso educativo y es una facilitadora que mejora las relaciones humanas de los estudiantes, lo que permite que los educandos se acerquen entre sí y que sintonicen entre sí, convirtiéndose estos elementos en lo eslabones perfectos para que la relación educativa establezcas los lazos entre el facilitador del proceso aprendizaje y los alumnos. Todo esto es debido a que la educación es un proceso de naturaleza relacional en que la empatía desempeña un gran rol, tanto en la construcción de significados, como en la aproximación, el encuentro, la comprensión y el cambio personal de cada educando, por lo tanto, la empatía es el hilo que mantiene unidad a la humanidad.

Capítulo XVI

La Escuela De La Nueva Era

La Escuela De La Nueva Era

El propósito de las escuelas públicas de hoy, debe ser la de trabajar conjuntamente con la familia y la comunidad en sentido general para formar a personas responsables y capaces de aprender durante toda su vida, con la finalidad de que puedan desarrollar las habilidades, los conocimientos, la creatividad, la autoestima y los valores éticos necesarios para sobrevivir y progresar en una sociedad global que se mantiene en un proceso constante de cambios.

Las escuelas públicas del mundo tienen que entender que todas las personas pueden aprender y que ellas aprenden a ritmos diferentes y en formas diferentes, pero además, deben entender que el aprendizaje es un proceso que dura toda la vida y que la educación y el aprendizaje son responsabilidades compartidas entre los estudiantes, la familia, la escuela y la sociedad en general y sobre todo que las escuelas del mundo deben entender que crear un ambiente estimulante es fundamental para que los estudiantes puedan desarrollarse a plenitud, porque la autoestima afecta directamente el aprendizaje, mientras el aprendizaje a su vez potencializa el autoestima. Por estas razones, el proceso educativo tiene que desarrollarse en un ambiente positivo y motivador.

La vocación o habilidad del facilitador que dirija el proceso enseñanza- aprendizaje, debe ser un tema de primer orden, cuando nos referimos a cómo tiene que ser la escuela de la nueva era; en la cual se produce el encuentro entre los educadores y los educandos para que juntos, agarrados de las manos, caminen hacia la búsqueda del conocimiento, la cultura, la ética y los principios que sostienen en armonía el mundo de hoy.

Sin embargo, la vocación a la enseñanza es la base sobre la cual se debe construir éste proceso. La vocación implica el amor, ya que el facilitador debe amar profundamente su profesión de enseñar, vivir para ella y en especial para lo que son sus objetos de labor, sus alumnos.

Por lo tanto, a la escuela de la nueva era, no debe ir a enseñar ninguna persona que no sienta este amor, porque el amor con que se realiza la actividad de enseñar es lo único que garantiza el éxito de esta bella labor. El facilitador debe llenarse de luz antes de iniciar cada sección de clase, una luz que lo llene de amor, de paz, de tolerancia y paciencia para que pueda dar lo mejor de él y así poder alcanzar su meta final, que es la de contribuir a la formación de hombres y mujeres del mañana para que sean capaces de tomar la dirección protagónicas de sus vidas y sobre todo para que sean felices.

Pero también, el facilitador tiene que sentir un respeto inmenso por sí mismo que lo lleve a ser un ejemplo para sus alumnos por sus conocimientos, su liderazgo y su ética. Asumiendo al mismo tiempo lo que él representa dentro de este proceso de enseñanza para la sociedad en sentido general. Ahora bien, la labor de un facilitador hay que reconocerla, que es extremadamente delicada, debido a que el objeto de su labor son seres humanos, por lo que, si él sabe realizar bien su trabajo, podrá ayudar a los alumnos a ser mejores personas, pero si es lo contrario, o sea, que no hace bien su trabajo, entonces estaría contribuyendo a que a los educandos se le haga cada vez más difícil alcanzar su pleno desarrollo como ser humano.

En la escuela de la nueva era, los alumnos son el centro de toda la labor educativa y hacia ellos tiene que estar dirigido el trabajo de cada uno de los facilitadores, pero ese trabajo se realiza en equipo, de manera tal, que toda la acción sea coordinada y organizada para obtener un fin común entre todos los facilitares. Sin embargo, el trabajo en equipo está basado en la formación de comunidades educativas, en la disponibilidad, en la movilidad de sus miembros y en el funcionamiento en su conjunto, dentro de la estructura que se ha determinado para realizar el trabajo educativo. Además, el trabajo realizado de esta forma, propicia un dinamismo activo con el fin de percibir las necesidades de los alumnos dentro de su realidad concreta, lo que proporciona respuestas a sus necesidades y aspiraciones, diversificando las formas de dichas respuestas; pero estas también, enriquecen a los adultos, gracias a los intercambios de ideas, realizaciones y resultados.

Además, es sumamente importante tener presente en el funcionamiento de la comunidad educativa determinados elementos, como son las relaciones personales, las vivencias individuales y de grupos, las estructuras de concertación y las formas de compartir; las iniciativas e innovaciones, las formas en que se toman las decisiones y se hace frente a los problemas. También, la forma de ejercer la dirección y la manera en que se aceptan las responsabilidades y las formas de relacionarse con el exterior de la comunidad y la sociedad.

La verdadera razón de ser del equipo de educadores es servir a los alumnos en el plano educativo y profesional para lograr que ellos puedan alcanzar su crecimiento, su realización y su propia felicidad, también para su inserción en lo profesional y en lo social. La escuela de la nueva era, debe de conocer las necesidades de los estudiantes y organizarse para responder con eficacia y calidad, y esto incluye a todos los miembros de la comunidad escolar, o sea, padres, facilitadores y bibliotecarios, quienes están permanentemente al servicio de los estudiantes. Esto implica que los centros educativos de la nueva era, son lugares donde se acoge realmente a las personas, en primer lugar a los jóvenes, sin discriminar a nadie y sin ninguna exclusión.

Además, la organización de estos centros educativos son flexibles y la formación que se ofrece conjuntamente con los métodos que se usan son los adecuados para integrar a todas las personas en la comunidad escolar, invitando a cada uno a participar en el proyecto educativo del centro, asociando concretamente a todos los participantes en la marcha del centro, para evitar así los riegos que provoca la marginación y la exclusión, también, promoviendo a las personas, valorándolas, aceptándolas y acompañándolas en su evolución personal.

En la escuela de la nueva era, el amor a los alumnos es la aroma del proyecto educativo, pero no se trata de un amor sentimental o emocional, sino un amor ágape, un amor incondicional, un amor que sólo le importa el bienestar de la persona que sé ama. De forma tal, que la manifestación de este amor se traduce en un marcado interés por el crecimiento moral e intelectual de los estudiantes de parte de los educadores.

Quienes están completamente involucrados en el proyecto educativo y son los responsables del crecimiento de los estudiantes, pero además, los educadores de la escuela de la nueva era, son muy creativos con el fin de garantizarles la mejor educación a sus estudiantes.

Sin embargo, para poder lograr todo esto, los educadores deben esforzarse en planificar cada unidad de clase que van a presentar y de establecer relaciones cordiales y afectuosas con los alumnos, además de ganarse el aprecio y la consideración de ellos, lo que le permite trabajar bajo un ambiente de confianza mutua, sin buscar satisfacción personal en el fondo de esos sentimientos recíprocos. El amar a los estudiantes es respetarlos y reconocer que cada persona es única y este respeto debe de ser mutuo, donde cada uno actúa dentro de los estatutos de la escuela, sin marcar distancia, ni caer en el conformismo artificial, ya que una relación humana que se establece bajo un marco de sinceridad, aporta siempre, algo educativo para las personas.

En la escuela de la nueva era, existe una pedagogía preventiva, la cual nace espontáneamente de la misma preocupación que tiene la escuela por sus alumnos y que analiza las necesidades y la evolución de ellos, lo que le permite a la comunidad de educadores organizarse para hacerle frente a esas necesidades, ya sean necesidades económicas, culturales, profesionales, afectivas, sociales o espirituales de los alumnos, por lo que, los facilitadores deben estar capacitados para dar soluciones a cualquier situación que se presente, gracias a la organización, los contenidos, los métodos de trabajo y a unas relaciones interpersonales preventivas, establecidas.

Además, de anticiparse a las necesidades y a las nuevas condiciones que se presenten, ya que es una escuela, que se dedica a fomentar con eficacia la sociabilización entre los estudiantes para que estos obtengan los fundamentos necesarios que le permitan una participación activa en la sociedad, incluyendo la función de preparar al estudiante para que se integre a la vida laboral, brindándole la oportunidad de que adquiera la capacitación general para que pueda perfectamente actuar y desenvolverse en la vida productiva, por lo que, la escuela no prepara a los estudiantes a través de un aprendizaje de conceptos vacíos, sino que los hace a través de un aprendizaje que está lleno de actividades y prácticas, debido a que se exige un alto grado de especialización para obtener un puesto de trabajo ventajoso.

También, la escuela de la nueva era, tiene la misión de seguir transmitiendo la cultura, pero lo hace desde un punto vista crítico para ayudar a los estudiantes a conocer cuál es su verdadera realidad y para que aprendan a identificar y valorar sus emociones y sentimientos, por lo tanto, la escuela se enfoca en proporcionarle los instrumentos, las destrezas, y las herramientas para que los estudiantes puedan construir el conocimiento de una forma reflexiva que le posibilite un desarrollo consciente y autónomo al estudiante. Por tales razones, es que la escuela de la nueva era es una institución portadora de una misión social, que le da sentido a la vida y que muestra el camino por el cual se puede llegar a cambiar el mundo. Una escuela que enseña a aprender a aprender, a aprender a pensar, a aprender a ser; a aprender a hacer y a aprender a convivir. Una escuela que educa por la vida y para la vida, una escuela que siempre está abierta a las exigencias que la sociedad post industrial plantea en la actualidad.

La escuela de la nueva era, rompe con el tradicionalismo y el conservadurismo escolar y pone todo su esfuerzo en anticiparse a las evoluciones sociales, tecnológicas, científicas y religiosas. Pero también, ha de descubrir medios que sean prácticos para liberar las fuerzas imaginativas y las fuerzas creativas de cada alumno.

Siendo la comunidad educativa una entidad pro activa, que evita los problemas y fracasos antes de que se produzcan, estando siempre en los momentos críticos de los alumnos, con el objetivo de no reaccionar luego de que se haya consumidos los hechos. La escuela de la nueva era, mantiene una especial atención a los más pobres, no solo en el aspecto económico, sino también, en el aspecto afectivo, en el social, en el intelectual, en el cultural y en el aspecto moral.

El amor que se profesa en la escuela de la nueva era, con los estudiantes se deriva específicamente de la compasión, la solidaridad y la justicia social. Además, la escuela trabaja y lucha para que los derechos de las personas se respeten, para que se tengan en cuenta la dignidad, para que se promueva la justicia, para que se extienda la solidaridad y para que la fraternidad, la concordia y la paz reine en el mundo. Una escuela que está sustentada sobre la base filosófica de la empatía, por lo tanto, si tenemos una escuela empática, entonces tenemos aulas empáticas, si tenemos aulas empáticas, entonces tenemos estudiantes empáticos, si tenemos estudiantes empáticos, entonces tenemos barrios empáticos, si tenemos barrios empáticos, entonces tenemos pueblos empáticos, si tenemos pueblos empáticos, entonces tenemos países empáticos y si tenemos países empáticos, entonces tenemos un mundo empático, por lo que, tenemos un mundo mejor.

Capítulo XVII

Hacia Un Mundo Mejor

Hacia Un Mundo Mejor

La vida de los seres humanos ha ido evolucionando para el bien nuestro, la historia muestra las diferentes etapas por la que han tenido que pasar los seres humana para llegar a ser lo que es hoy en pleno siglo XXI, porque desde que el hombre apareció en la faz de la tierra siempre ha procurado su mejoría y así lo demuestran sus hechos a lo largo de todo el proceso histórico de su existencia. El ser humano, se calcula que hace aproximadamente unos dos millones y medios de años que hizo acto de presencia por primera vez en la faz tierra, siendo en la primera etapa un ser errante y nómada, un ser dedicado por completo a su subsistencia, un ser dedicado a la caza y a la recolección de alimento para sobre vivir. Este periodo en que vivieron los primeros seres humanos, se le llamó Paleolítico o edad de piedra, pero luego el ser humano se transformó en sedentario, donde el hombre se establecía en un sitio en el que con su inteligencia, procuraba producir todo lo necesario para satisfacer sus necesidades, lo que le permitía cultivar la tierra para garantizar sus alimentos y sentirse mucho más seguro. Es a éste periodo que se le llama Neolítico o edad de piedra nueva y luego los seres humanos pasaron de ser agricultores y de vivir en los campos a vivir de un modo industrial y urbano.

Sin embargo, cuando el hombre pasa de la caza y la recolección a la agricultura se produce una modificación radical en las relaciones de los seres humanos con la naturaleza, porque antes se dependía de la buena voluntad y la generosidad de la naturaleza para sobre vivir, mientras que ahora, el ser humano controla y gestiona cada vez con mayor eficacia los recursos naturales para llevar una vida más cómoda, lo que le permite diferenciarse del comportamiento de los demás animales, debido a que el hombre ha domesticado a los animales y cultivado a las plantas.

Las grandes transformaciones económicas que se han producido a lo largo y ancho de la historia del mundo, ocurren cuando una nueva tecnología en el campo de la comunicación converge con un sistema energético, también novedoso, ya que la nueva forma de comunicación se convierte en el medio para la organización y la gestión de las civilizaciones que se vuelven cada vez más complejas, como resultado de la explotación de esas fuentes de energías novedosas, debido a que la infraestructura surgida de ese proceso encoge el tiempo y el espacio e interconecta personas y mercados a través de unas relaciones económicas más diversas que las anteriores. Cuando se implantan esos sistemas la actividad económica avanza y alcanza un máximo, luego se mantiene un tiempo y después desciende para dar paso a otro nuevo proceso.

Por ejemplo, éste mismo proceso se dio cuando el sistema feudal cedió el paso a la primera revolución industrial, la cual surge cuando a la forma de comunicación de esa época se le agrega una nueva forma de energía como el vapor y el carbón que aceleraron rápidamente la economía existente y acortaron drásticamente el tiempo y el espacio para el bien de toda las personas, estos nuevos avances que se obtuvieron al integral la nueva forma de producir energía a la comunicación, significó un gran paso de avance para la humanidad, porque los comerciantes podían llevar sus mercancías a países lejanos y las personas se beneficiaban al recibir estos productos, lo que le hacía la vida más cómoda y segura.

La llegada de la primera revolución industrial, también transformó la forma de producir bienes y servicios, porque en el área de la agricultura que se realizaba con instrumento rudimentarios se pasó a usar máquinas que aumentaban la producción y facilitaban el trabajo que realizaba el hombre, además de la forma artesanal para producir bienes se pasó a la industrialización de la producción de esos bienes, lo que benefició grandemente a la humanidad y transformó su modo de vivir para siempre.

Otro ejemplo, sobre la importancia de la llegada de la primera revolución industrial, lo encontramos con la introducción de la tecnología impulsada a vapor en el campo de la imprenta, la cual fue transformada en la principal herramienta comunicativa con la que impulsar la primera revolución industrial. La imprenta a vapor incrementó considerablemente la velocidad de la impresión al tiempo que redujeron significativamente el coste de producción. Con las publicaciones de libros, periódicos y revistas se alentó la alfabetización de los trabajadores y entre los años de 1,830 al 1,890 se estableció la escolarización pública y todo para preparar a las personas a adaptarse a una economía fabril y ferroviaria que eran alimentadas por el carbón y el vapor.

Sin embargo, la primera revolución industrial se mantuvo por un largo periodo, dominando así el ámbito económico de toda una época y luego de dar sus frutos sentó la base para la llegada de la segunda revolución industrial y empezaba la primera década del siglo XX, cuando la comunicación eléctrica alcanzó la convergencia con el motor de combustión interna que se alimentaba con derivados del petróleo y fue este hecho lo que le dio origen a la segunda revolución industrial, mientras la electrificación de las fábricas marcó el arranque de la producción en series, empezando con la fabricación del automóvil que vino a mejorar la comodidad, la seguridad y la rapidez del transporte urbano e inter-urbano.

Pero también, los combustibles fósiles utilizado en los motores de combustión interna fueron transformados en electricidad, la cual es transportada y distribuida a través de los tendidos eléctricos y esto hizo posible que la humanidad creara un sin números de tecnologías que incrementaron espectacularmente la producción de alimentos y la fabricación de bienes y servicios, lo que a su vez, aumentó considerablemente el crecimiento de la población y la urbanización del mundo, debido precisamente al incremento de la productividad, logrando que la humanidad viviera cada vez mejor.

La segunda revolución industrial cambió radicalmente la forma de trabajar y de vivir de los seres humanos, sin embargo, doscientos años de estar quemando carbón en la primera revolución industrial y quemando petróleo, gas natural y uranio en la segunda revolución industrial para propulsar un modelo de vida industrializado, han traído como resultado la liberación de grandes cantidades de dióxido de carbono en la atmosfera terrestre. Esa energía gastada que equivale a decir la entropía, bloquea la salida de nuevo al espacio del calor irradiado por el sol a la tierra lo que ha provocado una variación catastrófica en la temperatura de la superficie del planeta. Un mal que hay que resolver en seguida, sí queremos mantener nuestro planeta saludable para seguir disfrutándolo.

En la primera revolución industrial del siglo XIX se sienta la base de la llegada de la era moderna, cuando liberaron a las personas de la servidumbre feudal y la esclavitud, luego aparece la tecnología del vapor y del carbón que aceleró toda forma de producir bienes y servicios y así comienza la transición de la producción artesanal a la industrial y de las industrias a las empresas capitalistas, ya que la subordinación de la producción al capital y la participación de las relaciones de clases entre el capital y los productores, marcan el punto donde se separó el antiguo modo de producción para dar paso al moderno modo de producción capitalista.

Mientras que, en la segunda revolución industrial se produce cundo convergen la comunicación eléctrica con el motor de combustión, alimentado con derivados del petróleo, además , la electrificación de las fábricas le dio un fuerte impulso a la era de la producción en masa, donde el producto más importante sería el automóvil y con la aparición de los automóviles producidos en serie, también aparecen las grandes autopistas por donde transitar en los vehículos y que unen las grandes ciudades y los campos, pero además se instalaron millones de kilómetros de cables telefónicos y luego se introdujeron la radio, la televisión y la computadora, lo que contribuyó a reorganizar la vida social y a generar unas redes de comunicaciones con las cuales administrar y comercializar las actividades de la economía de la edad moderna.

La educación pública en las dos primeras revoluciones industriales, también fue influenciada directamente por la forma organizativa y racionalizada que primaba en las modernas empresas comerciales, primero en Los Estados Unidos, luego en Europa y finalmente en el resto del mundo, debido a que el propósito principal de la educación en esa época era el de generar trabajadores productivos. Las escuelas cumplían la doble tarea de crear una fuerza de trabajo alfabetizada y, además, prepararla para servir en empresas y negocios autoritarios y centralizados, donde recibían ordenes desde la cima para que optimizaran la producción de la forma más eficiente posible.

En el proceso de adaptación en el nuevo orden mundial, las escuelas pasaron a ser de una sola aula a gigantescos colegios e institutos centralizados, que al menos en apariencias, parecían grandes factorías industriales, un lugar donde los alumnos aprendían a no desafiar la autoridad del maestro y se les asignaban deberes diarios con instrucciones detalladas, sobre cómo realizarlas para luego examinarlos con pruebas estandarizadas, sobre todo lo que se le había enseñado, con el objetivo de medir cuanto habían aprendido los estudiantes y todo dependía de la velocidad con que lo realizaba y las respuestas que daba el estudiantes. Pero en realidad éste modelo educativo es el que está vigente todavía en la segunda década del siglo XXI y con el cual no es posible darle respuesta a los cambios que se presentan en pleno siglo XXI.

Sin embargo, la verdad hay que decirla, que el nivel de vida de millones de personas es mejor hoy al finalizar la segunda revolución industrial, aunque quienes ocuparon las cúspides de la organización vertical de la economía, tanto de la primera como de la segunda revolución industrial se han beneficiado de una manera desproporcionada.

Por suerte, nos hallamos actualmente al final de la segunda revolución industrial y de la era del petróleo en la que ésta se basa, cediéndole el paso a una transición de un nuevo régimen energético y a un nuevo mundo industrial y comunicacional, es que precisamente, nos hallamos en los comienzos de una nueva convergencia que se produce entre una tecnología de la comunicación y un régimen energético bien novedoso, ya que la conjunción de la tecnología de la comunicación de internet y las energías renovables está dando lugar al nacimiento de una tercera revolución industrial, la cual trae consigo la ultra modernidad.

La tercera revolución industrial, es en sí misma, un plan económico programático que nos llevará paso a paso hacia una era post carbónica sostenible, con la cual se podrán curar las heridas causada al planeta tierra por la primera y la segunda revolución industrial y salvarlo del abismo donde se encuentra en estos momentos. La llegada de la tercera revolución industrial tiene un impacto tan fuerte en pleno siglo XXI como lo tuvo la primera revolución industrial en el siglo XIX y la segunda revolución industrial en el siglo XX, ésta nueva revolución industrial cambiará de manera fundamental todos los aspectos de nuestra forma de trabajar y de vivir a lo largo del siglo XXI y todo sucede igual que en cualquier otra infraestructura comunicativa y energética de la historia que estaban sustentada sobre las bases de diferentes pilares, por lo tanto, la tercera revolución industrial está sustentada sobre la base de cinco pilares que son fundamentales en el desarrollo de ésta revolución, que nos dará la posibilidad de vivir en un mundo mucho mejor, un mundo más humano.

La aplicación de los cinco pilares en lo que se sustenta la tercera revolución industrial, garantiza el mejoramiento del mundo y llenarán de bienestar a todos sus habitantes. El primer pilar en el que se sustenta la tercera revolución industrial proporciona la obtención de una energía eléctrica limpia, renovable y libre de dióxido de carbono (CO_2), porque es una energía que se obtiene del sol, del viento, del agua y del calor de la tierra, pero además, el precio que pagará el consumidor será mucho más barato, porque los coste para producir energía renovable es mucho menor que el de producir energía en base a combustibles fósiles.

La tercera revolución industrial transformará todos aquellos centros urbanos, bloques de viviendas, rascacielos y fábricas que se construyeron en la primera revolución industrial y que la segunda revolución industrial alumbró en edificios y casas con doble finalidad, la primera como hábitat y la segunda como mini-centrales eléctricas y es en ésta forma que entra el segundo pilar que sustenta a la tercera revolución industrial, que corresponde a la transformación de los edificios y casas de todos los continentes en micro-centrales eléctricas para que recojan y aprovechen las energías renovables con el objetivo de guardarla a través de tecnología de almacenaje, como la de hidrogeno para garantizar el suministro continuo y seguro de electricidad verde y para hacer frente a la demanda que existe, pero sobre todo, de tener la total posibilidad de ser su propio generador de energía o de comprarla a bajo precio, a través de la red de internet que es el tercer pilar en que se sostiene la tercera revolución industrial.

Con el uso de la tecnología de internet se transformará la red eléctrica de cada continente en una inter-red de energía que se comparte y que funciona exactamente igual que el internet, de esta forma se producen en los edificios y en las casas la energía necesaria para su funcionamiento y si hay un excedente entonces se podrá vender al que la necesite. En la tercera revolución industrial se transformará el transporte terrestre que se utiliza a nivel mundial y se logrará al cambiar todos los vehículos que usan gasolina por vehículos que se mueven en función de la electricidad con alimentación en redes o con pilas de combustible, por lo tanto, el transporte terrestre será impulsado por energías renovables generadas en millones de inmuebles, donde la gente pueda comprar y vender electricidad en una red general eléctrica.

Con las cinco columnas que soportan a la tercera revolución industrial activadas se conforma una plataforma tecnológica indivisible para el bien del planeta tierra y todos sus habitantes.

En la medida que pasen los años y la tercera revolución industrial se afiance, en esa misma medida, la pobreza que enfrentan algunos pueblos del mundo, especialmente esos pueblos que se denominan, pueblos que están envía de desarrollo, la pobreza disminuirá drásticamente y estos pueblos se desarrollarán a plenitud, porque tendrán acceso a la electricidad verde, ya que la democratización de las energías y la universalización del acceso a la electricidad constituye el punto de partida indispensable para mejorar las vidas de las poblaciones de los países en vía de desarrollo y eso se logrará solo en la tercera revolución industrial.

En la tercera revolución industrial la producción de bienes y servicios será idéntica a lo que se hizo con la producción de energía para que todo el mundo tenga acceso a producirla, ya que la revolución digital de esta nueva era nos permite que todos podamos ser nuestros propios fabricantes de los bienes y servicios que necesitamos. Este proceso en sí, se denomina impresión en tres dimensiones (3D), que se hace a través de un ordenador y una impresora 3D, por ejemplo, se pueden producir joyas, utensilios domésticos, implantes médicos, partes de los automóviles y mucho más. El proceso de producir en 3D se conoce como fabricación aditiva, porque solo hay que ensamblar cada parte, sin la necesidad de recortar nada.

Otros elementos favorables, que se presenta en la producción en tres dimensiones y que hacen de éste mundo un mundo mejor, es que, por ejemplo, en el proceso de fabricación de algún producto en 3D solo se usa el diez por ciento de la materia prima, de la que es empleada para fabricar ese mismo producto en una fábrica tradicional y se gasta menos energía que en la producción fabril convencional, lo que reduce drásticamente el coste de producción. Pero también, la tecnología de la información y la comunicación de la tercera revolución industrial, reducen espectacularmente los costes de transición a lo largo de la cadena de suministros en todas las industrias y sectores, sí a esto les agregamos la producción de la energía verde, la fabricación en tres dimensiones y otros sectores novedosos, entonces estaremos, frente a un mundo donde todas las personas tendrán acceso a bienes y servicios a precios muy bajos y en algunos casos casi gratis o gratis, ya que la tecnología inteligente está dejando sus rastros en la economía mundial.

Sin embargo, con la implementación de la infra estructura de los cinco pilares de la tercera revolución industrial, sentará la base para crear cientos de miles de nuevos negocios y millones de nuevos puestos de trabajos. Pero también, cambiará radicalmente nuestra forma de vivir, debido a que pasaremos de la era industrial a la era colaborativa, por lo tanto, hay que prepararse muy bien para realizar esta transición de la vida industrial actual a la era que representa el futuro de la humanidad, que es la era colaborativa que ha traído la tercera revolución industrial.

En esta nueva era la forma de concebir el trabajo es un reto más complejo, porque los trabajos que se cobijan bajo el techo de los cuatro sectores fundamentales para el desarrollo de una economía, como son el agrario, el industrial, el terciario o ONG y el de los servicios asistenciales están reemplazando la mano de obra asalariada, por un personal especializado y capacitado para la alta tecnología y con sistemas tecnológicos inteligentes, cada vez más sofisticados y agiles, por lo que, es urgente que cada persona debe disponer de un tiempo para prepararse, si de verdad quiere participar de las mieles en la nueva era colaborativa.

Sin embargo, en ésta nueva era los mercados competitivos irán cediendo cada vez más a las redes colaborativas y el capitalismo unidireccional, vertical y descendente se verá progresivamente marginado por la nueva fuerza del capitalismo distribuido, lo que cambiará para siempre la forma en que se distribuye el poder económico, político y social del siglo XXI. Esta revolución industrial que tiene un carácter distributivo y colaborativo nos llevará a un reparto más distribuida de la riqueza que se produzca.

Ahora bien, para poder inter-actual y desarrollarse en un mundo ultramoderno, el cual es fruto de la tercera revolución industrial, hay que obligatoriamente que educarse y educarse muy bien, porque la vida en la nueva era cambiará constantemente y las personas deben estar preparadas para hacerle frente a esos cambios que se presentan en esta nueva era de la tercera revolución industrial. En la nueva era, el objetivo fundamental de la educación es el de preparar a los alumnos para que piensen y actúen como parte que son de una biosfera compartida, siempre sobre la base de la metodología de aprender a aprender y de aprender a pensar.

Los planes de estudio con los cuales se forma a la población de la tercera revolución industrial, están cada vez más centrado en las tecnologías avanzadas de la comunicación, las nano tecnología, las biotecnologías, en la biología, la ecología y las teorías de sistemas, además, en habilidades profesionales relacionadas con la fabricación y la comercialización de tecnologías de las energías renovables, la transformación de edificios en mini centrales eléctricas y la instalación de tecnologías de almacenaje, pero también, el despliegues de redes inteligentes de servicios y suministros, la fabricación de medios de transportes de motor eléctrico con alimentación en redes y con pilas de combustibles, por lo tanto, se hace hincapié en despertar en los estudiantes el entusiasmos por la electricidad y las tecnología.

En el desarrollo del proceso enseñanza aprendizaje que se ejecuta en la nueva era de la tercera revolución industrial, el facilitador que dirige éste proceso se concentra a enseñar a los estudiantes a aprender a aprender y a aprender a pensar para que ellos tengan la oportunidad de aprender lo que las personas quieran aprender, con el estilo de aprendizaje que le gusta aprender y con las diferentes inteligencias que cada ser humano posee y para que puedan pensar analíticamente y creativamente y así obtener los conocimientos y las informaciones que necesitan para integrarse en la nueva era, ya que el capital intelectual es lo que le suma valor a una persona, cuando ella muestra sus capacidades para introducir una mejora en un producto o servicio.

La educación de la nueva era en la tercera revolución industrial,educa realmente a los estudiantes para que puedan hacerle frente a los desafíos que les planteará la vida cuando dejen las escuelas, porque en la práctica les enseñan sobre los retos que tendrán que enfrentar en su diario vivir. El uso de la tecnología es una constante en el proceso educativo de la tercera revolución industrial, en especial aquella tecnología que tiene que ver con la producción de energía renovable y su distribución, además, del uso de la tecnología, tales como, los medios audiovisuales, ya sean videos y televisión, los medios informáticos, que se encargan de estudiar el tratamiento automático de la información, la informática educativa, que es la implementación de medios informáticos aplicados al ámbito educativo, los software educativo; que son los programas diseñados con la finalidad de facilitar los procesos de enseñanza y aprendizaje y la enseñanza asistida por ordenadores y las redes informáticas y las telemáticas, que es el proceso mediante el cual se transfieren información digitalizada a larga distancia, como en internet y el Earn Bitnet, que es una red digital internacional de telecomunicación que enlaza a más de 1000 organizaciones de investigaciones e instituciones educativas.

Realmente, un mundo que marcha en la dirección de producir la energía eléctrica a través del sol, del viento, del agua y del mismo centro de la tierra de una forma limpia, verde y renovable y, que además, es un mundo que pretende distribuir ésta energía eléctrica en la misma red del internet, entonces, estamos hablando de un mundo que se dirige irremediablemente hacia un planeta mejor. En un mundo donde los vehículos de motor se muevan utilizando solo la energía renovable y los edificios, las casas y las grandes fábricas son convertidas en centrales eléctricas que no emitan ninguna contaminación de dióxido de carbono CO_2, y se producen bienes y servicios utilizando las nuevas tecnologías y las impresoras tridimensionales, entonces estamos frente a un mundo que se dirige directamente a proporcionarles a los seres humanos una vida mejor.

En un mundo donde la educación corre a la misma velocidad que la sociedad y los avances tecnológicos y, que además, toma en cuenta los diferentes estilos de aprendizaje para garantizar que todos los habitantes del mundo puedan aprender en la forma que cada uno de ellos le gusta aprender y que aplica las múltiples inteligencias para identificar qué carrera le conviene estudiar y así ponerlo en el camino que lo lleve a la felicidad. Entonces, un mundo que eduque a todos sus habitantes para que obtengan el conocimiento que le permita seguir avanzando en la dirección que lo lleve a la felicidad y a la máxima expresión de humanidad, pero que también, eduque a su gente sobre la base filosófica de la empatía, es un mundo que se mueve directamente hacia un planeta mejor.

BIBLIOGRAFIA

1) La Revolución del Aprendizaje (Gordon Dryden y Dr. Jeannette Vos)
2) Aprendizaje Acelerado para el siglo XXI (Colin Rose y Malcolm J. Nicholl)
3) La escuela del futuro (Amparo Calatayud)
4) Didáctica Magna (Juan Amós Comenio)
5) La Civilización Empática (Jeremy Rifkin)
6) La Tercera Revolución Industrial (Jeremy Rifkin)
7) Las Múltiples Inteligencias (Howard Gardner)
8) La República. Libro VII (Aristocles Platón), (Carlos Roser Martinez)
9) El Poder de la Mente Subconsciente (Joseph Murphy)
10) Construir el Currículum Global (Juan Ignacio López Ruiz)
11) Psicología Educativa para Maestros (Erasmo Lara Peña)
12) Emilio o la Educación (Juan Jacobo Rousseau)
13) Educación Holística La pedagogía del siglo XXI (Ana M. González Garza)
14) ¿Quién se ha llevado mi queso? (Spencer Johnson, M.D)
15) Coaching Educativo (Francisco Huesa Andrade, Aarón Reyes Domínguez, Ricardo Rodríguez Barrera y Rubén Narváez López)
16) Coaching con PNL (Joseph o' Connor y Andrea Lages)
17) Superaprendizaje Manual y Métodos de Enseñanza (Román Polanco)

18) Cómo Ganar Amigos e Influir sobre los demás (Dale Carnegie)
19) El caballero de la armadura oxidada (Robert Fisher)
20) Los cuatro acuerdos (Don Miguel Ruiz)
21) La actitud mental positiva (Napoleón Hill y W Clement Stone)
22) Piense y hágase rico (Napoleón Hill)
23) La inteligencia Emocional (Daniel Goleman)
24) Seis sombreros para pensar (Edward de Bono)
25) Inteligencia Artificial (Jerry Kaplan)
26) La fábrica de ideas (A. W. Schoening)
27) Confucio, grandes biografías, (Manuel Yáñez)
28) El código Da Vinci. (Dan Brown)
29) Biografía de Leonardo Da Vinci. (Walter Saacson)
30) La cena secreta. (Javier Sierra)
31) El alquimista. (Paulo Coelho)

CPSIA information can be obtained
at www.ICGtesting.com
Printed in the USA
BVHW031750260819
556836BV00007B/149/P